Le Livre noir
du Canada anglais 2

Normand Lester

Le Livre noir
du Canada anglais 2

LES INTOUCHABLES

Les Éditions des Intouchables bénéficient du soutien financier de la SODEC, du Programme de crédits d'impôt du gouvernement du Québec, du PADIÉ et sont inscrites au Programme de subvention globale du Conseil des Arts du Canada.

LES ÉDITIONS DES INTOUCHABLES
1463, boulevard Saint-Joseph Est
Montréal, Québec
H2J 1M6
Téléphone : (514) 526-0770
Télécopieur : (514) 529-7780
intouchables@qc.aira.com
www.lesintouchables.com

DISTRIBUTION : PROLOGUE
1650, boulevard Lionel-Bertrand
Boisbriand, Québec
J7H 1N7
Téléphone : (450) 434-0306
Télécopieur : (450) 434-2627

Impression : Quebecor
Infographie : Édiscript enr.
Illustration et maquette de la couverture : Marie-Lyne Dionne
Photographie de l'auteur : Alain Tremblay

Dépôt légal : 2002
Bibliothèque nationale du Québec
Bibliothèque nationale du Canada

ISBN 2-89549-065-1

L'histoire de la Confédération canadienne, c'est la série lamentable de nos
déchéances et de nos défaites par la
fausse conciliation.

HENRI BOURASSA

Avant-propos

Quand j'ai entrepris l'écriture du premier *Livre noir du Canada anglais*, je ne pensais pas que mon enquête me permettrait de découvrir autant de matériel sur les actes d'intolérance commis à l'endroit des minorités au Canada. À la fin du livre, je donnais rendez-vous aux lecteurs dans un second tome qui devait compléter la saga des iniquités de la majorité anglo-canadienne envers les minorités, au premier rang desquelles figurent les Québécois et les Canadiens français.

Dans *Le Livre noir du Canada anglais 2*, je poursuis mon enquête sur les aspects les plus sombres de l'histoire du Canada anglais. À la fin des années 1920, les Canadiens français sont la cible privilégiée d'un Ku Klux Klan canadien-anglais très influent en Ontario et dans les Prairies. La crise de la conscription de la Seconde Guerre mondiale est l'occasion d'emportements acrimonieux contre les Québécois, accusés de trahison. À travers la saga de l'Accord du lac Meech, de l'Entente de Charlottetown et du référendum de 1995, je dresse ensuite l'inventaire des intrigues menées par le Canada anglais contre le Québec. Je me penche également sur le sort des autres minorités canadiennes qui ont, elles aussi, été ignominieusement traitées par la majorité anglo-canadienne. La répression des Autochtones commence il y a quatre cents ans avec le génocide des Béothuks. Au tournant du XIXᵉ siècle, certains des principaux dirigeants ontariens sont encore des maîtres esclavagistes. Après avoir raconté les crimes commis contre les Japonais dans le premier Livre noir, je présente ici le cas des Chinois et des Sikhs, à qui le Canada anglais a réservé un racisme on ne peut plus virulent. Le mépris de la majorité blanche anglo-saxonne et protes-

tante vise aussi des minorités européennes qui n'ont pas de
« sang nordique », comme les Ukrainiens et les Italiens.

Je suis arrivé à la fin du *Livre noir 2* sans avoir réussi à couvrir toutes les questions que je me proposais d'aborder dans les
limites d'un livre accessible de 300 pages. Pour ce qui est des
relations entre le Québec et le Canada anglais, je ne traite pas
de la période qui va des années 1950 au début des années 1980,
ni de celle qui suit le référendum de 1995. Je ne me penche pas
sur le sort réservé aux minorités francophones, à part les
menées du KKK contre les Fransaskois.

Un *Livre noir 3* me sera donc nécessaire pour achever mon
enquête. Il s'intéressera à la fin du régime Duplessis, à la Révolution tranquille, à la Crise d'octobre, à l'arrivée au pouvoir du
Parti québécois, au référendum de 1980 et au rapatriement de
la Constitution. J'y traiterai également de la période post-
référendaire, durant laquelle les médias anglophones se sont
dépassés dans les outrances contre le Québec français. Y seront
aussi abordées les injustices commises à l'endroit des Acadiens
et des autres minorités francophones hors Québec. Enfin, je
compte dresser le portrait de l'extrême droite actuelle au Canada
anglais et répondre à mes détracteurs.

Radio-Canada considérait qu'en publiant *Le Livre noir du
Canada anglais*, alors que j'y étais journaliste, je compromettais
sa réputation de neutralité et d'objectivité. Au fil des chapitres
de ce livre, on constatera le rôle d'instrument de propagande
du gouvernement fédéral qu'a joué la SRC aux moments critiques des conflits entre le Québec et le Reste du Canada.

La traduction des citations anglaises de ce volume peut
être consultée sur le site des Éditions des Intouchables :
www.lesintouchables.com.

Les lecteurs qui désireraient me communiquer des informations, des références ou des citations concernant des questions abordées dans cet ouvrage ou dans le précédent, ou qui
pourraient l'être dans le *Livre noir 3*, peuvent me les transmettre sur le site des Intouchables.

Chapitre 1

Le KKK au Canada :
quand les orangistes portent la cagoule

Dans les années 1920, le racisme et le mépris à l'endroit des minorités sont des comportements courants au Canada anglais. C'est durant cette décennie que le Ku Klux Klan fait son apparition au Canada. Pour le Klan, seuls les Blancs protestants et anglo-saxons devraient obtenir la citoyenneté canadienne. Tous les autres, et en particulier les catholiques, les Juifs et les Noirs devraient être bannis ou, à tout le moins, empêchés de voter. Le Klan canadien calque son idéologie sur celle de la maison mère américaine dont les deux journaux, *The Kourier Magazine* et *The American Standard*, sont largement distribués au Canada.

> Les conspirations papales et les fraudes des Chevaliers de Colomb, la subversion du gouvernement civil par les catholiques, l'antithèse entre le régime « monarchique » catholique et l'« Amérique républicaine » et libre étaient les sujets de prédilection de pamphlets largement distribués par l'*American Standard* et qui prescrivaient une série de remèdes aux maux de la société, notamment « l'exclusion de l'Amérique des Juifs travaillant contre la chrétienté », la révision des lois de la citoyenneté de façon à éliminer « le vote étranger » et le « retour des Nègres dans leur patrie en Afrique [1] ».

Le Ku Klux Klan canadien peut compter sur une longue tradition de fanatisme et d'intolérance incarnée par l'orangisme.

---

1. André SIEGFRIED, *America Comes to Age*, p. 138-139, cité dans Martin ROBIN, *Le Spectre de la droite. Histoire des politiques nativistes et fascistes au Canada entre 1920 et 1940*, Montréal, Balzac-Le Griot, 2000, p. 21.

Importé au Canada au début du XIXᵉ siècle, ce mouvement connaît son apogée dans les premières décennies du siècle dernier. Les loges d'Orange sont devenues un phénomène social important au Canada anglais, regroupant une bonne partie de l'élite et une fraction non négligeable de la population. Les orangistes vont d'ailleurs jouer un rôle de premier plan dans la création du KKK canadien.

> *With few Blacks to terrorize, the Canadian Klan became a Protestant extremist organization with Catholics as its target. The Klan called for an end to non-Protestant immigration and for deportation on Roman Catholics born outside Canada. In targeting Roman Catholics, the Klan echoed the traditional concern of the Orange Order which continued to be the major organization of Protestant pride in Canada*[2].

Des orangistes fournissent au Klan les listes des membres de leurs loges pour les aider à recruter des adeptes. De nombreux orangistes adhèrent au nouveau groupe raciste qui prêche la haine des Canadiens français, des Juifs et des Noirs.

Le KKK dans les provinces de l'Ouest

Le KKK canadien n'a jamais été un parti de masse. Il va cependant exercer une influence incontestable sur la politique canadienne, avant et durant la Dépression, en particulier en Alberta et en Saskatchewan. Dans cette dernière province, le KKK est créé par deux « klanistes » américains originaires d'Indiana, Hugh Finlay « Pat » Emmons et Lewis A. Scott.

En 1927, devant une salle bondée du Grand Theater de Regina, Emmons affirme que le Ku Klux Klan est une organisation chrétienne, fraternelle et ouverte, qui lutte pour que le Canada reste majoritairement blanc et protestant. Il explique pourquoi son organisation est réservée exclusivement aux wasps :

---

2. Alvin FINKLE et Margaret CONRAD, *History of the Canadian Peoples. Volume II : 1867 to the Present*, Toronto, Copp & Clark, 1998, p. 241.

As to the charge made against the organization that it was anti-Catholic, Mr. [Emmons] replied it was pro-Protestant. On that account a Roman Catholic could not become a member. « He owes his first allegiance to the Pope of Rome, we owe our first allegiance to Canada and the Union Jack », declared the speaker. The Ku Klux Klan was a Christian organization, consequently Jews could not join. There was only one way a Negro could join – he would have to be painted white first. The Klan believed this was a great white man's country. The organization also was in favor of selection and restriction of foreign immigrants, so that Canada would be no longer the dumping ground of the world. If the Ku Klux Klan lived another two years they would not hear anything more in Canada but the English language [3].

La Saskatchewan est réceptive au message du Klan. Depuis des années, elle tentait sournoisement d'empêcher l'établissement d'immigrants de langue française.

Au cours de la grande ruée vers les terres à blé de l'Ouest canadien, les immigrants de langue française ne représentaient jamais plus qu'une faible minorité de nouveaux arrivants. Les nationalistes canadiens-français [...] accusèrent l'administration du Bureau de l'immigration, largement dominé par des Anglo-Saxons protestants, de faire preuve d'un favoritisme flagrant à l'égard des Britanniques, des Allemands et des Scandinaves, et de se traîner la patte lorsqu'il s'agissait d'encourager l'immigration en provenance de la France et de la Belgique [4].

Plus tard, Hugh Finlay « Pat » Emmons et Lewis A. Scott se révèlent être des escrocs. Ils disparaissent avec environ 169 000 dollars provenant de la caisse du KKK canadien.

Emmons and Scott spent most of early 1927 crisis-crossing Saskatchewan spouting Klan propaganda, burning crosses, selling memberships in the Klan at $13 a head, and establishing local Klans in several centres. Emmons and Scott made one final sweep through

3. *Regina Morning Leader*, 4 juillet 1927, p. 8, cité sur **http://library.usask.ca/sni/stories/con11.html**.
4. Richard LAPOINTE et Lucille TESSIER, *Histoire des Franco-Canadiens de la Saskatchewan*, Regina, La Société historique de la Saskatchewan, 1986, p. 68, cité dans Jean-Paul MARCHAND, *Conspiration ? Les anglophones veulent-ils éliminer le français du Canada ?*, Montréal, Stanké, 1997.

Saskatchewan and then disappeared from the province taking with them the Klan funds.

With the scandal caused by the sudden disappearance of Emmons and Scott, the Klan in Saskatchewan should have lost its popularity. However, it floundered but survived under Dr. John H. Hawkins a Klan organizer from Virginia, and J. J. Maloney, a one-time Jesuit seminarian from Hamilton, who believed he had a mission to « denounce the errors of Romanism [5] ».

Le Klan se montre très actif au congrès du Parti conservateur provincial à la mi-mars 1928. Parmi les délégués officiels figurent le Dr Rosborough, le « grand sorcier » du KKK de la Saskatchewan, et un certain M. Ellis, de Regina, le « Kiligrapp » ou secrétaire de l'organisation. Le futur premier ministre de la Saskatchewan, James T. M. Anderson, est aussi présent.

Anderson sembla avoir trouvé entièrement acceptable que les membres du Klan aient assisté en grand nombre, qu'ils aient circulé parmi les délégués, qu'ils aient été consultés sur des questions politiques et qu'ils aient distribué leur documentation haineuse en toute quiétude [6].

Les conservateurs de la Saskatchewan accordent leur soutien au KKK. L'un des tories influents de la province, l'avocat et orangiste J. F. Bryant, qui deviendra ministre des Travaux publics, écrit à son chef fédéral, R. B. Bennett, pour lui conseiller de soutenir le Klan.

[…] il nous aidera à défaire le gouvernement actuel et je ne crois pas que nous devrions lui lancer des pierres, de la même façon que les libéraux n'en lancent pas aux Chevaliers de Colomb ni à aucune autre organisation similaire qui les appuie fortement [7].

L'organisation tory de Saskatchewan est principalement

5. A. APPLEBLATT, *Saskatchewan and the Ku Klux Klan*, **www.usask.ca/education/ ideas/tplan/sslp/kkk.htm.**

6. Martin ROBIN, *Le Spectre de la droite. Histoire des politiques nativistes et fascistes au Canada entre 1920 et 1940*, Montréal, Balzac-Le Griot, 2000, p. 69.

7. *J. F. Bryant à R. B. Bennett*, 31 mai 1928, Documents de Bennett, 25113, cité dans Martin ROBIN, *op. cit.*, p. 67.

composée de membres et de sympathisants du Klan.

> *In 1928, Bennett was informed by Walter Cowan, the Klan treasurer and leading Regina Tory, that the KKK « is the most complete political organization known in the West. Every organizer in it is a Tory. It costs over a thousand a week to pay them. I know for I pay them... Smile when you hear anything about this organization* [8]. »

R. B. Bennett, le futur premier ministre du Canada, avant de financer secrètement les journaux antisémites d'Arcand au Québec, s'associe publiquement, en 1928, au *Daily Star*, un journal favorable au KKK. « *Bennett sat on the board of* The Star, *which became a mouthpiece for anti-french Toryism and one of the most openly favorable press allies of the Klan* [9]. »

> *One* Star *editorial insisted that Quebec was « outraging history and the constitution by asserting the baseless claim that French is an official language in Canada outside the border of Quebec ». It was the same kind of language found in Klan propaganda : « All our troubles, all the sedition, plotting and plans against the national school system are hatched in Quebec* [10]. »

Le KKK en Saskatchewan n'est pas seulement anticatholique et antisémite : il est violemment antifrançais. En cela, il est représentatif de l'opinion publique anglophone de la province et du clergé protestant. « *At least 26 Protestant ministers, including many prominent and powerful ones, dressed the Klan's racism in a religious garb and used their pulpits to situate God on their side* [11]. »

Avec le soutien de la hiérarchie protestante, klanistes et orangistes montent des campagnes contre l'utilisation du français dans les écoles.

---

8. William CALDERWOOD, *The Rise and Fall of the Ku Klux Klan in Saskatchewan*, thèse de doctorat, University of Saskatchewan, 1968, p. 216, cité dans Julian SHER, *White Hoods. Canada's Ku Klux Klan*, Vancouver, New Star Books, 1983, p. 55.

9. Julian SHER, *White Hoods. Canada's Ku Klux Klan*, Vancouver, New Star Books, 1983, p. 55.

10. Raymond HUEL, *Survivance in Saskatchewan. Schools, Politics and the Nativist Crusade for Cultural Conformity*, thèse de doctorat, University of Lethbridge, 1975, p. 184, cité dans Julian SHER, *op. cit.*, p. 55.

11. Julian SHER, *op. cit.*, p. 53.

À la suite d'une demande d'aide au gouvernement, faite par l'Association catholique franco-canadienne de la Saskatchewan, pour la formation de professeurs bilingues, des lettres de protestations émanant du Klan et de l'ordre orangiste se mirent à pleuvoir sur le ministère harcelé de toutes parts. L'interprétation de *Ô Canada* en français, à l'occasion d'une réunion de l'école normale, provoqua un tollé de protestations [12].

Des rumeurs circulent, parmi les anglo-protestants, selon lesquelles le crucifix a remplacé l'Union Jack dans les écoles publiques et que de petits enfants protestants sont punis par des religieuses qui les forcent à s'agenouiller pendant des heures devant le crucifix.

> *The problem arose because, although Saskatchewan was seventy-five percent protestant, there were some areas that were predominantly Catholic. The few protestant families in these areas could not support their own separate schools. Some school trustees in those areas did permit crucifixes to be placed on school walls and did hire nuns to teach. Consequently, a few protestant children were taught by nuns. The Ku Klux Klan, the Orange Order and other radical protestant organizations exaggerated this problem until it became a major issue: examples such as this were seen in writings of these radical organizations. Social poison such as the following was spread by the Ku Klux Klan movement:*
>
> > *Would you like to have a black-skirted « she-cat » of a nun teach your children in a public school? or that, you are a heretic and that you and your wife are living in sin and your family are bastards - then chastising your child to make it kiss the forbidden Image, the Crucifix?... Better wake up before it is too late and we have a revolution, for as sure as you are alive, blood will be spilled if the protestant people don't band together [13].*

Dans ce climat de haine à l'égard des Canadiens français, qui ne représentent pourtant que 5 % de la population de la province, des controverses au sujet de l'utilisation du français dans les écoles éclatent. Le district scolaire de Verwood près de

---

12. *Regina Morning Leader*, 31 mai 1928, cité dans Martin ROBIN, *op. cit.*, p. 59.
13. A. APPLEBLATT, *op. cit.*

Willow Bunch, un centre fransaskois situé à une centaine de kilomètres au sud de Moose Jaw, est la scène d'un incident parmi d'autres.

> Au printemps de 1928, les commissaires canadiens-français ont été traduits en justice pour avoir permis l'enseignement du français pour une période de temps dépassant l'heure permise par la loi et « pour avoir également permis la conversation française durant les heures de classe et de récréation ». La cause [devait] être entendue par le juge de paix Gunsen. Quelques jours avant que des poursuites soient intentées contre les commissaires, il y avait eu un grand rallye du Klan à Constance, tout près de Verwood, auquel avait assisté le juge de paix Gunsen. Les avocats des commissaires ont demandé un autre juge. La chose a traîné en cour [pendant] plusieurs mois. [Finalement,] les commissaires ont été acquittés, mais le coût des avocats était élevé. Il a fallu solliciter un appui financier de toute la population francophone pour payer la note [14].

Porté au pouvoir en 1929 à la tête d'une coalition, le conservateur James T. M. Anderson, ancien inspecteur d'école et partisan du « *English only* » dans l'enseignement, va immédiatement adopter des mesures antifrançaises.

> En septembre 1929, quelques mois seulement après les élections, il abolit l'échange des brevets d'enseignement avec le Québec. Cette décision rend presque impossible le recrutement d'enseignants francophones pour les écoles de la province. En décembre de la même année, le gouvernement annonce que le catéchisme ne sera dorénavant enseigné qu'en anglais. Toutefois, le premier ministre Anderson permettra aux francophones d'enseigner le catéchisme en français pendant une demi-heure si la classe a lieu après la fermeture officielle de l'école à trois heures et demie. Cependant, le gouvernement n'a pas encore fini de harceler les Fransaskois. [...] Le 9 mars 1931, un projet de loi supprimant le cours primaire en français est adopté en troisième lecture à l'Assemblée législative de Regina. Désormais,

---

14. Raymond DENIS, *Mes mémoires. Volume 2*, manuscrit, Archives de la Saskatchewan, p. 242, cité dans Laurier GAREAU, *Les Chevaliers du capuchon : la triste histoire du Ku Klux Klan en Saskatchewan*, **www.societehisto.org/Musee/Articles/KKK.html**.

le français ne pouvait plus être enseigné plus d'une heure par jour [15].

Il va de soi que ces mesures sont directement inspirées des campagnes du Ku Klux Klan contre les Canadiens français et les catholiques.

With a membership of between ten thousand and fifteen thousand in Saskatchewan in the late 1920s, the KKK exercised influence within the provincial Conservative Party, which led a coalition government between 1929 and 1934. Klan pressures contributed to the government's decision to end French-language instruction in the early grades of school and to dismiss nuns teaching in public schools. In 1931, E. E. Perley, a Conservative MP from Saskatchewan, informed R. B. Bennett that only Protestants should be appointed to the Senate from Saskatchewan. He wrote Bennett in 1931: « Possibly you are aware that the Ku Klux Klan is very strong in this province and no doubt was a great silent factor both in the provincial and in the last federal election, in favour of the Conservatives. They are very much worked up over the fact that one of the first major appointments is to go to the Roman Catholic Church, and it certainly will do us a great deal of harm [16]. »

Le Klan est tout aussi populaire en Alberta : en 1931, on y compte plus de 50 cellules – « kavernes » dans le langage du KKK –, dont 7 à Edmonton [17]. Le groupe de recherche en histoire appliquée de l'Université de Calgary explique ainsi la montée de l'exclusion et du racisme dans cette province dans les premières décennies du XXᵉ siècle et les facteurs ayant fait de l'Alberta un terreau favorable pour le KKK :

As non-Anglo-Saxon newcomers began flooding into the region at the turn of the century, the initial enthusiasm was replaced with hostility borne of the same sort of prejudices directed towards indigenous Albertans. The majority of politicians, the press, and the Anglo-Saxon

---

15. *Les Fransaskois et le Système scolaire*, Gouvernement de la Saskatchewan, **www.sasked.gov.sk.ca/docs/francais/fransk/saskfrancais/vol1/i87-104.pdf.**
16. *E. E. Perley to R. B. Bennett*, 6 janvier 1931, R. B. Bennett Papers, National Archives of Canada, cité dans Alvin FINKLE et Margaret CONRAD, *op. cit.*, p. 241-242.
17. Julian SHER, *op. cit.*, p. 42.

public measured the « quality » of the new immigrants through the nationalistic prism of God, king, empire, and the supposed superiority of the Anglo-Saxon « race ». They slotted newcomers into an « ethnic pecking order » based on presumed ease of assimilation and the threat different immigrants allegedly posed to British institutions and values.

[…] The influx generated nativist reaction not just from « patriotic » groups like The National Association of Canada and the Ku Klux Klan, but also from mainstream journalists, Protestant fundamentalists, and United Farmers of Alberta (UFA), who supported a eugenics movement to rid Alberta of « mental defectives » allegedly living in Eastern European communities [18].

Le charisme du chef albertain du Klan, J. J. Maloney, l'ancien séminariste irlandais devenu presbytérien, contribue à la popularité de l'organisation extrémiste [19].

Il n'est pas difficile de convaincre les Albertains anglophones pure laine, anti-immigrants et anticatholiques, que le Québec et les Canadiens français sont à la source de tous leurs problèmes.

Selon le *Liberator* de Maloney, les maux infligés aux Albertains de souche, les menaces à la société civile, à la moralité et à l'administration nationale tiraient leur origine d'une conspiration globale de la minorité catholique contre la majorité protestante. Le KKK était d'avis que le pape en Italie et l'Église catholique au Québec cherchaient à dominer entièrement le Dominion du Canada, à l'échelle tant nationale que régionale, d'un océan à l'autre [20].

Pour faire triompher ses revendications, le KKK apporte un soutien inconditionnel aux conservateurs provinciaux et

---

18. Groupe de recherche en histoire appliquée, **www.ucalgary.ca/applied_history/ tutor/calgary/race.html**.
19. PAA, Premier's Papers, 69.289, Konvocational Konklave Kouncil to Brownlee, 3 Octobre 1931, dans William Peter BAERGEN, *The Ku Klux Klan in Central Alberta*, Red Deer, Central Alberta Historical Society, 2000, p. 226.
20. Raymond HUEL, « J. J. Maloney. How the West Was Saved from Rome, Quebec and the Liberals », J. E. FOSTER (dir.), *The Developing West*, Edmonton, University of Alberta Press, 1983, p. 222, cité dans Martin ROBIN, *op. cit.*, p. 69.

fédéraux. Ainsi, J. J Maloney[21], le leader albertain du Klan, écrit ceci dans une lettre adressée au premier ministre de l'Alberta, John Edward Brownlee :

> No one needs dispute the fact that the Klan gave its whole-hearted support to the Conservative Party in every Province of the Dominion of Canada, and at the last federal elections in July 1930 the Honourable R. B. Bennett, Prime Minister of this country, attained power with the full weight of the Klan behind him in every English province. Lately, in the province of Quebec, particularly in Montreal where the Klan had a chance, they used every inch of its power against Houde, the alleged conservative who was in hand with the Jews. Our leading men in the Conservative Party know under what flag we sail our ship. They were all ready and willing to receive our co-operation and indirectly supply funds during the campaign to the end of electing a conservative administration[22].

John Diefenbaker, futur chef du Parti progressiste-conservateur fédéral et futur premier ministre du Canada était proche du KKK au début de sa carrière politique. En juin 1929, durant la campagne électorale, son adversaire libéral dans la circonscription de Prince Albert l'accuse d'être un sympathisant du KKK. L'année précédente, à l'occasion d'élections complémentaires dans le comté de Red Deer, l'orangiste John Diefenbaker avait pris la parole au cours d'une réunion organisée par le KKK.

> Klan lawyer J. F. Bryant was joined on the stage by a young Conservative from Prince Albert named John G. Diefenbaker. Diefenbaker complained about French being made compulsory as a language of instruction in public schools in his area[23].

L'idéologie raciste et intolérante du Klan est répandue à la fois dans l'opinion publique et parmi les leaders d'opinion. Un

---

21. Maloney sera par la suite condamné à une peine de prison pour avoir détourné des fonds du Klan. Sa déchéance marque la fin du KKK en Alberta.
22. PAA, Premier's Papers, 69.289, Konvocational Konklave Kouncil to Brownlee, 3 octobre 1931, cité dans William Peter BAERGEN, *The Ku Klux Klan in Central Alberta*, Red Deer, Central Alberta Historical Society, 2000, p. 226.
23. Raymond HUEL, *op. cit.*, p. 179, cité dans Julian SHER, *op. cit.*, p. 56.

député conservateur fédéral prend ainsi la défense des membres du Klan :

> Said John Evans, the MP from Rosetown : « As regards the Ku Klux Klan, these people are not in any way what we might call hot-headed and they are absolutely against any violent or unconstitutional way of doing things [24]. »

En Saskatchewan, malgré toutes les tentatives faites par le KKK, les orangistes et les conservateurs pour éradiquer l'enseignement du français, et ainsi assimiler les Fransaskois, la communauté de langue française demeure stable jusqu'à la fin de la Seconde Guerre mondiale [25]. Dans les années 1940, les 50 000 Fransaskois conservent leur identité parce qu'ils sont concentrés dans des villages isolés, comme Bellevue et Ferland, et que des localités telles que Prud'homme et Gravelbourg comptent encore une importante population francophone. Plus important encore pour leur « survie », les Fransaskois contrôlent plusieurs de leurs districts scolaires ruraux.

L'arrivée au pouvoir de la Co-operative Commonwealth Federation (CCF) à la faveur des élections de 1944 va tout changer. Le gouvernement néodémocrate implante un système de grandes unités scolaires, qui sonne le glas des petites écoles de campagne. À de rares exceptions près, les francophones sont en minorité dans les grandes écoles centralisées.

> Le quart de siècle qui s'écoula entre la mise en vigueur du plan de régionalisation et le retour aux écoles bilingues au début des années 1970 fut l'un de ceux où l'on enregistra le plus haut taux d'assimilation. Le désir de se fondre dans la majorité anglaise côtoyée quotidiennement à l'école régionale poussa plus d'un jeune à délaisser sa langue maternelle [26].

Dans les années 1960, les Fransaskois rencontrent encore les mêmes difficultés que dans les années 1920 pour bénéfi-

---

24. *The Montreal Gazette*, Montréal, 25 mars 1981, p. 1/*House of Commons Debates*, 1931, I, p. 252 ; 1934, III, p. 2701 ; 1930, II, p. 1557, dans Julian SHER, *White Hoods, Canada's Ku Klux Klan*, Vancouver, New Star Book, 1983, p. 54
25. *Les Fransaskois et le Système scolaire, op. cit.*
26. Richard LAPOINTE et Lucille TESSIER, *op. cit.*, p. 263.

cier de l'enseignement du français. Au printemps de 1965, des parents francophones de Saskatoon décident de retirer leurs enfants de l'école pour protester contre un règlement scolaire stipulant que l'anglais est la seule langue d'enseignement et que le français ne peut être utilisé qu'une heure par jour.

> Cette décision est le résultat immédiat des refus répétés par la commission scolaire de mettre à la disposition des enfants canadiens-français les miettes culturelles qui leur sont accordées par la loi actuellement [27].

Une commission d'enquête recommande finalement au gouvernement libéral de Ross Thatcher de permettre et d'encourager l'enseignement du français, au même titre que l'allemand et l'ukrainien : rien de plus et rien de moins pour la langue d'un des deux peuples fondateurs du Canada.

Depuis 1968, une loi permet au gouvernement de la Saskatchewan de désigner des écoles où le français peut être enseigné ou utilisé comme langue d'enseignement pour des périodes d'une journée sur cinq. Aucune de ces écoles n'est véritablement française. Les Canadiens français transforment alors leurs écoles en écoles désignées.

La création de ces écoles désignées et l'adoption de la Loi sur les langues officielles par Ottawa vont avoir un effet pervers. Elles conduisent plusieurs anglophones de Saskatchewan à sauter sur l'aubaine pour donner à leurs enfants une certaine connaissance du français alors très à la mode au Canada anglais. Les écoles désignées deviennent donc des écoles d'immersion pour les jeunes anglais, les enfants francophones étant souvent en minorité dans leurs propres écoles.

L'Association catholique franco-canadienne de la Saskatchewan et certains groupes de parents francophones se rendent compte que l'école « bilingue » conduit, elle aussi, à l'assimilation.

---

27. « Contre l'article 203 de l'Acte Scolaire », *La Relève*, 16 avril 1965, p. 1, cité sur www.sasked.gov.sk.ca/docs/francais/fransk/saskfrancais/vol1/i87-104.pdf.

« L'école bilingue est une utopie qui ne fait que contribuer à l'anglicisation des francophones [28]. »

Afin de résoudre ce problème, le gouvernement de la Saskatchewan crée des écoles désignées de « Type A » pour enfants francophones et de « Type B » pour les anglophones en immersion, sans pour autant limiter l'accès à ces deux catégories d'écoles : des anglophones peuvent donc continuer à s'inscrire dans une école de « Type A », et des francophones, dans une école de « Type B ».

Il faut attendre l'élection d'un gouvernement néodémocrate en 1991 pour que les Fransaskois reprennent – avec difficulté et malgré divers atermoiements [29] – le contrôle de leurs écoles, contrôle que les conservateurs leur avaient enlevé au début du XXᵉ siècle, avec le soutien des orangistes et du KKK, et sous le regard bienveillant des anglophones. Entre-temps, le processus d'assimilation a fait son œuvre pendant des décennies.

Le KKK en Ontario

En Ontario, où l'intolérance et les sentiments anticatholiques datent de l'arrivée des premiers Loyalistes américains, la haine contre les « papistes » va être le thème privilégié du Klan.

Foyer d'un ordre orangiste actif de grande envergure, et ancien centre d'opération de la D'Alton McCarthy Equal Rights Association, de même que de la militante, bien qu'éphémère, Protestant Protective Association – une version canadienne de la nativiste American Protective Association –, l'Ontario fut, au début des années vingt, convoitée par plusieurs organisations itinérantes [30].

---

28. « L'école bilingue : une utopie ? », *L'Eau vive*, 16 juillet 1975, p. 16, cité dans **www.sasked.gov.sk.ca/docs/francais/fransk/saskfrancais/vol1/i87-104.pdf**.
29. Voir p. 159
30. Martin Robin, *op. cit.*, p. 20.

En 1925, le pasteur protestant Lewis Fowler fonde une cellule du klan à Toronto. Le KKK s'installe officiellement en Ontario la même année.

> [...] en février 1925, le *New York Times* rapporta la «première apparition officielle» du Klan en Ontario, lorsque le secrétaire provincial Lincoln Goldie annonça que les représentants de l'Empire invisible, les Chevaliers du Ku Klux Klan du Dominion du Canada, de même qu'une organisation similaire, les Hidden Knights of the Midnight Sun of the Dominion of Canada, avaient fait une demande d'incorporation [31].

> Nouvellement constitué et doté d'une charte, le Klan s'infiltra, au cours des mois qui suivirent, dans un certain nombre de villes et de villages, dont Exeter, London, Hamilton, Barrie, Sault-Sainte-Marie, Welland, Ottawa et Niagara Falls [32].

Dans certaines régions, la lutte du Klan pour maintenir la suprématie des wasps sur les Canadiens français et les catholiques se mène sur le plan politique.

> *In Ottawa, the mayor received a nasty letter from « the Ku Klux Klan of Canada, Dominion no 31 », warning that if he did not pay more attention to Protestant taxpayers when assigning aldermanic positions to city wards, « concerted action » would be taken in the next election* [33].

Mais le Klan ne se contente pas toujours de pressions politiques dans sa guerre contre le catholicisme, il recourt aussi à la violence.

> À Sarnia, un évangéliste américain anticatholique, George Garner, et un dénommé King, qui portaient l'emblème d'un ordre orangiste américain et encensaient publiquement le Ku Klux Klan de Sarnia, profanèrent l'église catholique de St. James, en enlevant de son tabernacle «un ciboire d'or, douze hosties consacrées, une hostie de bénédiction et la pyxide qui la contenait [34].»

---

31. *The New York Times*, 17 février 1925, cité dans Martin ROBIN, *op. cit.*, p. 25.
32. Martin ROBIN, *op. cit.*, p. 21.
33. *The Mail and Empire*, 18 août 1924, p. 1, cité dans Julian SHER, *op. cit.*, p. 27.
34. *The Toronto Globe*, 18 août 1924, cité dans Martin ROBIN, *op. cit.*, p. 22.

À Barrie, William Skelly et deux officiers de la branche locale du Klan furent, en juin 1926, impliqués dans une tentative d'attentat contre l'église catholique romaine de St. Mary's [35].

Comme les Ontariens, les anglophones de Montréal ne sont pas insensibles au message de haine que le KKK propage contre les catholiques et les francophones. Le *Star* du 1er octobre 1921 titre : « *Ku Klux Klan being Organized in City : Trouble Expected* [36] ». Le 20 octobre, un reporter du *Star* qui dit avoir rencontré des militants du KKK écrit : « *the Montrealers had noted that their membership was "entirely Protestant* [37]*"* ».

L'implantation du KKK au Québec sera éphémère. Mais certains de ses militants anglo-québécois sont soupçonnés d'être à l'origine de plusieurs incendies criminels.

> On n'en entendit pour ainsi dire plus parler jusqu'à la fin de 1922, où une série d'incendies dans certaines institutions catholiques, notamment à la sainte cathédrale de Québec et à la maison de retraite des Sulpiciens d'Oka – qui entraîneront des dommages estimés à 100 000 $ –, ainsi que la destruction d'archives de la Nouvelle-France ramènera le Klan sur le tapis au Québec. Des allégations [selon lesquelles] des hommes du Klan avaient allumé les incendies et qu'ils envisageaient d'entreprendre une grande campagne de recrutement suscitèrent mises en garde et éditoriaux dans la presse québécoise [38].

Le succès du Klan au Canada anglais dans les années 1920 et 1930 tient au fait que son idéologie d'exclusion est largement répandue dans toutes les couches de la société.

> *From the conquest of Quebec to the advent of multiculturalism in the 1960s the central thrust of Canada's national political and religious development has been Anglo-Protestant and anti-Papist* [39].

Avec le temps, les politiques scolaires et culturelles anti-françaises adoptées à la demande du KKK et des orangistes, et

---

35. Martin Robin, *op. cit.*, p. 22.
36. Julian Sher, *op. cit.*, p. 24.
37. *Daily Star*, 20 octobre 1921, cité dans Julian Sher, *op. cit.*, p. 24.
38. Martin Robin, *op. cit.*, p. 19.
39. William Peter Baergen, *op. cit.*, p. 7.

soutenues par l'opinion publique anglophone, ont fait leur œuvre. L'objectif fixé – l'éradication des minorités francophones des Prairies – a été en bonne partie atteint. Le recensement fédéral de 1971 rapporte un taux d'assimilation de 50,9 % en Alberta, de 43,8 % en Saskatchewan et de 30 % au Manitoba. La politique trudeauiste sur les langues officielles adoptée dans les années 1970 arrive trop tard.

Le KKK contre le français à la radio

Dans les années 1930, le KKK et l'Ordre d'Orange essaient d'empêcher le développement de la radio francophone au Canada. Là encore, le Klan s'appuie sur des préjugés bien ancrés au Canada anglais : les Canadiens français sont un peuple vaincu, une minorité comme les autres, mais une minorité dangereuse.

De nombreux Canadiens anglais croient en effet que la revanche des berceaux est en train de se réaliser et qu'ils sont condamnés à devenir minoritaires. Entre 1931 et 1941, les Canadiens français contribuent pour près de 50 % à l'accroissement démographique du Canada alors qu'ils ne constituent que 30 % de la population.

En 1928, préoccupé par l'envahissement des ondes canadiennes par les réseaux radiophoniques des États-Unis et par l'engouement du Canada anglais pour la radio américaine, le gouvernement canadien crée la commission Aird sur la radiodiffusion. Cette commission propose la création d'un réseau radiophonique canadien supervisé par un organisme fédéral indépendant, mais la crise économique retarde la mise en œuvre de ses recommandations jusqu'en 1932. La nouvelle Commission canadienne de la radiodiffusion (CCR) reprend les installations radiophoniques du Canadien National (CN). Six mois plus tard, en mai 1933, elle diffuse ses premières émissions sur un réseau national qui regroupe les stations de Vancouver, de Toronto, de Montréal, d'Ottawa et de Chicoutimi.

Le réseau pan-canadien anglophone unique diffuse quelques bribes d'émissions en français qui écorchent les oreilles des Canadiens anglais d'un océan à l'autre. Il n'en faut pas plus pour déclencher au Canada anglais une violente réaction d'hostilité.

> Quelques jours seulement après la mise sur pied de la programmation nationale, certains groupes anglophones manifestent déjà leur profond désaccord quant à la diffusion d'émissions en français sur les ondes nationales. Dans sa livraison du 20 mai 1933, le journal *Evening Telegram* titre: « Les citoyens protestent contre la langue française.» Les signataires de l'article qui représentent les orangistes dénoncent la pratique grandissante d'émissions et de commentaires en français qu'autorise la commission [40].

Le Pr Canuel relève une déclaration d'un grand maître orangiste dans un journal de Toronto:

> [...] nous devons faire échec au bilinguisme français dans les écoles ainsi que dans les nombreux ministères du gouvernement et surveiller de près l'invasion du français au nord de l'Ontario [41].

La « *French domination*» est alors une véritable hantise au Canada anglais, et la CRC est considérée, dans beaucoup de milieux anglo-canadiens, comme un organisme dominé par les francophones:

> *These views were more often spoken than written, but one can detect the sentiment behind the* Financial Post's *use of the tag, « Commission de Radio-Confusion». Such slurs were common in the radio column of the* Toronto Telegram. *National radio was one of the most direct ways of reminding English Canadians that they shared their country with French-speaking citizens, and the reminder was not always welcome* [42].

---

40. Alain CANUEL, «Les avatars de la radio publique d'expression française au Canada, 1932-1939», *Revue d'histoire de l'Amérique française*, 51, nº 3, hiver 1998, cité sur **www.erudit.org/erudit/haf/v51n03/canuel/canuel.html**. Ce texte du Pr Canuel de l'UQAM inspire largement les pages qui suivent.
41. «Defend Public Schools and Insist on English Language Only, Says Grand Master», *Evening Telegram*, 31 mars 1934, cité dans Alain CANUEL, *idem.*
42. Frank PEERS, *The Politics of Canadian Broadcasting, 1920-1950*, Toronto, University of Toronto Press, 1969, p. 159.

Au Canada anglais, on assiste à une mobilisation générale contre l'utilisation du français à la radio. L'opinion publique, le clergé protestant et les journaux abhorrent la commission qui a osé rappeler à son auditoire que le Canada compte une importante minorité française.

> *In the spring of 1933, after the programs in French were heard on the national network, several Protestant denominations co-operated in a mass protest rally at Massey Hall, with overflow meetings in other locations. The Protestant Vigilance Committee, formed largely of Orange groups, sent a resolution to Ottawa in the summer of 1933, urging the abolition of the Commission because its policy had been the cause of discord throughout the country. At the Derry Day Walk on August 12, 1933, over ten thousand Royal Black Knights of Ireland gathered at Guelph. They attacked Communism, separate schools, and bilingualism on the radio. Other groups, too, were upset by this sudden and unexpected national distribution of French programs. The Sons of England of Prince Albert went on record as considering it a concerted effort to make Canada a bilingual country, and insisted that the French language had no official standing outside the Province of Quebec* [43].

E. Austin Weir, directeur des services radiophoniques du Canadien National avant de passer à la CCR puis à la CBC, rapporte les propos suivants pour bien montrer qu'il n'exagère pas le ressentiment suscité au Canada anglais par l'utilisation du français à la radio. Ces propos sont de C. H. Cahan, considéré comme le ministre le plus influent du gouvernement Bennett.

> *As a matter of fact, during the past four years, in my capacity as a Minister of the Crown, I have listened to reports coming in from the communities between the Atlantic and the Pacific, and the chief cause of complaint that came in that way to the government, or a committee of the government, was the dual use of the two languages, English and French. Protests from Western Canada against French programs through transcontinental networks were continuous. On the other hand, I just happened to be spending some time in the*

---

43. E. Austin WEIR, *The Struggle for National Broadcasting in Canada*, Toronto, McClelland & Stewart Ltd., 1965, p. 150.

Maritime Provinces on a holiday, where the French language is well understood. I think there is more complete sympathy between the Maritime Provinces and Quebec than between any other parts of Canada. Yet even there I heard nothing but continued protests against Quebec programs in French taking up the air to the exclusion of English [44].

Weir tente d'expliquer la réaction d'intolérance du Canada anglais contre le français à la radio en affirmant qu'il s'agit avant tout d'une réaction contre les catholiques.

The trouble was the French language was associated with Roman Catholicism. Without knowing the depth of religious bigotry in Canada thirty or forty years ago, no one could appreciate the extraordinary reaction to these French-language broadcasts. The Orange Order was dominant in much of Canada, and it was terrifyingly vocal in New Brunswick, Ontario, and some areas of the west. The Ku Klux Klan, with adherents in Saskatchewan (including it was said, at least one MP on the government's side), was no less violent in its denunciation [45].

Cette explication n'est pas vraiment satisfaisante dans la mesure où, tout au long de l'histoire du Canada, la haine de la majorité anglophone à l'égard des Canadiens français et des autres minorités a toujours eu un fondement culturel, ethnique ou racial autant que religieux.

Selon le Pr Alain Canuel, les arguments avancés par les leaders d'opinion du Canada anglais pour refuser au français l'accès aux ondes nationales s'appuient sur deux principes considérés comme fondamentaux par l'élite anglo-canadienne.

Le premier principe repose sur la certitude que la langue française n'est pas une langue officielle et, par conséquent, que l'on doit s'en tenir à l'application de l'Acte de l'Amérique du Nord britannique. Le second s'applique à démontrer que le français ne doit pas être entendu en dehors des frontières du Québec. De ces deux principes découlent les corollaires suivants : d'une part, la CCR n'est pas tenue d'observer la règle de présentation des émissions dans les deux langues comme au Québec, puisque les francophones

---

44. *Ibid.*, p. 150-151.
45. *Ibid.*, p. 151.

hors Québec comprennent l'anglais et qu'il est inutile d'utiliser le français pour la majorité anglophone ; d'autre part, si les auditeurs anglophones syntonisent les stations américaines, cela est imputable aux émissions en français qui envahissent les ondes nationales[46].

Ces attaques sont d'autant plus significatives que la proportion d'émissions diffusées en français sur le réseau national n'est pas représentative du poids démographique des francophones. Pour deux heures d'émissions en français, on en diffuse cinq heures et demie en anglais. En outre, le contenu des émissions diffusées à partir de Toronto est entièrement en anglais, alors qu'il est bilingue lorsqu'on émet à partir de Montréal (ce qui peut se traduire, par exemple, par une heure d'opérette en français et une demi-heure de commentaires en anglais).

Même la musique française est insupportable aux oreilles anglo-canadiennes. Et la CCR va beaucoup plus loin dans ses « manœuvres de provocation » à l'endroit du Canada anglais. Imaginez ! À l'occasion du soixante-sixième anniversaire de la Confédération canadienne, l'émission spéciale débute par le *Ô Canada* en français.

> Les attaques de groupes opposés au français sur les ondes se multiplient et elles sont de plus en plus dirigées contre Thomas Maher, responsable de la programmation nationale, que l'on identifie de plus en plus ouvertement comme le promoteur des intérêts des francophones au Canada. L'utilisation du français sur les ondes ne tarde pas à ramener à fleur de mémoire des propos choquants à l'égard du peuple canadien-français, alors que les opposants exercent des pressions dans le but déclaré de promouvoir « les principes britanniques et la langue anglaise[47] ».

Le Pr Alain Canuel rapporte qu'en mai 1933, en l'absence de son vice-président à la programmation Thomas Maher, le président de la CCR, Hector Charlesworth, décide de ne pas diffuser l'émission en français du dimanche au-delà de l'Ontario,

---

46. Alain CANUEL, *idem.*
47. *Ibid.*

cédant ainsi aux pressions des députés anglophones des Prairies. À son retour, Maher renverse la décision de son président en affirmant qu'il est seul responsable de la programmation nationale. Le correspondant du *Financial Post* à Ottawa écrit que c'est à la suite de l'intervention personnelle du premier ministre Bennett que les émissions en français ont été retirées du réseau national.

Pourtant, Charlesworth n'est pas un francophobe borné. Journaliste torontois de renom, il a dirigé le *Saturday Night* avant de devenir président de la CCR. C'est un esprit ouvert qui considère que « le sentiment séparatiste au Québec a été en grande partie provoqué par l'hostilité mesquine du Canada anglais ».

> *When I went to the West in 1933 I knew I must face a challenge with regard to French on the Air. The Klu Klux Klan [sic], driven out of Ontario, had obtained a strong foothold in Saskatchewan and had been active in opposition. This bastard American organization boasted three members in the House of Commons, one openly in affiliation with the Klu Klux Klan, and two covertly. These gentry busied themselves in stirring up the Orange order also, proclaiming the amazing legal discovery that the use of French on the air was a breach in the British North America Act[48].*

La controverse atteint son paroxysme au printemps de 1934 alors que l'Ontario et les provinces de l'Ouest multiplient les attaques contre le français à la radio nationale. Le député conservateur fédéral de Regina associé au KKK, Franklin W. Turnbull, porte la bataille devant un comité spécial de la Chambre des communes chargé d'étudier les activités de la CCR.

> *Turnbull referred to a poll conducted by the* Regina Star *which showed that out of 700 ballots, 400 wanted the commission done away with. Forty per cent of the poll listed the use of the French language as their only objection, but fully 87 per cent of the poll made some objection to the use of French. Turnbull said the opinion in Saskatchewan was that : « the French language is not an official language of*

---

48. Frank PEERS, *op. cit.*, p. 129.

the whole of Canada, and is confined in its application to the terms
of the British North America Act… When the radio commission does
anything at all which appears to be forcing what I may call the Que-
bec view… on the rest of the country, these people resent it, and ins-
tead of building up unity… it is building up a wall of hostility
against it. » *Turnbull then quoted a resolution passed by the Sons of*
England in Prince Albert, stating that the use of French outside Que-
bec was a « *concerted effort by the people of French origin to make*
Canada a bilingual country [49]. »

Pour qu'une émission en anglais soit qualifiée de bilingue,
il suffit qu'elle contienne une présentation de trente secondes
en français, même si l'émission dure au total une heure. C'est
tout ce qu'il faut pour soulever la colère du Canada anglais.

« L'étiquette bilingue » est certes l'expression idoine pour qualifier
la présentation d'émissions au réseau national, puisque le temps
d'antenne correspond tout au plus à trente secondes de français
sur les ondes. Bien sûr, il y a quelques émissions françaises en provenance de Montréal. Cela s'entend et l'on ne saurait passer sous
silence cette distinction entre la présentation et le contenu d'émissions. Toutefois, le témoignage de Turnbull devant le comité spécial de 1934 fait ressortir un aspect important de la question : les
trente secondes témoignent d'une épreuve de force, puisque toute
intrusion du français à l'échelle nationale est vue comme une violation des droits de la majorité anglophone [50].

Le journaliste Paul Auger du *Devoir*, qui rappelle que
Turnbull est un important leader du Ku Klux Klan, écrit :
« Trente secondes de français dans un programme de radio
d'État leur met l'écume à la bouche, la rage au cœur et, parfois,
la torche incendiaire au poing [51]. »

Qualifier de « françaises » certaines émissions relève de la
supercherie, comme le secrétaire général de l'Association d'éducation des Canadiens français du Manitoba, J.-H. Daignault,
s'en plaint au président de la CCR en mars 1933.

---

49. *Ibid.*, p. 140-141.
50. Alain Canuel, *idem.*
51. Paul Auger, « L'actualité, M. Turnbull », *Le Devoir*, 31 mai 1934, cité dans Alain
      Canuel, *idem.*

[...] les propos de Daignault mettent en relief un aspect important de la programmation nationale : même si certaines émissions portent l'étiquette « française », cela ne garantit pas pour autant qu'elles répondent aux attentes de la population francophone. Et pour cause ! La CCR qualifie parfois une émission de « française » parce qu'il s'agit d'un concert français ou simplement parce qu'elle est partiellement diffusée en français. « Ce que nous voulons, ce que nous demandons à la Commission, d'écrire Antonio de Margerie, chef du secrétariat de l'Association catholique canadienne-française de la Saskatchewan (ACFC), ce sont des syllabes françaises, et non pas de la musique d'orchestre que nous pouvons entendre d'ailleurs [*sic*] 24 heures par jour et 7 jours par semaine [52]. »

La campagne contre le français sur les ondes nationales préoccupe le premier ministre R. B. Bennett, un politicien d'extrême droite qui a le soutien du KKK dans l'Ouest et des nazis d'Adrien Arcand au Québec. Bien qu'il ait garanti une complète liberté à Charlesworth lorsqu'il l'a nommé à la présidence de la CCR, Bennett est décidé à limiter l'utilisation du français en ondes ou à l'éliminer purement et simplement.

En 1934, Thomas Maher, le directeur de la programmation de la CCR, se plaint à Bennett que le gouvernement ne fait rien pour répondre aux attaques portées contre le français à la radio.

Depuis un an, le nombre d'émissions en anglais a augmenté considérablement au détriment de celles présentées en français. Maher explique au premier ministre que le français est seulement utilisé durant trois heures et demie sur les quarante-neuf heures d'émissions diffusées par semaine sur les ondes nationales, alors que les francophones représentent alors plus de 30 % de la population canadienne [53].

Ces explications n'impressionnent pas Bennett, qui a décidé de se débarrasser de Maher, considéré comme le responsable de

---

52. Alain CANUEL, *idem*.
53. ANC, Fonds Bennett, 590, 14 septembre 1934, 365254-365257, cité dans Alain CANUEL, *idem*.

la crise du français sur les ondes. « À mon avis, écrit le premier ministre, aucune raison ne peut justifier la situation actuelle dont vous êtes responsable et ne peut constituer une excuse valable face à ce qui vient de se passer [54]. »

La démission de Thomas Maher en 1934 provoque une rupture au sein de la Commission et coïncide avec le retrait des émissions en français sur les ondes nationales.

Devant l'offensive des opposants au français sur les ondes nationales, une solution politique s'impose. *A priori*, celle qui semble la plus rentable pour Bennett, s'il ne veut pas s'aliéner l'électorat québécois et s'il désire satisfaire l'opinion publique anglophone, est d'offrir aux Québécois une programmation en français séparée du réseau.

Pour apaiser les Canadiens anglais écœurés d'entendre du français sur les ondes du réseau national – tout comme ils se sentiront agressés, quarante ans plus tard, en voyant sur leur table, à l'heure du petit-déjeuner, une boîte de céréales portant des inscriptions bilingues – on envisage donc de créer un réseau français parallèle et limité au Québec. Battu aux élections de 1935, Bennett est remplacé par le libéral Mackenzie King. Le nouveau premier ministre met sur pied un comité spécial sur la radiodiffusion qui recommande l'abrogation de la loi de 1932. L'application des recommandations de ce comité entraînera, en 1936, l'abolition de la CCR et la création de la Société Radio-Canada.

> La loi de 1936 qui assigne à Radio-Canada une mission d'utilité publique ne constitue pas une panacée au problème du français sur les ondes. Il faudra attendre 1937 pour voir apparaître, au Québec, ce qui constitue le premier noyau du réseau français de Radio-Canada. Dans cette province, le nombre des stations ne représente que le tiers de celles de l'Ontario et les dépenses consacrées au développement de la radio à Montréal sont deux fois et demie inférieures à celles de Toronto [55].

---

54. ANC, Fonds Bennett, 590, 16 septembre 1934, 365260, cité dans Alain CANUEL, *idem.*
55. Alain CANUEL, *idem.*

Enfin, les Canadiens anglais vont pouvoir écouter la radio sans entendre parler français. Pourtant, en 1938, on se plaint encore au Canada anglais d'entendre à l'occasion quelques mots de français sur les ondes du réseau anglais.

The single station in Montreal carried both French and English features, and programs that originated to the full network from Montreal were announced in two languages. The result was that there were still some rumblings among listeners who thought that not a word of French should be heard outside the province of Quebec, although feeling was not as intense as it had been in the days of the Radio Commission. But it was there. A weekly in Stouffville, Ontario, wrote : « So far as this paper goes, we much prefer U.S. programmes, rotten as many of them are, to the bilingual broadcasts of CBC, which seems dedicated to giving Canada a bilingual tongue[56].»

Le refus de fournir des services radiophoniques adéquats aux minorités francophones à l'extérieur du Québec se poursuit tout au long du XXᵉ siècle. En 1944, des représentants des associations francophones du Manitoba, de la Saskatchewan et de l'Alberta vont rencontrer les gouverneurs de Radio-Canada, à Montebello au Québec, pour demander des licences afin d'exploiter quatre stations de radio francophones dans l'Ouest canadien. Le Bureau des gouverneurs accorde une seule licence, celle de CKSB à Saint-Boniface. La création de la première station d'expression française des Prairies se fait grâce à des collectes de fonds au Québec et dans les communautés francophones de l'Ouest, sans qu'un cent soit versé par Radio-Canada. La SRC est trop occupée à doter le Canada anglais d'un deuxième réseau radiophonique – le réseau Dominion – pour s'intéresser aux besoins des francophones qui n'ont pas encore de service dans leur langue. Comment expliquer cette décision sinon par le fait qu'on craint d'exciter les préjugés antifrançais latents chez les anglophones des Prairies ? Radio-Canada n'accordera leur première station française aux Acadiens qu'en 1953, et la radio française de Radio-Canada n'arrivera à Toronto que dans les années 1960.

---

56. Frank PEERS, *op. cit.*, p. 249.

Après son départ de la présidence de la CRC, Hector Charlesworth dénonce l'intolérance du Canada anglais.

> Au cours de ma carrière de président, j'aurais souhaité que certains politiciens de langue anglaise fussent aussi tolérants que leurs compatriotes canadiens-français. S'il y a un sentiment séparatiste au Québec, cela est dû en grande partie à une étroitesse d'esprit de certains groupes canadiens-anglais.
>
> En faisant face au problème de l'annonce d'émissions dans les deux langues [les fameuses trente secondes !] [...] j'ai toujours été convaincu que l'unité nationale aurait fait un grand pas en avant si les deux races avaient favorisé, de façon réciproque, une certaine compréhension de la langue de l'autre. Assurément, le Canada français a fait plus que la moitié du chemin dans son effort de compréhension du Canada anglais [57].

Moins franc que son lointain prédécesseur, A. W. Johnson, président de la SRC, a le culot de déclarer en 1977 que les échanges culturels entre francophones et anglophones au Canada souffrent plutôt d'une « incapacité réciproque ».

> Après un siècle d'existence, notre pays fait face à un double défi : le problème angoissant des deux solitudes et la domination culturelle américaine. C'est dans l'incapacité réciproque des deux principaux groupes linguistiques de se comprendre et de partager leur patrimoine culturel que réside le problème capital de la société canadienne [58].

Les sentiments, allant de la haine à l'indifférence, que voue le Canada anglais à la réalité française marqueront l'évolution des médias au Canada jusqu'à nos jours. Johnson s'est bien gardé dans son allocution d'évoquer la grève des réalisateurs du réseau français en 1958 pour illustrer son propos. Auteur d'un documentaire de soixante minutes sur cet événement, diffusé à Radio-Canada le mercredi 1er septembre 1999, Max Cacopardo rappelle qu'il y avait :

---

57. Hector CHARLESWORTH, *I'm Telling You Toronto*, Toronto, MacMillan, 1937, p. 98-99, cité dans Alain CANUEL, *idem*.
58. A. W. JOHNSON, *Philosophie et plan d'action de la SRC*, SRC, juin 1977, p. 3, 8-9, cité dans Alain CANUEL, *idem*.

[…] un clivage entre le milieu anglophone et [le milieu] francophone. Les réalisateurs de Toronto n'ont pas appuyé la grève. Les employés de CBC, à Montréal, ont aussi continué à travailler. À Ottawa, les réalisateurs ont dû négocier avec des anglophones qui ignoraient presque l'existence du réseau français. Et sur le plan politique, les ministres étaient tous des anglophones qui avaient une pâle connaissance de ce qui se passait au Québec. Tous les journaux francophones appuyaient la grève, tandis que les journaux anglophones, *The Gazette* et *Montreal Star*, étaient contre[59].

Au début de 1959, René Lévesque se rend à Ottawa avec une délégation de grévistes. Il se rappelle ainsi leur rencontre avec le ministre du Travail Michael Starr.

Starr ne comprenait même pas de quoi on parlait. Ça ne les avait pas tellement bouleversés à Ottawa. C'était juste le réseau français de Radio-Canada qui était fermé[60].

La grève des réalisateurs de Radio-Canada donne aussi à André Laurendeau l'occasion de constater l'ignorance méprisante que le Canada anglais affiche à l'égard du Québec français. Dans un éditorial du *Devoir*, « Oui, deux solitudes », il reproche aux deux journaux anglophones de Montréal la *Gazette* et le *Star* de mal interpréter la grève, de ne rien comprendre à la société dans laquelle ils vivent et, au fond, de ne pas s'en soucier vraiment.

Ils [Les grévistes] se sont sentis niés, oubliés, inexistants par rapport au reste du Canada, dans une question relevant d'une institution canadienne et du gouvernement canadien. À partir de là, la revendication nationaliste n'a rien à voir au chauvinisme ou au racisme : elle est une attitude de dignité blessée.

C'est presque toujours ainsi que le nationalisme commence. L'homme que les faits désignent comme un citoyen de seconde classe, comme un colonial par rapport à une forte et inaccessible métropole, comme un nègre dont les souffrances n'éveillent aucun écho chez le maître tout-puissant : cet homme, ou bien

---

59. Cité sur **http://pages.infinit.net/histoire/19581229.html**.
60. Cité sur le site de l'Université de Sherbrooke, **http://bilan.usherb.ca/pageweb.jsp ?reference=677**.

s'écrase et consent à un esclavage moral, ou bien revendique sa dignité outragée. En tout cas, il se sent atteint.

[…] Ici, deux milieux vivent côte à côte sans beaucoup se pénétrer l'un l'autre, […] il y a dans les périodes de crise, oui, deux solitudes parallèles, l'une plus forte et qui conduit, l'autre plus faible et qui ne peut alors que se révolter[61].

Après soixante-huit jours de grève, le syndicat des réalisateurs sera reconnu. L'indifférence d'Ottawa dans ce conflit contribuera au réveil du nationalisme québécois qui remplacera au cours des années 1960 le nationaliste canadien-français. Cette grève est considérée comme un des événements précurseurs de la Révolution tranquille.

---

61. André LAURENDEAU, « Oui, deux solitudes », *Le Devoir*, 16 mars 1959, p. 4.

Chapitre 2

La crise de la conscription :
une autre crise « appréhendée » ?

Dans les années qui précèdent la Seconde Guerre mondiale, les Canadiens français sont neutralistes et isolationnistes, mais ils ne sont pas les seuls : les Américains le sont davantage encore. Le Québec et les États-Unis regardent avec suspicion la Grande-Bretagne qui les a opprimés. Les Américains ont obtenu leur indépendance de l'Empire britannique, les Québécois y sont encore assujettis.

> La réaction des Canadiens français à la conscription exprimait une tendance isolationniste comparable à celle des États-Unis pendant les deux conflits mondiaux. En ce sens, elle affirme plus une « nord-américanité » territoriale et culturelle qu'un quelconque sursaut religieux ou ethnique [1].

Au Canada anglais, le facteur ethnique et les liens du sang jouent en revanche un rôle important. Comme les Australiens et les Néo-Zélandais, eux aussi membres du « Commonwealth blanc », les Canadiens anglais se considèrent d'abord comme des sujets britanniques, et ils en sont fiers. Entre 1939 et la fin de 1941, ni les Américains ni les Canadiens français ne prennent conscience que cette guerre est un conflit mondial, une croisade moderne pour la justice et la liberté des peuples. Les Canadiens anglais ne s'y sentent pas non plus impliqués pour

---

1. *Le Devoir*, 18 novembre 1996, cité sur **www.vigile.net/hist/conscription/ richardconscription.html**.

ces grands principes, mais simplement parce que leur mère patrie s'y est engagée.

Comme le rappelle André Laurendeau, en 1939 la guerre n'est encore qu'un conflit européen. C'est l'entrée en guerre des États-Unis en décembre 1941, plus de deux ans après le début des hostilités, qui en fait une véritable guerre mondiale. Laurendeau résume ainsi la position des Québécois de l'époque :

> Jusqu'à Pearl Harbor, nous allions être le seul pays américain à participer à la guerre. Même après décembre 1941, rares seraient les pays d'Amérique latine à y entrer ; aucun ne s'y donna jamais à fond. Nous nous demandions pourquoi, seuls en Amérique, nous devions participer à la croisade des démocraties, pourquoi, seuls en Amérique, nous étions privés de la liberté de juger cette guerre.
>
> On nous répondait : c'est que nous appartenons au Commonwealth. Il est vrai que l'Australie et la Nouvelle-Zélande s'étaient spontanément rangées du côté de la Grande-Bretagne. Mais en Afrique du Sud, il y avait eu de singuliers tiraillements ; quant à l'Irlande du Sud, elle tenait jalousement à sa neutralité. Et l'Inde – colonie impériale [...] – allait résister souvent à cette collaboration forcée, Gandhi et Nehru referaient connaissance avec les prisons britanniques. En résumé : les Dominions participaient à la solidarité impériale dans la mesure où leurs populations étaient d'origine britannique. Seules entendaient l'appel de la démocratie, en tout cas, presque seules y répondirent les populations britanniques disséminées à travers le globe.
>
> Pourquoi le Canada, lui, était-il en guerre ? Parce que l'Angleterre était en guerre, et uniquement pour cela. Certes, les participationnistes défendaient en même temps une cause humaine, ils combattaient les ambitions allemandes et le racisme nazi, mais ces motifs n'avaient pas déterminé notre démarche. Maxime Raymond a marqué le fait en 1941 dans quelques phrases coupantes :
>
>> En septembre 1938, le gouvernement [canadien] s'apprêtait à déclarer la guerre, si l'Angleterre la déclarait. Elle ne l'a pas déclarée. Donc, nous ne l'avons pas déclarée. En septembre 1939, elle, l'a déclarée. Nous l'avons donc déclarée. C'est aussi simple que cela.
>
> Imaginez une guerre franco-russe ou franco-polonaise contre la même Allemagne et le même Hitler : il est sûr que le Canada restait

neutre ; peut-être le serait-il demeuré même si les Américains s'étaient joints aux Français. Au surplus, il n'y a pas de conseil impérial : la Grande-Bretagne nous entraîne automatiquement dans des décisions auxquelles nous n'avons pas participé[2].

Dans les archives fédérales, Jean-Yves Gravel a découvert des documents montrant que, dans les mois qui précèdent le déclenchement des hostilités, le Québec est unanimement hostile à la participation du Canada à toute guerre étrangère.

Brooke Claxton, alors professeur à l'Université McGill, écrit à L. B. Pearson que, sauf Ernest Lapointe, tous les Canadiens français qui ont parlé en Chambre sur les affaires internationales ou à propos de la défense, se sont prononcés non seulement contre la conscription, mais aussi contre l'envoi d'un seul homme outre-mer. Ils représentent 95 % de la population. Le Canada français est encore plus amèrement nationaliste et anti-impérialiste qu'il ne l'a jamais été auparavant. Il y a une sorte d'unanimité sur ce sentiment collectif[3].

En mai 1939, à Montréal, le Canadian Institute for International Affairs de Toronto organise une table ronde confidentielle consacrée aux causes des sentiments neutralistes et isolationnistes des Canadiens français. Gravel cite le procès-verbal :

Les Canadiens français n'ont pas de mère patrie, mais une patrie ; c'est le Canada seul qui reçoit toute leur loyauté. Ils ont bien une certaine sympathie pour la France et la Grande-Bretagne, mais pas au point de s'engager dans des guerres perpétuelles, d'autant plus que le Canada n'est jamais consulté. Comment prendre au sérieux le soi-disant combat de l'Europe pour défendre la démocratie alors que l'Angleterre, après un moment d'hésitation, s'est alliée à la Russie communiste et que la plus puissante démocratie au monde, les États-Unis, ne désire pas s'aventurer dans cette guerre. Si les Canadiens français ont déjà appuyé les Britanniques, c'est que cela coïncidait avec les intérêts du Canada. Ainsi pour 1775, 1812 et 1862-1865[4].

2. André LAURENDEAU, *La Crise de la conscription 1942*, Montréal, Éditions de l'Homme, 1962, p. 36-37.
3. Jean-Yves GRAVEL, *Le Québec et la Guerre*, Montréal, Boréal Express, 1974, p. 78.
4. J. G. NELLES, *French and English Canada in the Commonwealth*, Toronto, C.I.I.A., mai 1939, 23 p., procès-verbal confidentiel d'une table ronde tenue à Montréal, cité dans Jean-Yves Gravel, *op. cit.*, p. 78.

Selon l'historien torontois spécialiste des questions militaires Jack Lawrence Granatstein, il n'y a pas de raison que le Québec se comporte autrement en 1939 qu'en 1914.

> *But in fact Quebec would not have fallen into line. As in 1914-18, Quebec had no desire to fight a war for England – for so the war was seen in the province. « Listen, Quebecois would say to English Canadians, do you think Canada would be at war if England were not? » Who could answer affirmatively to this question? It was not enough to say that the Nazis were a menace to everyone, when the United States stayed out of the war until they were attacked by the Japanese. It was not enough to say that the war was a fight for democracy, when the Soviet Union was an ally of Britain. To Quebec the war was an English war, and if the English Canadians wanted to die for England that was their business. But they had no right to impose their perverse desires on the true North Americans, the true Canadians, the French Canadians* [5].

De plus, comme l'écrit Jean-Yves Gravel dans son étude sur la participation du Québec à la guerre de 1939-1945, les Canadiens français subissent depuis cent cinquante ans des mesures oppressives et discriminatoires de la part de la majorité dominante au Canada.

> Le fait demeure qu'en temps de paix comme en temps de guerre les Canadiens français restent sous l'impression qu'ils sont des citoyens de seconde classe dans leur propre pays parce que la structure économique, politique et gouvernementale repose sur l'hypothèse que le Canada est un pays d'une seule race, d'une seule langue, d'une seule culture. Le Québec n'est tout simplement pas dans les conditions psychologiques requises pour fournir un effort de guerre maximum [6].

Le Canada entre en guerre avant de la déclarer

Les règlements de la Défense nationale entrent en vigueur dès que la Grande-Bretagne entre en guerre contre l'Allemagne,

---

5. J. L. GRANATSTEIN, *Conscription in the Second World War 1939-1945*, Toronto, Ryerson Press, 1969, p. 75.
6. Jean-Yves GRAVEL, *op. cit.*, p. 82.

le 3 septembre 1941. La réunion du Parlement fédéral le 6 septembre pour officiellement déclarer la guerre n'est que du théâtre. Selon Frank Scott,

> La déclaration de guerre fut imaginée après coup : à regarder les événements, il est clair que M. Chamberlain [le premier ministre de Grande-Bretagne] était alors le premier ministre canadien et son cabinet, l'instrument par lequel les Canadiens exprimaient leur politique extérieure[7].

Le premier ministre William Lyon Mackenzie King rappelle alors sa promesse : il n'y aura pas de conscription pour le service outre-mer. Et pour rassurer le Québec, son lieutenant québécois, le ministre de la Justice Ernest Lapointe exprime son opposition catégorique à la conscription pour le service armé outre-mer. Devant la Chambre des Communes, il prend cet engagement solennel :

> La province entière de Québec – et je parle ici avec toute ma responsabilité et la solennité que je puis donner à mes paroles – ne voudra jamais accepter le service obligatoire ou la conscription en dehors du Canada. J'irai encore plus loin. Quand je dis « toute la province de Québec », je veux dire que telle est aussi mon opinion personnelle. Je suis autorisé par mes collègues de la province de Québec dans le cabinet – le vénérable leader du Sénat [Dandurand], mon bon ami et collègue le ministre des Travaux publics [Cardin], mon ami, concitoyen et collègue, le ministre des Pensions et de la Santé nationale [Power] – à déclarer que nous ne consentirons jamais à la conscription, que nous ne serons jamais membres d'un gouvernement qui essaiera d'appliquer la conscription et que nous n'appuierons jamais un tel gouvernement. Est-ce assez clair[8] ?

Ernest Lapointe s'attaque aux anticonscriptionnistes québécois, qui sont assez lucides pour penser que le Canada anglais, malgré toutes ses promesses, va finir par imposer la conscription au Québec.

---

7. André LAURENDEAU, *op. cit.*, p. 29.
8. Mason WADE, *Les Canadiens français de 1760 à nos jours*, t. 2, Montréal, Le Cercle du livre de France, 1963, p. 345-346.

Nous sommes prêts, pourvu que l'on comprenne bien ces points, à offrir nos services sans restriction et à vouer le meilleur de nous-mêmes au succès de la cause que nous avons tous à cœur. Et les gens de la province de Québec qui prétendent que la conscription sera adoptée en dépit des déclarations formulées par certains d'entre nous, ces gens, dis-je, aident l'ennemi en semant le germe de la désunion. Par leur conduite et par leurs paroles, ils diminuent l'autorité de ceux qui les représentent au sein du Gouvernement. Quant aux insultes et aux injures des agitateurs, je m'en moque! Elles ne m'éloigneront pas de mon devoir, ainsi que je le comprends grâce aux lumières du Ciel. Je les protégerai contre eux-mêmes, convaincu que la majorité de mes concitoyens du Québec ont confiance en moi… je ne les ai jamais déçus et je n'ai pas l'intention de le faire maintenant[9].

Les députés québécois aux Communes se laissent séduire par les belles paroles de Lapointe et de Mackenzie King. Cette « participation sans conscription » est acceptée comme un compromis entre la participation totale et la neutralité. Selon André Laurendeau, ce « pacte » entre le Québec et le Canada anglais est « aussi flou et douteux que celui de 1867 ».

Après le ralliement des députés canadiens-français à la participation sans conscription, le Canada français accepte dans l'ensemble la formule, à condition que l'enrôlement demeure volontaire.

Une fois de plus, l'Histoire donnera pourtant raison à ceux qui apprécient à sa juste valeur le mépris dans lequel le Canada anglais tient le Québec : la conscription va, comme on le sait, être adoptée. Lapointe meurt à la fin de 1941 et n'a pas à revenir sur sa parole ; Cardin, lui, démissionnera en 1942.

L'autonomie provinciale face à la conscription

Deux semaines après la déclaration de guerre, Duplessis déclenche des élections générales au Québec.

---

9. *Ibid.*, p. 346.

Il affirme qu'un vote pour lui est un vote contre la conscription et contre la guerre, « une bataille pour la survivance de nos libertés populaires [10] ». Immédiatement, les libéraux fédéraux se mobilisent pour empêcher la réélection de Duplessis et de l'Union nationale, qui renouaient avec les nationalistes dont ils s'étaient séparés après les avoir utilisés pour prendre le pouvoir en 1936. Grâce aux généreux pots-de-vin versés par les entrepreneurs en échange de contrats militaires qu'Ottawa a distribués pour se préparer à la guerre, les caisses du Parti libéral fédéral sont pleines : il est ainsi en mesure de donner un sérieux coup de main à son appendice québécois dirigé par Adélard Godbout.

Ernest Lapointe se lance immédiatement dans la mêlée. Il qualifie le déclenchement des élections provinciales d'« acte de sabotage national » et menace de démissionner du cabinet fédéral avec ses collègues canadiens-français, à moins que le Québec n'élise un gouvernement libéral.

Les deux journaux anglophones de Montréal, la *Gazette* et le *Montreal Star*, s'opposent à Duplessis. Le *Montreal Star* affirme même que voter pour le Parti libéral, c'est voter contre Hitler.

> *Is Quebec behind the Dominion in the latter's determination to do everything in her power to aid in bringing the war to a successful conclusion of the Allies [...]. Every English-Canadian vote recorded in behalf of those candidates who support the Canadian Government in prosecution of the war is a vote against Hitlerism [...]* [11].

Durant la campagne électorale, Maurice Duplessis refuse de soumettre le texte d'un discours, qu'il doit prononcer sur les ondes de Radio-Canada, aux censeurs relevant du ministre de tutelle de la SRC, Ernest Lapointe.

> Il serait illogique, pour ne pas dire plus, qu'on ne permît pas à des représentants attitrés de l'autorité de la province d'exprimer leurs opinions sur des problèmes d'importance vitale pour la province.

---

10. *Ibid.*, p. 356.
11. « Get Out and Vote », *Montreal Daily Star*, p. 10, cité dans Chantal Lacasse, *The Gazette et le Montreal Daily Star pendant la Deuxième Guerre mondiale*, mémoire de maîtrise, Université de Montréal, 2002.

[...] Quant à moi, comme premier ministre de la province, je ne soumettrai certainement aucun texte. Car je crois que le chef et premier ministre de la province a le droit d'exprimer ses opinions et celles de la province sans passer par les fourches caudines d'aucune autorité fédérale, quelle que soit sa couleur, ou d'aucune branche d'un département fédéral [12].

Radio-Canada interdit donc l'accès à son antenne au premier ministre du Québec, tout en accueillant dans ses studios le chef de l'opposition libérale à Québec. Adélard Godbout, lui, accepte de bonne grâce de faire approuver ses textes par les censeurs de son ami Lapointe. Pour la première fois, Radio-Canada utilise la censure pour défendre la politique conscriptionniste des libéraux fédéraux. Cette pratique deviendra courante durant la guerre.

Les Québécois croient-ils vraiment que Lapointe va les protéger de la conscription et démissionner si Duplessis est réélu? Peut-être. Toujours est-il que, soutenus financièrement et politiquement par leur grand frère fédéral, les libéraux du Québec battent Duplessis. Le nouveau premier ministre du Québec, Adélard Godbout, fait alors, lui aussi, une promesse qu'il va regretter.

Je m'engage sur l'honneur, en pesant chacun de mes mots, à quitter mon parti et même à le combattre si un seul Canadien français, d'ici la fin des hostilités, est mobilisé contre son gré sous un régime libéral, ou même sous un régime provisoire auquel participeraient nos ministres actuels dans le cabinet de M. King [13].

Complètement coupé de la population francophone au sein de laquelle il vit, l'éditorialiste de la *Gazette* salue la victoire des libéraux en prenant ses rêves pour des réalités.

La victoire libérale illustre ainsi, d'après lui, la loyauté et le sentiment d'appartenance qu'éprouvent les Canadiens français à l'égard de la mère patrie et du Dominion [14]...

---

12. Jacques Lacoursière, *Histoire populaire du Québec. Volume IV: 1896-1960*, Québec, Septentrion, 1997, p. 253.
13. Mason Wade, *op. cit.*, p. 356.
14. «Today's Election», *The Montreal Gazette*, 25 octobre 1939, p. 8, cité dans Chantal Lacasse, *op. cit.*

D'un ton vainqueur, il relate ainsi la « condamnation » de Duplessis par l'électorat : « *The Duplessis Government having appealed to the bar of public opinion was condemned by that tribunal yesterday and in terms so emphatic as to answer once and for all any question as to where the heart of this province lies* [15]. »

Godbout doit son élection à Ottawa. Il devient l'exécuteur des basses œuvres du gouvernement Mackenzie King au Québec.

Dès après sa triomphale élection, Godbout fut puissant et suivi. Il manquait de relief, mais on le respectait. Personne ne regrettait alors le duplessisme, sauf les duplessistes. Mais tout de suite le premier ministre donna l'impression d'être attaché au gouvernement King, d'exécuter ses consignes, de les transmettre à la province. Il en résulta un certain malaise, même à l'intérieur du Parti libéral : on devait l'apprendre plus tard [16].

L'armée canadienne : une force coloniale supplétive

Exception faite du 22e régiment, pour les Québécois l'armée canadienne est une armée étrangère calquée sur le modèle anglais.

Elle leur apparaît comme une institution nettement anglo-saxonne : le général commandant, les instructeurs, les manuels et les armes, la tactique, les uniformes, le règlement, tout est d'origine britannique. Les autorités politiques et militaires du pays n'ont rien fait, ou presque, pour modifier une partie de cette institution afin de l'adapter à la mentalité des Canadiens français [17].

Toujours aussi arrogantes envers les Canadiens français, les Forces armées canadiennes vont les traiter avec le même mépris hautain et commettre les mêmes bêtises à leur endroit qu'en 1914-1918.

---

15. « Quebec Speaks its Mind », *The Montreal Gazette*, 26 octobre 1939, p. 8, cité dans Chantal LACASSE, *op. cit.*

16. André LAURENDEAU, *op. cit.*, p. 63-64.

17. Jean-Yves GRAVEL, *op. cit.*, p. 12.

Alors que pendant la Première Guerre mondiale, le responsable du recrutement au Québec était un pasteur protestant unilingue anglophone, cette fois, c'est le fils d'un pasteur protestant également unilingue qui s'occupe du recrutement à Montréal. La moitié des officiers recruteurs de la Métropole ne comprennent pas le français. Le régiment des Black Watch reproduit dans le *Montreal Star* du 5 septembre 1939, en guise d'annonce de recrutement, celle dont on s'était servi le 10 août 1914 pour inviter les volontaires du Québec à s'enrôler dans les « British Imperial Forces [18] ».

Rien d'étonnant à ce que la réponse militaire des Canadiens français ait été plutôt tiède si on la compare à l'enthousiasme délirant de l'Ontario où l'on a oublié les terribles hécatombes de la Première Guerre mondiale.

Il faut la défaite de la France, en juin 1940, pour que les Québécois prennent conscience que le Canada est plus menacé qu'ils ne le croient et qu'ils sont plus isolés que jamais en Amérique. Le Canada met alors toutes les ressources du pays à la disposition de l'Angleterre pendant que l'industrie s'oriente vers la production massive du matériel de guerre [19].

La Loi sur la mobilisation des ressources nationales

Les libéraux fédéraux sont convaincus d'avoir porté des coups décisifs à leurs adversaires nationalistes au Québec. Non seulement l'Union nationale a été chassée du pouvoir aux élections générales du 26 mars 1940, mais le Québec envoie aussi aux Communes 64 députés libéraux sur 65 sièges à pourvoir.

Après l'effondrement de la France et la catastrophe de Dunkerque, la Loi sur la mobilisation des ressources nationales est adoptée. Elle prévoit un service militaire limité à la défense du Canada. Tous les hommes célibataires d'âge militaire doivent s'inscrire. Les soldats appelés sous les drapeaux ne serviront qu'au Canada. Le régime du volontariat continue

18. *Ibid.*, p. 85.
19. *Ibid.*, p. 84.

pour le service outre-mer. Le maire de Montréal, Camillien
Houde, est convaincu que cette loi est le prélude à la conscription pour service à l'étranger à laquelle il s'oppose farou-
chement. Dans une allocution le 2 août 1940, Houde prêche
la désobéissance aux lois. La *Gazette* publie le texte de son
discours.

> Je me déclare péremptoirement contre l'enregistrement national
> qui est, sans aucune équivoque, une mesure de conscription, et le
> gouvernement fraîchement élu, en mars dernier, a déclaré par la
> bouche de tous ses chefs, de M. King à M. Godbout, en passant par
> MM. Lapointe et Cardin, qu'il n'y aurait pas de conscription dans
> quelque forme que ce soit. Le Parlement, selon moi, n'ayant pas
> mandat pour voter la conscription, je ne me crois pas tenu de me
> conformer à ladite loi et je n'ai pas l'intention de m'y conformer
> et je demande à la population de ne pas s'y conformer, sachant ce
> que je fais et ce à quoi je m'expose. Si le gouvernement veut un
> mandat de conscription, qu'il revienne devant le peuple et sans le
> tromper, cette fois[20].

Comme elle l'a toujours fait au cours de sa longue et
abjecte histoire, la *Gazette* joue son rôle d'auxiliaire du pouvoir
anglais contre les Canadiens français.

> Une telle déclaration, cela va sans dire, ne peut être reproduite en
> vertu des règlements de la censure, mais la *Gazette*, sans doute avec
> la complicité d'un quelconque fonctionnaire, reproduit la déclara-
> tion de Houde en première page de l'édition du 3 août[21].

Le 5 août, la *Gazette* réclame dans son éditorial l'arrestation et l'internement du maire de Montréal.

> [...] « *What action does the Government propose to take to vindicate
> the majesty of the law ?* » [...]
>
> *Camillien Houde remained at large, undisturbed by so much as a
> rebuke for having denounced an urgent defence measure and coun-
> selled the populace to follow his example and defy it.*
>
> [...] *Yet it refuses to act against a man who has, deliberately and bla-
> tantly defied Dominion laws whose whole record is that of a trouble-*

---

20. Jacques LACOURSIÈRE, *op. cit.*, p. 272.
21. *Ibid.*

*maker, and whose irresponsible but persuasive statements are likely
to do far more harm that the prattle of those unknown whom the
Government has so meticulously interned* [22].

Camillien Houde est arrêté le soir même par des agents de
la GRC munis d'un mandat signé par Ernest Lapointe. Il est
ensuite incarcéré au camp de concentration de Petawawa.
Jacques Lacoursière cite à ce sujet Robert Lévesque et Robert
Migner.

> Seul parmi les espions, les fascistes et les ressortissants ennemis, le
> détenu 694, affecté à la coupe du bois pour le chauffage du camp,
> refoulera toutes les tentatives du gouvernement fédéral pour lui
> arracher une rétractation. L'histoire de Camillien Houde de 1940
> à 1944 est celle d'une résistance [23].

L'armée canadienne : unilingue anglaise et fière de l'être

L'armée avait commandé au major W. W. Goforth, professeur à l'Université McGill avant la guerre, un rapport sur les
façons d'accroître le recrutement volontaire des francophones
du Québec. Cette analyse « sympathique et intelligente » de
l'attitude des Canadiens français face à l'armée, selon Jean-
Yves Gravel, fut rejetée par l'état-major et le ministre de la
Défense.

> La recommandation majeure du rapport Goforth est la formation
> d'une brigade francophone ; des bataillons d'infanterie seraient
> appuyés par des unités techniques et de service dont la langue de
> travail serait le français. Cependant l'état-major, à Ottawa et
> outre-mer, préfère le contre-rapport du lieutenant-colonel
> L. M. Chesley, chef immédiat de Goforth, qui recommande plutôt
> « l'assimilation » des recrues francophones dans les unités de lan-
> gue anglaise. Presque tous les officiers supérieurs anglophones
> amenés à donner suite au rapport Goforth se sont opposés à l'idée
> d'une brigade francophone sous prétexte de combattre « la ségré-

22. « What Will The Government Do ? », *The Montreal Gazette*, 5 août 1940, p. 8,
    cité dans Chantal LACASSE, *op. cit.*
23. Jacques LACOURSIÈRE, *op. cit.*, p. 272.

gation », y compris le chef de l'état-major, le général H. D. G. Crerar, et le ministre de la Défense nationale, J. L. Ralston. Ce dernier recommande que la question soit étudiée davantage. Elle le sera jusqu'en 1967 [24].

À cause du refus des autorités de créer plus d'unités francophones ou des formations plus importantes opérant dans cette langue, plus de la moitié des quelque 60 000 volontaires canadiens-français durent servir dans des unités anglophones outre-mer.

> En effet, seulement 5 des 16 bataillons de langue française du Québec ont été désignés pour le service outre-mer contre 6 des 7 unités anglophones. En conséquence un grand nombre de Canadiens français se sont enrôlés, faute de place, dans les unités de langue anglaise. C'est ainsi qu'ils forment 65 % de l'effectif du Sherbrooke Fusiliers Regiment, 20 % du *Royal Montreal Regiment*, du *Black Watch* et des *Grenadier Guards*, de Montréal ; et en dehors du Québec, les Canadiens français forment 50 % du *Essex Scottish*, de Windsor (Ontario), tandis que le Régiment de Hull, non mobilisé, fournit 13 officiers et 370 gradés et soldats aux unités anglaises d'Ottawa. On trouve des cas similaires dans les provinces de l'Atlantique et de l'Ouest. Au total, 9 unités anglaises au Canada ont un effectif de Canadiens français dans une proportion variant de 30 à 65 %, et 44 unités, de 5 à 25 % [25].

On peut mesurer comment l'armée est une institution presque intégralement anglophone lorsque l'on sait qu'en mai 1941 les deux écoles d'officiers de Brockville (Ontario) et de Gordon Head (Colombie-Britannique) n'ont accordé des brevets qu'à 52 Canadiens français, soit 6,5 % du total. L'usage exclusif de la langue anglaise empêche naturellement la plupart des candidats du Québec de se qualifier.

> Ernest Lapointe demande au ministre de la Défense, J. L. Ralston, d'établir une école d'officiers au Québec, mais le chef d'état-major, le général Crerar, s'y oppose pour protéger « l'unité nationale » : « Comme les officiers francophones et anglophones auront

---

24. Jean-Yves GRAVEL, *op. cit.*, p. 90.
25. *Ibid.*, p. 87-88.

à combattre ensemble, il est préférable, qu'ils soient entraînés ensemble », soutient-il [26].

Ce même Crerar s'opposera en 1944, après le débarquement de Normandie, lorsque l'armée manquera de renforts pour ses quatre bataillons d'infanterie francophones, à ce que l'on comble leurs effectifs avec des fantassins anglophones. Il sera même interdit de muter des anglophones bilingues dans des unités de langue française. On va plutôt tenter de réaffecter les soldats francophones d'unités de soutien aux quatre bataillons d'infanterie.

> Chauffeurs, commis, mécaniciens, infirmiers, etc. sont alors l'objet d'une « invitation pressante » à rejoindre l'infanterie. Mais des 1200 hommes de métier pressentis, à peine 300 acceptent l'invitation. […] Ce programme de réaffectation oriente tous les volontaires francophones vers l'infanterie, arme qui subit le taux le plus élevé en pertes humaines [27].

Les porteurs d'eau francophones de la Marine « royale » canadienne

Avant 1939, la Marine canadienne n'existe pas. Avec un effectif d'à peine 1500 marins, c'est un service auxiliaire de la Royal Navy.

Une fois la guerre déclarée, la Marine a besoin de recrues comme les autres armes, mais elle ne veut pas de Canadiens français. Les unilingues français qui veulent s'enrôler sont éconduits. Qu'ils aillent dans l'infanterie ! Les seules recrues venant du Québec qui sont acceptées sont celles qui parlent anglais.

> En août 1941, à la suite du taux alarmant d'échecs des francophones à Halifax, la Marine organise un cours spécial à leur intention. En deux mois, ils doivent apprendre l'anglais, le matelotage et la

---

26. *Ibid.*, p. 89.
27. *Ibid.*, p 101.

manœuvre. Ceux qui ne réussissent pas, c'est-à-dire la majorité, sont simplement licenciés de la marine « comme ayant peu de chances de devenir compétents ». Les autres francophones servent comme « stewards, balayeurs et tout autre métier du genre où l'entraînement est réduit au minimum [28] ».

L'Aviation « royale » canadienne

Dans l'entre-deux-guerres, l'Aviation canadienne est la copie conforme de la Royal Air Force. Elle ignore, elle aussi, les Canadiens français. Unilingue anglaise et fière de l'être, son intégration complète à la RAF durant le conflit accentue, si cela est possible, son caractère britannique.

L'image anglophone de l'Aviation canadienne nuit encore davantage au recrutement. Non seulement l'anglais est la langue de travail, mais il est même interdit de parler français à certaines bases de l'Aviation. Des affiches en ce sens, telle celle de Saint-Jean (Québec), resteront en usage pendant plus de vingt ans. Les recrues francophones reçoivent à Québec et, à partir de 1942, à Toronto, un cours élémentaire d'anglais, qui porte plutôt sur le vocabulaire technique que sur la conversation. Après cette période, ceux qui ne sont pas assez bilingues ont l'alternative d'être licenciés de l'Aviation ou d'être réaffectés au service général d'hommes à tout faire dans les unités anglophones réparties à la grandeur du pays et outre-mer [29].

La 425e escadrille : un miroir aux Alouettes

Afin d'améliorer le recrutement au Québec, mais aussi à des fins de propagande, le ministre de l'Air et député de Québec-Est, « Chubby » Power, décide de mettre sur pied une escadrille francophone. Il doit faire face à une levée de boucliers de l'état-major de l'Aviation qui fait tout pour torpiller

28. *Ibid.*, p. 93.
29. *Ibid.*, p. 97.

son projet ou en limiter la portée. On craint en effet que les francophones perdent ainsi leur connaissance de l'anglais, déjà jugée insuffisante.

De son côté, le vice-maréchal de l'Air H. Edwards trouve toutes sortes de prétextes opérationnels pour empêcher la formation d'une telle escadrille. Finalement, le ministre Power doit imposer son autorité et ordonner formellement au maréchal de procéder sans faute à sa formation.

C'est ainsi que naît la 425e escadrille de bombardement, baptisée « Alouettes ». Son caractère francophone relève de la fausse représentation.

> Des 48 escadrilles outre-mer et des 37 au Canada, elle est la seule qui baigne dans une atmosphère canadienne-française. Néanmoins elle ne sera jamais une unité francophone comme il en existe dans l'Armée. Bien que les Québécois y prédominent, on y trouve aussi de nombreux anglophones canadiens et britanniques. En 1943, il n'y a que 24 officiers sur 36 et 215 aviateurs sur 414 qui soient francophones. De plus, la langue de travail reste exclusivement l'anglais. En 1944-1945, les 300 francophones constituent près de 5 % des membres d'équipage et 90 % du personnel sédentaire[30].

L'Aviation canadienne ne veut pas des Canadiens français outre-mer et ceux-ci ne constitueront jamais plus de 8 % de ses effectifs durant la guerre. Le mépris qu'on réserve à ces « *Lower Canadians* » transparaît clairement dans la correspondance d'un des chefs de l'Aviation.

> Le commodore de l'Air E. Middleton, directeur du personnel, symbolise l'opinion de l'état-major : « *While I appreciate the fact that Lower Canada [sic] must be represented in actual operations, nevertheless, I feel that there are sufficient English Speaking French Canadians who could form that representation.* » C'est pourquoi il décide simplement de retourner au Canada les francophones non suffisamment bilingues. Aussitôt que le ministre Power apprend cette directive, il ordonne de les garder outre-mer et de les affecter à l'escadrille des Alouettes[31].

---

30. *Ibid.*, p. 98.
31. *Ibid.*, p. 99.

Dans les corps techniques de l'armée, tout se passe également en anglais. « Le traitement des francophones est tel au camp de Petawawa, écrit Jean-Yves Gravel, que les recrues du Québec n'ont d'alternative que la désertion ou la permutation à l'infanterie [32]. »

Les conscrits québécois : des « zombies »

Il semble que ce soit la *Gazette* qui, la première, qualifie de « zombies » les francophones conscrits pour le service militaire au Canada parce qu'ils font preuve de peu d'enthousiasme à l'idée de servir sous les drapeaux.

> Environ 40 % ou 25 000 des 60 000 conscrits sont canadiens-français. Il faut dire que l'atmosphère de la Défense nationale – que ce soit l'Armée, la Marine ou l'Aviation – n'a rien pour attirer les francophones. Ils ne font pas trop confiance « au principe de l'égalité de privilège pour l'égalité de sacrifice ». Ils sont l'objet d'insultes de la part des militaires volontaires et des civils anglophones, surtout ceux du Pacifique. Au Québec, être conscrit est presque un titre de gloire ; dans les autres provinces, c'est une disgrâce [33].

Avant d'imposer la conscription pour le service outre-mer, le gouvernement fédéral ne lésine ni sur les efforts ni sur les mensonges pour convaincre les « zombies » de se porter volontaires pour servir à l'étranger.

> « Selon l'expression de Maurice Duplessis, on les force presque à "s'enrôler volontairement". Les conscrits qui refusent de se porter volontaires pour le service outre-mer subissent l'arrogance des gradés et des officiers, les insultes des soldats volontaires et le mépris des civils canadiens-anglais [34] ».

D'après Jean-Yves Gravel, les conscrits québécois subissent un véritable lavage de cerveau. On leur fait toutes sortes de promesses qui ne sont pas tenues.

---

32. *Ibid.*, p. 88.
33. *Ibid.*, p. 103.
34. *Ibid.*, p. 87.

Ils pourront servir dans le bataillon de leur choix tandis que les pelotons complets pourront rester ensemble ; cette concession répondait à l'esprit de clan des Canadiens français. En effet, plusieurs unités ont offert de se porter volontaires si on les autorisait à combattre outre-mer en gardant leur identité ainsi que leurs gradés et officiers.

Mais rendus là-bas, les soldats entendent une autre histoire. Des complications administratives et la nécessité des opérations empêchent souvent de donner suite aux promesses faites en toute bonne foi au Canada. Ainsi par exemple, les régiments de Hull et de Montmagny sont démembrés, et la perte de leur identité régimentaire tue le moral de ces nouveaux volontaires. Malgré cette autre promesse qu'ils serviraient avec une unité francophone, des dizaines de soldats du Québec sont versés dans des bataillons anglophones, même si la situation des renforts reste critique dans les quatre bataillons québécois [35].

La *Gazette* est férocement impérialiste et conscriptionniste : chaque fois qu'elle en a l'occasion, elle encourage Mackenzie King à imposer la conscription. En novembre 1941 par exemple, sous le titre évocateur « War Without an Army ? », l'éditorialiste écrit :

> [...] The Gazette *drew timely attention to the Prime Minister's inconsistency in first taking the far more important step, a declaration of war, and then hesitating to adopt the means necessary to make that declaration effective* [36].

Quelques mois plus tôt, la *Gazette* encourageait déjà le premier ministre à proclamer la conscription sans passer par le plébiscite, même si le journal reconnaissait qu'on avait promis aux Québécois de ne pas y recourir.

> *The no-conscription pledge was made to Quebec province – the others never wanted it. It was made, according to the Prime Minister's repeated assurances, in the cause of national unity, a cause which, if the results of Monday's vote mean anything, has not been served. Mr. King did not need to go to the other eight provinces for*

---

35. *Ibid.*, p. 104.
36. « War Without an Army ? », *The Montreal Gazette*, 22 novembre 1941, p. 8, cité dans Chantal LACASSE, *op. cit.*

release from an undertaking of which they had never approved. He has not got that release from the people whose chief concern it was, and the cause of national unity has gained nothing; in all probability it would have gained much if the pledge had never been made and the Government had committed itself to a completely all-out war effort in 1939[37].

Selon la *Gazette*, les circonstances ont changé et l'effort de guerre doit primer, quitte à ce que le premier ministre renie ses engagements.

There is an old saying that promises are made to be broken, political promises particularly, and this one should not be kept because to keep it is to weaken the war effort.

[…] The demand now is for manpower, and it is becoming more and more urgent. Mr. King made another promise, that Canada would fight this war « to the utmost of our strength ». That and the no-conscription assurance are mutually irreconcilable. The Prime Minister must recall one of them. Which is it to be[38] ?

La *Gazette* soutient que l'axiome selon lequel « *the rights of one racial element are limited by the rights of the other*[39] » ne s'applique pas lorsqu'il est question de la conscription. Un éditorialiste du journal va même jusqu'à louanger le rôle de Durham et de son célèbre rapport dans l'édification du Canada.

[…] This union was a development of the troubles of 1837, following which Lord Durham made his famous report recommending immediate union of the two provinces and the ultimate union of all the territories of British North America. This was a great step forward in the making of a nation in this part of the New World[40].

La *Gazette* en a assez d'entendre les Canadiens français se plaindre d'être traités injustement par le Canada anglais.

---

37. « After the Plebiscite », *The Montreal Gazette*, 29 avril 1942, p. 8, cité dans Chantal LACASSE, *op. cit.*
38. « On Keeping Promises », *The Montreal Gazette*, 11 juillet 1941, p. 8, cité dans Chantal LACASSE, *op. cit.*
39. « French Canada's Festival », *The Montreal Gazette*, 24 juin 1939, p. 8, cité dans Chantal LACASSE, *op. cit.*
40. « A Century of Canadian Union », *The Montreal Gazette*, 6 février 1941, p. 8, cité dans Chantal LACASSE, *op. cit.*

Stale as is this sort of talk, it is causing impatience at last. People are tired of hearing that citizens of Canada, free and equal in both rights and responsibilities to all other citizens, are « slaves » of someone, or are in peril of becoming so. They are tired of hearing that a concern for the national safety is « persecution » of the most rigorously protected racial minority on the face of the earth. They have always thought this nonsense; lately, they have come to believe it is pernicious nonsense, and they would like to hear no more of it[41].

La campagne du plébiscite

Dans son discours du trône de janvier 1942, le gouvernement Mackenzie King annonce la tenue d'un plébiscite, afin d'être relevé de l'engagement qu'il avait pris de ne pas recourir à la conscription pour le service outre-mer.

Lors d'une assemblée à Montréal, le 26 janvier, le premier ministre du Québec Adélard Godbout réitère catégoriquement son opposition à la conscription pour service outre-mer.

L'Angleterre n'a pas besoin de soldats. Et M. King le sait ! Ce dont l'Angleterre a besoin, ce sont des munitions, des vivres, le soutien matériel que l'industrie et l'agriculture du Canada peuvent lui fournir pour contribuer à sa défense. [...] je suis contre la conscription pour service outre-mer et je ne pense pas qu'elle soit nécessaire. Car je pense que la conscription serait un crime actuellement[42].

En février, l'Union catholique des cultivateurs de Gérard Filion, la Confédération des travailleurs catholiques du Canada (devenue la Confédération des syndicats nationaux en 1960), les Voyageurs de commerce, la Société Saint-Jean-Baptiste et la Ligue d'action nationale d'André Laurendeau créent la Ligue pour la défense du Canada. Son objectif est de convaincre le Québec de dire NON au plébiscite ; ses deux

---

41. « Slaves of Whom ? », *The Montreal Gazette*, 4 septembre 1942, p. 8, cité dans Chantal LACASSE, *op. cit.*
42. Jacques LACOURSIÈRE, *op. cit.*, p. 285.

chefs sont Maxime Raymond, encore député libéral, et le directeur du *Devoir*, Georges Pelletier ; elle compte également, parmi ses militants les plus actifs, Jean Drapeau et Michel Chartrand.

Le 11 février, la Ligue pour la défense du Canada tient sa première assemblée publique au marché Saint-Jacques de Montréal et rassemble 10 000 personnes.

Des bagarres éclatent entre policiers, soldats et participants. Un petit groupe de militaires anglophones s'est introduit dans la salle. Provocateurs, on les entend clamer : « *This is an English country. These French Canadians should speak English* [43]. »

Le 27 février, le Parlement adopte en première lecture le projet de loi sur le plébiscite. La question de Mackenzie King est toute en circonlocutions. « Consentez-vous à libérer le gouvernement de toute obligation résultant d'engagements antérieurs restreignant les méthodes de mobilisation pour le service militaire ? » À l'époque, les libéraux fédéraux ne privilégiaient pas les questions claires dans les consultations populaires.

La presse anglophone se déchaîne contre le Québec et les francophones, comme elle le fera plus tard aux référendums de 1980 et de 1995. Les menaces et les insultes pleuvent. André Laurendeau rapporte les exemples suivants :

> La *Free Press* est libérale, elle reste dans les Prairies un quotidien de grand prestige. Elle écrit :
>
> > Ceux qui continueront en 1942 à insister sur le maintien d'une limite quelconque (à l'effort de guerre) se feront à eux-mêmes et à leurs compatriotes de la même race et de la même religion qu'eux, le plus grave et le plus durable dommage.
>
> La loi suprême est posée : « […] la majorité doit l'emporter. » Puis la menace se précise :
>
> > Québec va-t-il partager la terrible pourriture qui a couvert de honte et souillé le nom de la France elle-même ?

---

43. André Laurendeau, *op. cit.*, p. 88.

Nous ne le croyons pas. Mais le temps passe vite pendant lequel la vertu pourra parler avec efficacité.

Le *Globe and Mail*, [journal] conservateur de Toronto, se déclare d'accord avec la *Free Press*. Le ton, on le constate, devient vite odieux. Plus tard, l'*Ottawa Citizen* dénoncera «la poussée agressive qui se fait pour mettre le Québec à la direction du Canada» : c'est-à-dire que, en exigeant le respect d'une promesse, la minorité se prend pour la majorité ; en effet : il existe dans le Québec des groupes qui chérissent la prédominance d'une race.

Poussez cette pensée jusqu'au bout, mêlez-y l'idée d'une lâcheté congénitale des Canadiens français, et vous obtiendrez cette petite phrase très parlante de la *Saturday Night* (Toronto) :

> [...] le désir de l'élément canadien-français d'influencer le chiffre de la population, en courant des risques moins grands que d'autres groupes au cours de la lutte contre l'ennemi du Canada, provoque le plus vif ressentiment.

Dans le même journal, le pasteur Silcox nous explique à ses compatriotes. Il le fait avec une grande volonté de bienveillance, car selon lui, nos tares médiévales, comme notre pauvreté, tiennent à l'Église et non au fait que nous sommes Français. Pourtant, les Canadiens français «en sont rendus au point critique de l'histoire de leur survivance». Le 27 avril – date du plébiscite – ils fourniront eux-mêmes la réponse au problème de leur survie. Que les Canadiens français «n'aillent pas détruire la foi que nous mettons en eux [...]. Sinon, ils deviendront une minorité méprisée par 140 millions d'anglophones.» La soixante-quinzième année de la Confédération pourrait être la dernière. Car «la défaite de la Confédération deviendrait la seule solution sage [...] avec le transfert d'éléments minoritaires, ce qui pourrait s'imposer». Tous dans la réserve ! Cette fois, la thèse séparatiste nous vient de Toronto [44].

Selon les sondages, 29 % des anglophones s'opposent à la conscription pour le service outre-mer, mais ils n'intéressent pas la majorité haineuse qui, au Canada anglais, fait une fixation sur les anticonscriptionnistes du Québec.

---

44. *Ibid.*, p. 75-76.

Le sabre canadien-anglais et le goupillon canadien-français

Fidèle à une tradition bicentenaire de collaboration avec le pouvoir anglais qui a toujours si bien su protéger ses intérêts, la hiérarchie catholique va elle aussi se mettre au service d'Ottawa. Le cardinal Villeneuve, archevêque de Québec, prend parti pour la politique de guerre du gouvernement Mackenzie King. Mieux, il devient l'auxiliaire empressé des services de propagande fédéraux. Il multiplie les interventions pour encourager la soumission à l'autorité politique fédérale et la participation à l'effort de guerre. Le 9 janvier 1941, en collaboration avec le service de propagande fédéral, il organise une journée de mobilisation, à laquelle participe le ministre fédéral Ernest Lapointe. Cet événement est destiné à donner au conflit des allures de guerre sainte. Le Wartime Information Board en fait la promotion dans les journaux :

> Toutes les paroisses de la province de Québec s'uniront le 9 février prochain dans les mêmes prières, avec les mêmes intentions. Comprenant qu'il faut sauver la civilisation et la chrétienté, un peuple entier se met à genoux pour demander à la Providence la victoire de nos armées, de ces soldats qui sont nos frères. Il faut la victoire sur la haine, sur les entreprises odieuses de la force sur le droit. Pour la mériter, il faut agir, mettre en jeu toutes nos ressources matérielles et tout ce qui nous est cher. Mais il faut aussi mettre en jeu nos forces spirituelles. Dans les écoles, dans les hôpitaux, dans les familles, on récitera des prières privées ; mais l'Église sait que Dieu veut les peuples entiers agenouillés dans des supplications publiques. À cause de l'importance énorme que prendra la journée nationale de prières, demandées par les autorités civiles, nos seigneurs les archevêques et évêques de la province de Québec ont accordé une indulgence de cinquante jours à la récitation par chacun de la prière pour la victoire et pour la paix que prononcera le très honorable Ernest Lapointe, ministre de la Justice, devant l'autel de l'église Notre-Dame, lors de la messe votive [45].

Le discours du cardinal Villeneuve suscite une forte opposition chez les Canadiens français.

---

45. Cité dans Jacques LACOURSIÈRE, *op. cit.*, p. 276.

À mesure que le temps passait, ses avis furent de moins en moins écoutés. Bien entendu, il s'exprimait de plus haut et de plus loin : pourtant certaines de ses interventions eurent le don d'exaspérer une partie de l'opinion. Bourassa osa publiquement rappeler, durant l'élection partielle d'Outremont, que « la prudence aussi est une vertu cardinale [46] ».

L'historien américain Mason Wade constate.

[…] l'activité politique en faveur du pouvoir fédéral de la hiérarchie catholique provoqua, chose incroyable dans le Québec de l'époque, une vague d'anticléricalisme. Le zèle du cardinal Villeneuve lui attira les sobriquets de « Kid Villeneuve » et de « Newtown ». On était convaincu qu'il n'était fidèle ni à son peuple ni à son habit religieux [47].

Pendant que le cardinal Villeneuve se déshonore aux yeux de l'opinion publique, Maxime Raymond intervient aux Communes pour demander que les engagements solennellement pris au nom de l'unité nationale soient respectés pendant et après la guerre.

Nous ne sommes pas séparatistes, mais qu'on ne nous oblige pas à le devenir. Nous voulons bien habiter dans la même maison, mais il faut que la maison soit habitable pour tous. Nous sommes partisans de l'unité nationale, mais suivant certaines conditions équitables, et quand nos conditions sont fixées d'avance et acceptées, nous demandons qu'on les observe. Et je crains que les Deux-Cents de Toronto, qui font de l'agitation pour le service outre-mer, en violation du pacte de septembre 1939, soient en train de forger les clous qui serviront à sceller le cercueil de l'unité nationale et, peut-être, de la confédération [48].

Durant la campagne, le premier ministre Mackenzie King répète que la question du plébiscite ne porte pas sur la conscription. Le Canada français ne se laisse pas berner par ces mensonges éhontés et comprend que le plébiscite est l'occasion de voter directement pour ou contre le service outre-mer.

---

46. André Laurendeau, *op. cit.*, p. 64.
47. Mason Wade, *op. cit.*, p. 381.
48. *Ibid.*, p. 376.

Ce fut en vain que Mackenzie King lança un appel radiodiffusé sur le réseau français de la CBC le 7 avril, demandant un vote qui donnerait au gouvernement toute liberté d'action pour accomplir son devoir qui était de poursuivre la guerre. Il rappela dans quelles circonstances avait été faite la promesse et qu'elle avait été adoptée pour préserver l'unité nationale, mais il déclara qu'elle mettait maintenant en danger cette unité nationale :

> Vous savez parfaitement bien que le maintien de l'unité nationale a toujours été l'une de mes plus chères aspirations politiques. Je dois dire que la situation n'est plus la même et que le Canada ayant joué depuis deux ans et demi le rôle que l'on sait, je ne vois plus de risque de mettre notre unité en danger en faisant disparaître cette restriction. Au contraire, j'ai la ferme conviction qu'ainsi les germes d'irritation et de désunion qui ont pris naissance dans notre pays seront étouffés[49].

Le plébiscite et ses deux majorités

Le soir du lundi 27 avril 1942, les résultats du plébiscite sont annoncés. Sur un total de 6 502 234 inscrits, 4 638 847 ont participé au plébiscite : le camp du OUI obtient 2 945 514 voix ; 1 643 006 votants refusent de libérer Mackenzie King et ses acolytes québécois de leurs promesses et de leurs engagements solennels.

> Pour l'ensemble du Canada, environ 80 pour cent répondent par l'affirmative à la question posée, alors qu'au Québec 71,2 pour cent se prononcent contre. En somme, la majorité des francophones votent Non, la majorité des anglophones, Oui[50] !

André Laurendeau fait l'analyse suivante des résultats :

> Dans son immense majorité, le Canada anglais – j'entends le Canada d'origine britannique – a voté OUI. Dans son immense majorité, le Canada français a voté NON. [...]

49. *Ibid.*, p. 376.
50. Jacques LACOURSIÈRE, *op. cit.*, p. 290.

Dans Québec, 56 comtés sur 65 ont donné au NON une majorité presque toujours énorme. Les seuls à s'être prononcés comme le demandaient le gouvernement King et les quatre partis fédéraux sont des comtés montréalais.

Dans certains comtés canadiens-français, la proportion des NON est presque gênante à enregistrer : Beauce (97 %), Kamouraska (96 %), Nicolet-Yamaska (94 %), Bellechasse, Berthier-Maskinongé et Montmagny-L'Islet – ce dernier, comté de Godbout – (93 %), la ville de Québec (80 %), les comtés les plus canadiens-français de Montréal (Sainte-Marie, 80 % ; Saint-Jacques, 76 % ; Hochelaga, 75 % ; Saint-Denis et Mercier, 74 %, etc.).

Comment résumer ces statistiques ? D'après M. Angers, le vote canadien-français est à 85 % NON dans l'ensemble du Québec, et de 80 % NON pour tout le Canada, y compris le Québec.

Car voici le phénomène le plus étonnant : sans presque avoir été rejointes par la propagande de la Ligue, les minorités françaises du Canada ont donné, partout où elles forment un groupe important, une majorité au NON. Cela ressemble à un réflexe instinctif.

Nous avons ainsi vécu ensemble, par-delà les frontières provinciales et sociologiques, une heure d'unanimité comme nous en avons peu connu dans notre histoire. Et cette heure, grâce au plébiscite, s'est inscrite dans les statistiques officielles. De son côté, le Canada anglais a lui aussi manifesté son unité : il avait comme point de ralliement la poursuite d'un effort de guerre totale.

Mais le Canada français refusait de se laisser bousculer.

Ce qui frappe, c'est d'abord l'ampleur des majorités : il est rare qu'un peuple parvienne librement à une telle cohésion[51].

Laurendeau donne également la liste et les pourcentages obtenus par le OUI dans les comtés anglophones de Montréal.

Mont-Royal (82 % de OUI), Saint-Laurent-Saint-Georges (81 %), Cartier (71 %), Verdun (63 %), Outremont (61 %), Sainte-Anne (59 %), Saint-Antoine-Westmount (59 %), Laurier (fédéral – 57 %), Jacques-Cartier (55 %). En lisant ces pourcentages, on peut deviner la proportion des Canadiens français qui habitaient ces comtés[52].

---

51. André Laurendeau, *op. cit.*, p. 120.
52. *Ibid.*, p. 120.

Géographiquement, il s'agit des mêmes comtés « rhodésiens blancs » qui voteront plus tard avec le même enthousiasme contre toute manifestation électorale ou référendaire de la volonté d'affirmation nationale du Québec. Les comtés qui n'ont jamais rien appris et qui n'ont jamais rien oublié.

Les anticonscriptionnistes réagissent aux résultats dans des termes dénués d'ambiguïté.

> Pour François-Albert Angers, c'est « un vote de race ». Selon la Ligue pour la défense du Canada, rien n'est réglé : « Ni le gouvernement ni le Parlement actuels ne sont déliés de leurs engagements actuels. [...] Un pacte reste un pacte. » Les partisans du Non ne peuvent accepter que King, qui avait formulé des promesses formelles aux habitants du Québec, demande à tout le Canada de le relever de promesses faites à une partie seulement du Canada [53].

Dès que les résultats sont connus, les journaux anglophones pressent le gouvernement d'imposer immédiatement la conscription intégrale. On peut ainsi lire dans la *Gazette* : « *The government asked for a green light. Canada has given it. Now, when do we start* [54] ? » Apparemment très déçue du résultat au Québec, la *Gazette* précise : « *With one exception, that of Quebec Province, the majorities were exceeding by heavy. [...] We confess to great disappointment over the voting in Quebec* [55]. » Elle croit que le gouvernement aurait évité la crise en imposant la conscription intégrale dès le début du conflit.

> *While the rest of the Dominion was crying out for total war, while English-speaking newspapers,* The Gazette *among them, were urging the Government to wage total war and were being abused and vilified for so doing, Premier King was holding to a pledge which during the plebiscite campaign he frankly acknowledged to be restrictive and dangerous. Forced by public opinion to at least clear the way for compulsory overseas military service he devised his plebiscite – and split*

53. Jacques Lacoursière, *op. cit.*, p. 290.
54. « Canada's "Yes" and Quebec "No" », *The Montreal Gazette*, 28 avril 1942, p. 8, cité dans Chantal Lacasse, *op. cit.*
55. « The People of Canada Have Spoken », *The Montreal Daily Star*, 28 avril 1942, p. 10, cité dans Chantal Lacasse, *op. cit.*

*the country into two irreconcilable camps. With painstaking effort he
created a Frankenstein, and it has devoured him* [56].

Les commentateurs et éditorialistes anglophones vont dans
le même sens que la *Gazette*.

Selon le *Toronto Star*, « les vues divergentes d'une province ne peuvent contrebalancer l'avis fortement exprimé des huit autres ».
L'*Ottawa Citizen* et le *Globe and Mail* prétendent qu'un Oui majoritaire, c'est un mandant en faveur du service militaire obligatoire.
D'après le *Journal d'Ottawa*, il n'y a pas à tenir compte des sentiments d'une minorité. Le *Star* de Montréal déplorait le fait que les
Canadiens français n'aient pas été éclairés assez tôt. Le seul résultat du plébiscite, concluait la *Gazette*, c'est que « le pays est divisé
en deux camps irréconciliables [57] ».

Forte de l'appui massif des Québécois, la Ligue pour la
défense du Canada continue sa lutte après le dépôt aux Communes du projet de loi autorisant la conscription pour le service outre-mer. Le 10 mai, elle tient une assemblée publique de
plusieurs milliers de personnes au marché Saint-Jacques. Le
député René Chaloult, de l'Assemblée législative du Québec,
prend la parole.

« Il vous est arrivé sans doute dans la rue de vous faire poursuivre
par un chien qui jappait après vous. Lorsque vous paraissiez le
craindre, il accentuait son humeur, mais quand vous lui faisiez
face résolument, il se taisait et reculait. La situation est la même
dans le Canada. Nos associés anglais dans la Confédération respectent ceux qui savent leur tenir tête, mais ils méprisent ceux qui
rampent devant eux comme le font un grand nombre de nos
hommes politiques à Ottawa et à Québec. Les Anglais méprisent
leurs valets, mais ils respectent ceux qui peuvent se tenir et ont le
courage de leurs convictions. [...] On dit que le gouvernement
fédéral est actuellement délié de ses engagements. J'affirme qu'il
est plus lié que jamais. Le gouvernement fédéral s'est engagé non
pas envers la minorité anglaise, envers la majorité conscriptionniste, mais envers la minorité canadienne-française, envers les

---

56. « Has King Disunited Canada ? », *The Montreal Gazette*, 29 avril 1942, p. 8, cité
dans Chantal LACASSE, *op. cit.*
57. André LAURENDEAU, *op. cit.*, p. 123.

anticonscriptionnistes. Pour qu'il fût libéré, il aurait fallu que la majorité des Canadiens français votât Oui. Je n'accepte pas davantage la conscription imposée par M. King et son cabinet que celle de M. Borden ou de M. Meighen. Mordu par un chien ou par une chienne, c'est la même chose. »

Les propos de Chaloult soulèvent l'indignation. Le 27 mai, le ministre canadien de la Justice, Louis Saint-Laurent, décide d'entreprendre des poursuites judiciaires contre le député de Lotbinière, qui aurait tenu des « propos séditieux » (nous sommes sous la Loi des mesures de guerre). On reproche à l'orateur la phrase suivante : « Je crois qu'après cette guerre se rompra tout lien avec l'Angleterre. » Le procès débutera le 6 juillet 1942 [58].

Après avoir collaboré avec la police pour faire interner Camillien Houde en 1940, la *Gazette* exige maintenant l'arrestation de Chaloult.

By all « *legal and constitutional means* », *Rene Chaloult urges the people of Quebec to fight conscription.* […]

Camillien Houde, in August 1940, was sent to the internment camp of which he is still an inmate, for advocating nothing worse than opposition to a National Registration which has since turned out to be pretty much a farce. The Government's action at that time won wide approval, no protest. What shall we say of Houde's successors today [59] ?

Avec sa perfidie habituelle, la *Gazette* considère maintenant que Camillien Houde n'a été interné pour « rien de plus grave que son opposition à l'enregistrement volontaire », elle qui avait réclamé avec véhémence son arrestation. Le journal sera très déçu de l'acquittement de Chaloult en août 1942.

Le député anticonscriptionniste Maxime Raymond continue à attaquer le projet de loi. En juin, il rappelle encore une fois toutes les promesses solennelles faites par Mackenzie King et Lapointe de ne pas recourir à la conscription.

Il répéta que les deux motifs de la promesse de ne pas recourir à la conscription – son inefficacité et le besoin d'unité – étaient plus

58. Jacques Lacoursière, *op. cit.*, p. 292.
59. « Chaloult and the Law in Wartime », *The Montreal Gazette*, 21 mai 1942, p. 8, cité dans Chantal Lacasse, *op. cit.*

valables que jamais, le plébiscite ayant montré les profondes diver-
gences d'opinions sur la question et la déclaration officielle du
9 juin révélant que 52 615 hommes s'étaient enrôlés au cours des
cinq derniers mois, soit plus de la moitié de l'objectif de l'année.
[…] Il se plaignit avec amertume : « On viole les engagements les
plus solennels, au nom du droit de la majorité, en même temps que
l'on nous demande d'aller nous battre pour défendre les droits des
minorités. » Il déclara que le Québec n'avait pas oublié la conscription de 1917, que « la conscription votée en 1942 sera infiniment
plus odieuse et révoltante » et qu'il ne l'oubliera pas non plus[60].

Raymond déclare que seul le Québec peut libérer le gouvernement de son engagement, puisque cet engagement a été
pris auprès de la population du Québec pour obtenir son
appui à l'effort de guerre. Il est en effet odieux que le gouvernement libéral demande au Canada anglais de le libérer d'un
engagement pris à l'égard du peuple du Québec.

Quand le projet revint en troisième lecture, Raymond souligna que,
« depuis cent ans, l'unité nationale s'est toujours faite aux dépens de
la province de Québec ». « Il doit y avoir une limite au sacrifice toujours aux dépens de la province de Québec. » À l'argument que la
volonté de la majorité devait prévaloir, il répliqua que la majorité
« ne doit pas abuser de ses pouvoirs et qu'un engagement pris par la
majorité envers la minorité est sacré ». Il répéta avec insistance que
le plébiscite n'avait pas libéré le gouvernement de son engagement,
puisque la partie intéressée, le Québec, avait voté non. Il repoussa
l'accusation de déloyauté par deux questions : « Depuis quand est-il
déloyal d'insister pour que l'on respecte ses engagements ? N'est-ce
pas celui qui cherche à les violer qui se montre déloyal[61] ? »

La conscription est votée le 23 juillet, par 141 voix contre
45, suivant l'appartenance ethnique des élus : les députés
canadiens-français du Canada entier d'un bord ; les élus
canadiens-anglais de l'autre.

Pour le Québec, la conscription est adoptée en principe,
même si le résultat du plébiscite ne signifie pas pour autant la
conscription pour le service outre-mer – selon la formule

---

60. Mason WADE, *op. cit.*, p. 379.
61. *Ibid.*, p. 379-380.

célèbre de King : « Pas nécessairement la conscription, mais la conscription si nécessaire. »

Ce n'est, dès lors, plus qu'une question de temps avant que le Canada anglais impose sa volonté au Québec par un coup de force.

Radio-Canada : une partialité et une propagande absolues

La Société Radio-Canada est la voix du gouvernement du Canada. Dans les périodes peu agitées de l'histoire, cela ne transparaît guère. Dans les périodes de tensions, de conflits linguistiques, de guerre, le gouvernement canadien reprend alors solidement les commandes de la SRC pour en faire son instrument privilégié de propagande. À l'instar du petit chien de la RCA Victor de jadis, les dirigeants de Radio-Canada reconnaissent la « Voix de leur maître ». Ils sont souvent les thuriféraires du gouvernement fédéral et servent régulièrement de courroie de transmission à ses activités de propagande, comme on l'a vu ces dernières années dans les diverses affaires des *Minutes du patrimoine* et des *Émissions du millénaire*.

Cette inféodation au pouvoir est particulièrement flagrante durant la campagne du plébiscite. La Ligue pour la défense du Canada demande du temps d'antenne à Radio-Canada afin de répondre aux flagorneurs qui invitent les Québécois à voter OUI et à relever ainsi Mackenzie King de ses engagements solennels. André Laurendeau est chargé par la Ligue d'obtenir ce droit de parole sur les ondes de Radio-Canada. Il ne se fait pas d'illusions.

> Les partisans du OUI y seraient-ils seuls accueillis ? Les réseaux de la régie d'État propageraient-ils seulement l'opinion des officiels ?
>
> Nous en étions persuadés. Mais l'enjeu était de taille. Citoyens canadiens, nous estimions avoir le droit de nous exprimer comme les autres à Radio-Canada [62].

---

62. André Laurendeau, *op. cit.*, p. 104.

À compter de février 1942, Laurendeau entretient une correspondance de plusieurs mois avec Augustin Frigon, directeur général adjoint de la Société. Celui-ci emploie tous les moyens dilatoires possibles pour éviter de lui opposer un refus hâtif qui pourrait avoir un effet négatif sur la campagne plébiscitaire. Les règles pour les campagnes électorales veulent que seuls les partis politiques aient accès aux ondes de Radio-Canada.

> Comme il s'agit cette fois d'un plébiscite et non d'une élection générale; comme, selon toute vraisemblance, les quatre partis politiques seront unanimes à demander que la réponse à la question posée soit OUI, le problème selon nous se pose dans les termes suivants : Est-ce l'intention de la Société Radio-Canada d'accorder une chance égale, c'est-à-dire un nombre égal d'heures, aux citoyens canadiens, estimant que la réponse au plébiscite doit être NON, et qui voudraient orienter l'opinion en ce sens [63] ?

Frigon fait preuve d'une grande prudence et répond à Laurendeau qu'il est fort probable que seuls les partis politiques reconnus vont pouvoir utiliser gratuitement les émetteurs de la Société et ses réseaux. Il propose à Laurendeau d'acheter du temps d'antenne dans des stations privées. Laurendeau répond qu'il est déplacé d'appliquer à un plébiscite des règles qui valent lors d'une élection générale, puisque qu'il ne s'agit pas d'élire un gouvernement, mais d'éclairer le peuple sur les deux options qui lui sont proposées.

> Donc, on devrait accorder un nombre égal d'heures aux tenants des deux opinions. Au surplus, votre principe devient injuste dans les circonstances présentes. Il se trouve en effet que tous les partis – seuls d'après vos règlements à pouvoir utiliser la radio d'État – vont plaider en faveur du OUI. Si vous les accueillez seuls, on va donc exercer sur le peuple canadien une forte pression morale comme cela se pratique dans les États totalitaires. Car puisque le gouvernement pose une question à laquelle on peut répondre OUI ou NON, c'est donc que le NON est considéré comme légitime. On peut prévoir qu'il sera adopté par des millions de Canadiens :

---

63. André LAURENDEAU, *op. cit.*, p. 104-105.

Radio-Canada va-t-elle les exclure systématiquement ? Ils ont les mêmes droits que les autres, leurs taxes sont également valables. De sorte que votre décision de les écarter de vos postes et de vos réseaux participe de l'arbitraire le plus pur – et ce que vous appelez votre « neutralité absolue » deviendrait une partialité absolue[64].

Frigon tergiverse. Le 24 février, il évoque la possibilité de faire une interprétation spéciale des règlements de la SRC pour le plébiscite et promet d'avertir Laurendeau « en temps et lieu ». Par téléphone, il lui demande ensuite d'attendre le vote de la loi qui va lancer la campagne du plébiscite. Après l'adoption de cette loi, Laurendeau écrit à Frigon pour lui demander quelle est la décision définitive de Radio-Canada. Frigon répond : « Rien n'est encore décidé. »

Au début d'avril, Laurendeau apprend par les journaux que les députés Hanson (conservateur), Coldwell (Co-operative Commonwealth Federation) et Blackmore (Crédit social) vont prononcer des plaidoyers en faveur du OUI à Radio-Canada, tout comme le premier ministre et quelques-uns de ses collaborateurs. Le 6 avril, alors que la campagne bat son plein, Laurendeau écrit de nouveau à Frigon.

Le plébiscite qui s'en vient en est-il un à la Hitler ? La radio officielle servira-t-elle à « éduquer », sur le mode totalitaire, tous les Canadiens estimant que le gouvernement devrait tenir ses promesses ? L'opposition, qui, dans le cas présent, recrute peut-être plus de partisans que le « parti unique du OUI », sera-t-elle bannie de Radio-Canada[65] ?

Le 8 avril, Frigon avertit finalement Laurendeau que les adversaires de la conscription n'auront pas droit aux ondes publiques. La Ligue pour la défense du Canada doit donc se résoudre à payer pour avoir accès aux stations privées, alors que les partisans du OUI utilisent gratuitement les ondes publiques. Augustin Frigon obéit à son maître et suit les instructions reçues du gouvernement fédéral. Le 15 avril, le

---

64. *Ibid.*, p. 105-106.
65. *Ibid.*, p. 107.

résident du Bureau des gouverneurs de Radio-Canada déclare publiquement que la décision a été « prise directement par le gouvernement » dont c'est la prérogative, et non par le Bureau, qui n'a rien eu à y voir.

> Ainsi les partisans du OUI, qui tenaient les leviers de commande, ont-ils banni les partisans du NON de la Radio d'État. Durant la guerre, Radio-Canada devint, de bon gré, semble-t-il, la chose du gouvernement, avec la complicité du Canada anglais, qui trouvait l'opération naturelle : n'étions-nous pas en guerre ?

> C'est ainsi que, selon le *Globe and Mail*, puisque « le gouvernement est maître de la Radio » il doit la mobiliser en faveur du OUI ; c'est ainsi que la *Gazette* félicita le ministère King de donner la radio aux seuls partisans du OUI. De ce côté, il y eut quasi-unanimité [66].

Devenu député indépendant anticonscriptionniste Maxime Raymond s'interroge sur l'indépendance de Radio-Canada et sur la duplicité du discours du gouvernement King :

> Société indépendante ? Oui, pour couvrir toute la propagande que le Gouvernement fait à même les postes de Radio-Canada [...]. Or, tous ceux qui étaient en faveur du OUI ont pu parler à la radio [...]. Mais on refusait à tous ceux qui étaient en faveur du NON de se servir du réseau national [...]. On parle de liberté, de justice et de démocratie ; on devrait commencer à respecter ces principes au Canada avant de nous demander d'aller les faire respecter ailleurs [67].

Spécialiste de l'histoire des communications au Canada, le Pr Canuel estime que l'attitude de Radio-Canada a pesé sur les débats et mis en question sa propre crédibilité.

> Quoi qu'il en soit, les raisons qui ont motivé le gouvernement fédéral à intervenir dans la décision de la SRC ont modifié considérablement la nature du débat entre le OUI et le NON et surtout ébranlé Radio-Canada qui, depuis sa création en 1936, consacre

---

66. *Ibid.*, p. 108.
67. *Débats*, 4 juillet 1944, p. 4687, cité dans Alain CANUEL, « La censure en temps de guerre : Radio-Canada et le plébiscite de 1942 », *RHAF*, vol. 52, n° 2, automne 1998.

des efforts importants pour asseoir sa crédibilité et démontrer sa neutralité[68].

Bien qu'il ait été le féal du Canada anglais et des libéraux fédéraux pendant la crise de la conscription, Augustin Frigon suscite la méfiance du Bureau des gouverneurs, l'organe de contrôle de Radio-Canada, du simple fait qu'il est un Canadien français du Québec. Frigon a même failli ne pas devenir directeur général de Radio-Canada en raison de son origine ethnique.

> Le Dr Frigon a été responsable à part entière du réseau canadien-français et, par sa très grande spécialisation dans ce domaine, il ne peut être sensible aux demandes et aux besoins des autres parties du Canada […].

> En cette période pour le moins particulière, des sentiments raciaux se sont manifestés au Canada et, selon l'opinion de la majorité du Bureau, la nomination d'un Canadien français à titre de directeur général pourrait stimuler dangereusement le sentiment anti-français qui s'est développé[69].

Frigon obtient le poste malgré ce désaveu des gouverneurs de Radio-Canada. « Mais toute cette mauvaise presse fera de lui un administrateur vulnérable qui sera sévèrement critiqué dès qu'il tergiversera ou qu'il prendra une décision dont l'équité sera susceptible d'être mise en doute[70] », note Alain Canuel.

Comme c'est souvent le cas dans les médias du Canada anglais, c'est seulement après coup qu'on déplore la violation des droits des francophones par le gouvernement fédéral et les restrictions imposées à leur liberté d'expression par la SRC.

> Par ailleurs, dès 1943, certains journalistes du Canada anglais reprochent au gouvernement fédéral d'avoir exercé une ingérence

---

68. Alain CANUEL, « La censure en temps de guerre : Radio-Canada et le plébiscite de 1942 », *RHAF*, vol. 52, n° 2, automne 1998, cité sur **www.erudit.org/erudit/ haf/v52n02/canuel/canuel.htm#r_note61**.

69. ANC, Fonds Mackenzie-King, 345, New Appointments, 29698, cité dans Alain CANUEL, *idem.*

70. Alain CANUEL, *idem.*

politique à l'endroit de Radio-Canada et accusent la société d'État d'avoir muselé la Ligue et les partisans du NON. Grant Dexter, du *Winnipeg Free Press*, se demande si on peut parler «d'indépendance de la SRC ou si nous avons une radio nationale qui produit des émissions qui plaisent à ceux qui détiennent le pouvoir politique au Canada». En contrepartie, le seul blâme que les journalistes se disent prêts à accepter, c'est de n'avoir pas réagi au moment où la société d'État a refusé les ondes aux tenants du NON. B. K. Sandwell, rédacteur en chef du *Saturday Night*, explique: «Cette politique [de la SRC] était non seulement illogique, elle était malavisée. Nous devons aujourd'hui nous frapper la poitrine pour avoir omis d'élever la voix contre cette mesure malavisée [71].»

Convaincu que Radio-Canada est un organe de propagande au service du Canada anglais et du gouvernement fédéral, après son retour au pouvoir, Maurice Duplessis propose, au début de 1945, un projet de loi visant à créer Radio-Québec.

Lors des débats sur le projet de loi d'une radio provinciale, André Laurendeau n'a pas oublié la leçon de 1942. Il maintient que «Radio-Canada a été un partisan fanatique de l'impérialisme à travers la province [et que la société d'État] s'est faite le fabricant d'une unité nationale artificielle». On peut prétendre, ajoute-t-il, que la voix du Québec est exprimée sur le réseau français de Radio-Canada, mais c'est une voix singulièrement faussée. La radio nationale, poursuit le chef du Bloc populaire en faisant référence au plébiscite, n'a pas rempli, envers la province de Québec, la mission que l'on était en droit d'attendre d'elle [72].

Parce qu'elle n'a pas su faire preuve d'une plus grande autonomie politique lors du plébiscite de 1942, la SRC est inexorablement «associée à l'appareil répressif de l'État et […] la radiodiffusion "publique" se valut, pour la première fois également, le vocable de la radiodiffusion "d'État[73]"». Dans une lettre adressée à Augustin Frigon, André Laurendeau écrit: «Ce n'est pas la Société Radio-Canada qui prend la décision finale, mais bien le gouvernement canadien. Par un coup de

---

71. *Ibid.*
72. *Ibid.*
73. *Ibid.*

force plus digne des pays totalitaires que d'un État démocratique, le ministère s'empare donc de la radio officielle du pays[74]. »

Radio-Canada est étroitement intégrée à la machine de propagande fédérale pour endiguer le raz de marée de mécontentement provoqué par la conscription chez les Canadiens français.

Dans les officines de propagande d'Ottawa, on croit avoir trouvé l'arme secrète en la personne de l'abbé Arthur Maheux, désigné comme futur recteur de l'Université Laval. Quoi de mieux qu'un curé « bon ententiste » pour défendre la conscription et l'unité nationale ? La SRC va obligeamment lui ouvrir ses studios. L'abbé est l'auteur d'un essai sur la période de bonne entente qui a immédiatement suivi la Conquête.

Comme son maître, le cardinal Villeneuve, Maheux est vendu au Canada anglais. De septembre 1942 à janvier 1943, il prononce une série de causeries radiodiffusées par Radio-Canada sur le thème « Pourquoi sommes-nous divisés ? ». Sa mission est de faire aimer les Canadiens anglais par les Québécois, mais, en fait, son approche outrageusement tendancieuse de l'histoire fixe sur lui le ressentiment du Québec contre la propagande d'Ottawa.

> Son attitude au sujet de l'unité nationale, qui lui faisait nier ou minimiser l'importance de certains faits déplaisants, se heurta bientôt à la marée montante du nationalisme qui se traduisit très vite en attaques personnelles d'une virulence jusque-là inconnue au Québec dans le cas d'un prêtre. L'abbé Maheux fut chassé de la tribune de conférencier à Laval et, malgré l'appui de hautes autorités ecclésiastiques, il fut presque condamné à l'isolement dans sa propre université et dans son propre milieu[75].

Radio-Canada continue cependant de promouvoir son poulain clérical. Dans les collèges classiques du Québec, les étudiants diplômés de l'année reçoivent en cadeau le texte de

---

74. *Ibid.*
75. Mason WADE, *op. cit.*, p. 383.

la série radiophonique de l'abbé Maheux, publié sous forme de livre par les bons soins de Radio-Canada.

Le Devoir accuse le service de propagande d'Ottawa, le Wartime Information Board, qui travaille en étroite collaboration avec Radio-Canada, d'être responsable de la distribution gratuite de ce livre. Le journal proteste contre le fait que des idées controversées soient ainsi propagées aux frais du contribuable.

La propagande fédérale dirigée vers les francophones était lamentable parce qu'elle était conçue par des anglophones complètement coupés des réalités québécoises.

> Le Wartime Information Board fit preuve d'une absence singulière de compréhension de la mentalité canadienne-française en lançant des appels tels que « Le Canada au côté de l'Angleterre » et en se servant de l'Union Jack sur les affiches de guerre. Un facteur fondamental de cette situation fut le refus d'un grand nombre de Canadiens anglais de reconnaître que le Canada a une origine ethnique double, deux cultures et deux langues[76].

Un crime de la conscription : la mort de Georges Guénette

Dans le livre qu'il consacre à la crise de la conscription, André Laurendeau rapporte le cas d'un conscrit déserteur abattu par la GRC. Il s'agit d'un jeune homme de vingt-quatre ans, Georges Guénette, tué à Saint-Lambert le 12 mai 1944. « Seulement coupable, écrit Laurendeau, d'avoir pris au sérieux les promesses anticonscriptionnistes de MM. King et Godbout[77] ».

Guénette s'est réfugié chez son père. Découvert lors d'une perquisition de nuit de la GRC, il saute par une fenêtre pour échapper aux policiers qui se lancent à sa poursuite. L'un d'eux lui fait la sommation suivante : « Arrête ou je tire. » Guénette continue de courir. Il est abattu de sept balles dont une en plein cœur. Lorsque les policiers fédéraux ramènent son corps

---

76. *Ibid.*, p. 381.
77. André LAURENDEAU, *op. cit.*, p. 147.

à la maison de son père, celui-ci refuse de les laisser entrer :
«Vous l'avez tué ; maintenant, faites ce que vous avez à faire
avec lui!»

Les sbires de Mackenzie King viennent de commettre un
effroyable abus de pouvoir comme cela ressort durant l'enquête sur la mort de Guénette :

> Devant ces faits, à la question posée par le juré Gosselin : «Aviez-
> vous le droit de tirer dans ce cas?», le constable Victor Massicotte
> dut répondre par la négative.
>
> Et l'un des témoins, M. Georges Larochelle, homme de soixante
> ans, affirma que si les policiers «n'avaient pas été des lâches, ils
> auraient pu attraper Guénette sans tirer sur lui».
>
> Mais alors, quel crime avait-il commis, qui lui a mérité d'être
> abattu à bout portant, en pleine nuit, comme un assassin?
>
> Guénette était l'un des conscrits que le gouvernement King appela
> sous les armes, pour y servir quatre mois. À un moment donné,
> ces jeunes gens mobilisés pour quatre mois se virent rivés à l'armée
> pour toute la durée de la guerre. C'était une promesse de plus que
> le gouvernement King violait. Georges Guénette, qui avait rejoint
> l'armée, l'a désertée un jour. On ne l'avait pas rattrapé depuis.
> «C'était son seul crime [78].»

Dans les discours qu'il prononce pendant la guerre, André
Laurendeau évoque souvent cette tragédie pour accuser Adélard
Godbout et le Parti libéral du Québec d'être en partie respon-
sables de la mort de Guénette.

> Le jeune homme de Saint-Lambert était-il canadien-français,
> M. Godbout? Ce jeune homme était-il mobilisé, M. Godbout?
> Était-il mobilisé CONTRE SON GRÉ, M. Godbout? Qu'en pensez-
> vous? Aurait-il commis la sanglante erreur de croire à votre
> parole? Se serait-il fié à votre honneur? Tandis qu'il s'enfuyait
> éperdu sous le feu des gendarmes de MM. King et Saint-Laurent,
> s'est-il trouvé quelqu'un, parmi les témoins, pour se rappeler et
> pour redire votre serment : «Je m'engage sur l'honneur, [...] pas
> un seul Canadien français, ne sera mobilisé contre son gré sous
> un régime libéral [...]»? Pouvez-vous songer froidement à cette

---

78. André LAURENDEAU, *op. cit.*, p. 147.

chasse et à cette fuite? Après ce qui vient de se passer, pouvez-vous, sans rougir, relire les paroles où vous engagiez votre honneur?

[…] On ne fait pas de l'électoralisme avec le sang des autres. Cette jeunesse, vous l'avez élevée, politiquement, dans la crainte et dans l'horreur de la conscription. Chaque petite ville, chaque village, chaque rang de chacune de nos campagnes a entendu vos violentes dénonciations contre la participation aux conflits de l'Empire. Votre serment.

Et quand notre peuple ne vous suit plus, quand il continue d'obéir aux enseignements que vous lui avez prodigués durant un quart de siècle, alors vous mettez votre police à ses trousses. Et lorsqu'un jeune commet l'abomination de s'enfuir, vos gendarmes tirent dessus [79].

La campagne électorale de 1944

Les résultats du plébiscite de 1942 sont l'un des principaux thèmes de la campagne électorale de 1944 au Québec. Le Bloc populaire, qui réunit d'anciens militants de la Ligue pour la défense du Canada et de l'Action libérale nationale, présente des candidats.

L'Union nationale remporte 35,8 % des voix et fait élire 48 députés, alors que les libéraux, avec 39,5 % des suffrages, n'obtiennent que 37 sièges. Le Bloc populaire enlève 4 sièges avec 14 % des votes. Duplessis doit son élection au Bloc populaire, qui est allé chercher des voix chez les libéraux nationalistes qui lui sont allergiques. L'un des élus du Bloc, André Larendeau, estime que les libéraux provinciaux ont été, pendant leurs années au pouvoir, des instruments politiques du pouvoir central contre l'affirmation nationale du Québec.

[…] élue par le secours d'Ernest Lapointe, entraînée dans le sillage du gouvernement King, l'équipe Godbout ne sut pas reconquérir son indépendance. Au lieu de garder ses distances, elle collabora de toutes ses forces; ceci l'entraîna à rompre avec des traditions

---

79. *Ibid.*, p. 149-150.

toujours vivaces, notamment l'autonomie provinciale. Godbout conclut avec Ottawa une entente fiscale dont les conséquences pesèrent sur l'après-guerre ; auparavant, après un simple échange de lettres, sans que l'Assemblée législative puisse intervenir, il avait accepté un amendement à la Constitution. Il se lança dans une campagne en faveur de la langue anglaise qui l'eût, même sans la guerre, brouillé avec les nationalistes. Plus tard, on le verra, son anticonscriptionnisme vacilla, et il coupa ses racines dans la province[80].

Même s'il est très critique à l'égard de l'administration libérale de Godbout, Laurendeau reconnaît le caractère novateur de certaines de ses politiques :

> [...] il entreprit des réformes vigoureuses, et il tenta de rénover quelques secteurs de la vie québécoise. Il s'occupa d'éducation, accorda le vote aux femmes. Son administration n'eut pas le caractère désordonné du premier gouvernement d'Union nationale. Il osa étatiser la Montreal Light, Heat and Power, et créer l'Hydro-Québec. Ce sont des œuvres qui comptent[81].

Durant la campagne électorale de 1944, la *Gazette* reproche à Maurice Duplessis le caractère antidémocratique de la Loi sur la propagande communiste, dite « loi du cadenas », qu'il a fait adopter en 1937.

> *Maurice Duplessis [...] declares that his padlock law of 1937 will be revived if he is returned to power and that the law will be applied. Mr. Duplessis thereby announces that the events of the last five years have no meaning for him. This war is being fought for liberty, for the liberty of free men to express their free opinions and to read what books they choose. The padlock law [...] is a denial of the liberty to which men consecrate their lives today. It is undemocratic; it abridges the inalienable rights of free speech and the freedom of the press[82]...*

Comble de l'hypocrisie et de la mauvaise foi, en 1939, la *Gazette* faisait l'éloge de Maurice Duplessis et de son gouvernement pour avoir fait adopter cette loi.

---

80. *Ibid.*, p. 63.
81. *Ibid.*
82. « The Quebec Scene », *The Montreal Gazette*, 19 juillet 1944, p. 8, cité dans Chantal LACASSE, *op. cit.*

Once again the Quebec Government has shown a sound regard for the health of the nation. The motion passed in the Legislative Assembly urging the federal Government to take action to put a stop to Communistic activities in the Dominion has no other motive but this […].

But there would have been no necessity for this « Padlock law » if it had not been for the unfortunate action of the Government at Ottawa in annulling Article 98 of the Criminal Code, which hitherto had been an effective barrier against subversive theories of various kinds [83].

En fin de campagne, *The Montreal Star*, concurrent aujourd'hui disparu de la *Gazette* mais tout aussi impérialiste et antiquébécois qu'elle, s'était prononcé en faveur des libéraux de Godbout, tout en critiquant sévèrement le Bloc populaire et l'Union nationale.

Despite the names they have given themselves, Mr. Duplessis' party is not « national », and the Bloc is not « Canadien ». These are exclusive Quebec parties, dedicated to obscurantism and bigotry, unwilling to co-operate to keep the Canadian nation whole. […]

What he [the elector] is asked to vote for is sanity in government and in the relations between people in Quebec and between Quebec and the other provinces. That is what the Liberal Party offers [84].

Chantal Lacasse analyse ainsi l'attitude adoptée durant la Seconde Guerre mondiale par deux quotidiens anglophones de Montréal, la *Gazette* et le *Montreal Star*.

Les quotidiens interprètent l'actualité à l'aide d'une visière teintée des couleurs britanniques. Les campagnes électorales au Québec s'analysent d'abord à partir du contexte international et de l'attachement à la Grande-Bretagne.

[…]

Somme toute, les quotidiens se montrent peu sensibles aux préoccupations des Canadiens français même s'ils publient au Québec.

---

83. « Ridding Canada of Vipers », *The Montreal Gazette*, 3 mars 1939, p. 8, cité dans Chantal LACASSE, *op. cit.*
84. « Who Seeks Your Vote ? », *The Montreal Daily Star*, 5 août 1944, p. 10, cité dans Chantal LACASSE, *op. cit.*

Ils sont dévoués aux intérêts de leurs lecteurs anglophones et préconisent une vision pancanadienne du pays. À la faveur de la guerre, ils sont peu soucieux de la défense de l'autonomie provinciale. Bref, comme le souligne Pierre Trépanier, « s'ils sont représentatifs de la minorité anglophone d'ici, il faut conclure que, émigrée de l'intérieur, celle-ci restait insensible aux inquiétudes et aux aspirations collectives des Franco-Québécois [85] ».

La prétendue crise des effectifs

En juin 1944, le chef d'état-major au quartier général canadien en Europe du Nord-Ouest, le lieutenant général Kenneth Stuart, estime qu'il a suffisamment d'hommes sous ses ordres pour faire face à la situation. Au début de l'automne pourtant, le ministre de la Défense, J. L. Ralston, se dit convaincu qu'il est urgent de décréter la conscription afin de dépêcher 15 000 hommes en Europe avant la fin de l'année. Mackenzie King refuse la recommandation de Ralston. À quelques mois des élections générales, il veut éviter à tout prix les déchirements au sein de son parti et les réactions négatives qu'une telle décision ne manquerait pas de provoquer au Québec.

Le 1er novembre 1944, Ralston remet sa démission à King. Le premier ministre King lui écrit :

> Je suis profondément convaincu que, s'il est possible de faire autrement, il ne faut pas adopter une ligne de conduite qui, bien que n'offrant aucune garantie d'atteindre le but visé, diviserait le pays et nuirait ainsi à une grande partie de l'œuvre si magnifiquement réalisée durant plus de cinq années de guerre et cela à la veille même d'une victoire certaine [86].

Le général A. G. L. McNaughton, qui succède à Ralston, ne juge pas nécessaire d'envoyer des conscrits outre-mer. Il envisage une série de mesures incitatives afin de recruter un nombre

---

85. Pierre TRÉPANIER, « L'opinion publique anglo-québécoise et l'autonomie provinciale », cité dans Chantal LACASSE, *op. cit.*

86. Jacques LACOURSIÈRE, *op. cit.*, p. 320.

suffisant de volontaires pour combler les besoins en renforts de
l'Armée en Europe. Le 8 novembre, sur les ondes de Radio-
Canada, le premier ministre réaffirme qu'il n'y aura pas de conscription. Quatre jours plus tard, Ralston rend publiques les
raisons de sa démission.

> Les prévisions sont que d'ici la fin de décembre l'on manquera
> considérablement de renforts d'infanterie. D'autres prévisions
> sont que le manque d'hommes augmentera de mois en mois au
> cours de la prochaine année [...]. Je réalise que ces vides ne peu-
> vent être remplis en conscrivant des hommes inexpérimentés. En
> temps normal, un homme inexpérimenté, pris aujourd'hui, ne
> serait pas prêt pour la bataille avant juin prochain. Ce dont nous
> avons besoin, ce sont des soldats entraînés. L'on a fait tout ce qu'il
> était possible pour trouver ces hommes dans les cadres de l'armée
> conscrite et l'on a même offert des allocations à ceux qui s'offri-
> raient. Il me semble clair que l'on ne pourra pas rencontrer les
> besoins avec les volontaires qui ne sont pas en assez grand nom-
> bre [87].

C'est ce type de discours que le Canada anglais veut entendre.
L'opinion publique anglo-canadienne est courroucée : à ses
yeux, le remplacement de Ralston est une nouvelle concession
faite au Québec.

> À la suite du premier ministre de l'Ontario, des Daughters of the
> Empire et, surtout, de la Canadian Legion, les anglophones récla-
> ment à grands cris « l'égalité de sacrifice » pour tous les Cana-
> diens ; « le favoritisme pour le Québec et l'Église catholique
> romaine doit cesser ». Pour le Canada anglais, le plébiscite de
> 1942 avait libéré le gouvernement de son obligation morale et le
> rendait libre de prendre les décisions dictées par la guerre. La pro-
> messe initiale de Mackenzie King n'avait pas été faite au Québec
> seul, mais à tout le Canada. Le fait que la majorité des Québécois
> aient voté NON au plébiscite ne les plaçait pas dans une position
> privilégiée. La majorité canadienne ne doit pas se soumettre à la
> minorité québécoise. De plus en plus, dans les provinces anglai-
> ses, on trouve « un sentiment anti-Québec » qui menace le Parti
> libéral [88].

---

87. *Ibid.*, p. 320-321
88. Jean-Yves GRAVEL, *op. cit.*, p. 104-105.

Les chefs militaires, les ministres et les députés anglophones font pression sur Mackenzie King pour que la conscription soit décrétée au plus vite. Le premier ministre doit faire face à une révolte de ses ministres anglophones, à laquelle participe même McNaughton, qu'il vient de nommer à la Défense. Après une série de rencontres avec des hauts responsables militaires, le général McNaughton s'est en effet ravisé : il croit à présent que la conscription intégrale est nécessaire.

Le 22 novembre, afin de sauver son gouvernement, Mackenzie King annonce que des conscrits seront finalement envoyés outre-mer. Le lendemain, le cabinet de Mackenzie King donne son accord au décret de conscription.

> Les députés francophones réagissent dès le dépôt du texte du décret. Le ministre de l'Aviation et représentant de Québec-Sud, Charles Gavan Power, présente sa démission. Jean-François Pouliot, député de Témiscouata, annonce qu'il quitte le Parti libéral et Charles Parent, de Québec-Ouest et Sud, se rallie au Bloc populaire. Wilfrid Lacroix quitte lui aussi le Parti libéral. C'est la crise tant appréhendée [89].

Adélard Godbout, devenu le chef de l'opposition libérale à Québec, dénonce la décision du gouvernement libéral fédéral.

> Pour ma part, avec regret, mais définitivement, je dois déclarer que tant que le gouvernement d'Ottawa persistera dans son attitude subite, imprévue et inexplicable, il devra compter sur l'opposition des libéraux de Québec que je dirige [90].

Le 29 novembre, le gouvernement de Maurice Duplessis adopte un arrêté en conseil qui accuse le premier ministre Mackenzie King et ses lieutenants québécois d'avoir renié les promesses qu'ils avaient faites aux Québécois.

> Attendu que la violation des engagements sacrés et des promesses solennelles est la manifestation d'une politique hitlérienne incompatible avec la mentalité canadienne et les saines traditions du Canada, en conséquence, il est ordonné [...] que le premier ministre du

---

89. Jacques LACOURSIÈRE, *op. cit.*, p. 321.
90. *Ibid.*, p. 322-323.

Canada, le Très Honorable W. L. Mackenzie King, et les autorités
fédérales soient en conséquence avisés : 1) Que le gouvernement de
la province de Québec, reflétant l'opinion de l'immense majorité
du peuple de la province, réclame le respect intégral des engagements formels contractés et des promesses sacrées faites au peuple
à l'encontre de l'établissement d'un service militaire obligatoire
pour service outre-mer, c'est-à-dire à l'encontre d'une conscription déguisée ou apparente pour service au-delà des mers ; 2) Que
le présent arrêté ministériel soit publié dans la Gazette officielle du
Québec afin de porter à la connaissance du public l'énergique et
ferme protestation du gouvernement de la province [91]...

Le 9 décembre, le premier ministre du Canada Mackenzie
King remporte facilement un vote de confiance à la Chambre
des Communes par 140 voix contre 70. Comme le signale l'historien Jacques Lacoursière, les 13 députés francophones du
Québec qui votent en faveur de King sont par la suite dénon-
cés comme des traîtres par les nationalistes canadiens-
français [92].

L'armée ne perd pas de temps. Dès le début de janvier 1945,
les premiers conscrits partent pour l'Europe. Selon Jean-Yves
Gravel, il est faux de prétendre que les conscrits pour le service
outre-mer ont déserté par milliers.

Des 14 500 mobilisés pour outre-mer, 4100 conscrits dont 2400
venaient du Québec s'absentèrent en permanence. Et des 12 908
conscrits envoyés outre-mer, seulement 2463 participèrent au
combat. La désertion n'était pas l'exclusivité des Canadiens français, de sorte que la presse anglophone n'a pas déversé à leur
endroit ses critiques et ses sarcasmes habituels [93].

Le triomphe du Canada anglais et l'écrasement du Québec

La crise des effectifs militaires canadiens en Europe
nécessitait-elle d'imposer la conscription intégrale ? Comme

---

91. *Ibid.*, p. 323.
92. *Ibid.*, p. 323.
93. Jean-Yves GRAVEL, *op. cit.*, p. 90.

on l'a vu, ce n'est pas ce que le lieutenant général Kenneth Stuart pensait en juin 1944, alors qu'il était le chef des forces canadiennes en Europe. Le chef d'état-major de la Défense, le général McNaughton, ne le croyait pas non plus avant sa volte-face de dernière heure. Les renforts n'arrivèrent pas en décembre, comme le voulait Ralston, mais en janvier. Leur arrivée sur le théâtre des opérations ne constitua un apport important ni pour l'armée canadienne ni pour les Alliés. Si le Canada anglais et ses représentants au cabinet n'avaient pas forcé la main à Mackenzie King, le problème se serait résolu de lui-même en quelques semaines.

> À partir de février 1945, les pertes au combat sont beaucoup moindres que prévu. Le problème des effectifs outre-mer se trouve alors résolu, et la tension sociale diminue au Québec. La crise des renforts s'était avérée un faux problème, une sorte de crise « appréhendée [94] ».

On peut penser que c'est pour des raisons essentiellement politiques que la conscription a été imposée au Québec. Parce que le Canada anglais voulait remettre le Québec à sa place. C'est du moins ainsi, selon Jean-Yves Gravel, que les francophones percevaient les vociférations anglo-canadiennes en faveur de la conscription intégrale.

> [...] le but des conscriptionnistes anglophones est de satisfaire « leur rancœur » à l'endroit des Québécois et de monter les autres provinces contre le Québec ; la conscription sera un désastre pour l'unité nationale, car les Canadiens français n'accepteront jamais la coercition. La conscription en soi n'est pas si mauvaise, mais elle est un symbole de la domination britannique, et, partant, devient insupportable ; elle indique aux Canadiens français qu'ils sont obligés de se battre pour les « maudits Anglais ». Plus que tout, la conscription est une tentative de la majorité anglophone pour nier les droits de la minorité francophone [95].

Quoi qu'en disent et quoi qu'en pensent ses contempteurs au Canada anglais, la contribution du Québec à l'effort de

---

94. *Ibid.*, p. 90.
95. *Ibid.*, p. 105-106.

guerre n'a pas été négligeable : « [...] 19 % de l'effectif militaire ; elle avait été d'environ 12 % lors de la Première Grande Guerre. Quant à l'effort financier, le Québec contribua aux emprunts de guerre avec 715 millions de dollars, dépassant ainsi sensiblement l'objectif qu'on lui avait fixé [96]. »

Jean-Yves Gravel souligne :

> La guerre montra l'inévitable différence de mentalité et de valeurs entre les deux nations du Canada ainsi que les difficultés qu'elles éprouvaient à vivre ensemble. Avant et pendant la Deuxième Guerre mondiale, les Forces armées n'ont pas donné aux Canadiens français une « égalité de chance » ; en conséquence, il ne fallait pas s'attendre de leur part à « l'égalité de sacrifice » tant réclamée par le Canada anglais. L'initiative pour améliorer le sort des militaires francophones est venue des hommes politiques qui, plus d'une fois, durent ordonner aux autorités militaires de donner suite aux décisions gouvernementales [97].

Je laisse André Laurendeau tirer la conclusion de cet autre épisode noir de l'histoire canadienne.

> Durant la guerre, plusieurs Canadiens français du Québec eurent le sentiment de vivre en pays occupé. L'Anglais était l'occupant, celui qui dicte la conduite et empêche la volonté nationale de s'exprimer efficacement ; nos politiciens furent les collaborationnistes.

> C'était, par comparaison avec l'Europe hitlérisée, une occupation bénigne ; grâce à la modération de King, le joug demeura supportable. Nous ne risquions que nos libertés : encore, la menace se réalisait-elle rarement.

> Mais il suffit qu'elle existe pour que la vie soit empoisonnée.

> Cette impression d'avoir subi une occupation trahit à quel point un grand nombre de Canadiens français ont alors échappé, dans leur esprit et leur cœur, à l'emprise de l'État central. Plus grande était la contrainte physique, et plus faible, l'adhésion morale, le loyalisme. Bien sûr, nous respections les volontaires canadiens-français, parce qu'ils risquaient leur vie : mais quand, à partir du courage qu'ils manifestaient sur les champs de bataille, on venait

---

96. *Ibid.*, p. 84.
97. *Ibid.*, p. 108.

nous demander une adhésion politique de King, nous éprouvions un violent mouvement de recul. Notre héros, c'eût été le conscrit révolté, le rebelle. Pourtant la révolte n'alla presque jamais jusqu'au bout.

[...]

En définitive, il s'agissait de sentiments ; mais l'un d'entre eux est le respect de soi. Au reste, le monde est plein de sentiments, et je me demande pourquoi le seul que nous refuserions d'admettre, c'est celui que nous entretenions vis-à-vis [de] nous-mêmes, et qui s'appelle le sentiment de la dignité humaine [98].

LES WAFFEN-SS CANADIENS-ANGLAIS

Les Canadiens français ont souvent été accusés de trahison par le Canada anglais pour leur opposition aux guerres impériales. Pourtant, des Québécois, volontaires ou conscrits, se sont illustrés dans tous ces conflits. Durant la Seconde Guerre mondiale, aucun militaire québécois n'a été accusé de trahison, alors que des militaires anglo-canadiens faits prisonniers sont passés à l'ennemi.

Edwin Martin et John Galaher, deux Anglo-Canadiens du Essex Scottish Regiment de la région de Windsor en Ontario capturés lors du désastre de Dieppe, sont parmi les tout premiers volontaires à participer à la création du British Free Corps (BFC) – l'unité britannique de la Waffen-SS. Martin, décrit dans un rapport du MI5 [99] comme un être vantard et brutal, dessine même la bannière de l'unité nazie.

---

98. André LAURENDEAU, *op. cit.*, p. 156-157.
99. Contre-espionnage britannique.

Constitué officiellement le 1ᵉʳ janvier 1944, le BFC n'a jamais compté plus de trente membres.

Martin et Galaher ont précédemment fait partie d'une équipe de traîtres qui, sous la direction du capitaine Hellmerich et de son adjoint le sergent Scharper de l'Abwehr [100], tentaient de soutirer des renseignements aux soldats britanniques et aux soldats du Commonwealth récemment capturés par les Allemands. Adrian Weale, l'auteur de *Renegades: Hitler's Englishmen*, les classe parmi les pires traîtres de la guerre.

> *Scharper controlled a team of renegades at Luckenwalde whose actions must place them, morally, as amongst the worst traitors of the war. The group initially comprised Edwin Martin of the Essex Scottish Regiment; John Gordon Galaher, a Canadian of the same regiment who was also captured at Dieppe* [101]...

Dans son livre, Adrian Weale cite un autre Canadien qui a fait partie de l'unité britannique de la Waffen-SS: un certain Arthur James Cryderman, qui venait d'une unité d'infanterie légère des Prairies, probablement du South Saskatchewan Regiment qui participa au raid de Dieppe.

Les deux Ontariens Martin et Galaher portent l'uniforme de la Waffen-SS avec un écusson de l'Union Jack cousu sur la manche gauche jusqu'aux tout derniers jours de la guerre. Ils sont arrêtés par des militaires britanniques alors qu'ils tentent de se perdre parmi les prisonniers de guerre alliés.

Galaher est condamné par une cour martiale canadienne à l'emprisonnement à perpétuité, Martin à

---

100. Service de renseignement militaire allemand.
101. Adrian Weale, *Renegades: Hitler's Englishmen*, nouvelle édition, Londres, Pimlico, 2002, p. 104.

vingt-cinq ans de prison. Un autre traître anglo-canadien, George Hale, est condamné pour sa part à une peine de quinze ans de prison. Le livre de Weale est silencieux sur le sort de Cryderman. Aucun site Internet canadien consacré à la Seconde Guerre mondiale ne fait mention des deux membres fondateurs canadiens de l'unité britannique de la Waffen-SS. Pas de quoi faire une *Minute du patrimoine* très édifiante…

Le Collège militaire de Saint-Jean : une menace pour l'unité nationale

Lorsque la guerre de Corée éclate en 1950, rien n'a changé dans l'attitude de l'establishment militaire du Canada anglais à l'égard du Québec : les Forces armées canadiennes restent aussi réfractaires aux francophones qu'elles l'ont toujours été tout au long de leur histoire et, encore récemment, durant la Seconde Guerre mondiale.

L'establishment militaire anglophone s'oppose à la création d'un collège militaire de langue française, preuve s'il en fallait de l'incapacité du Canada anglais à accepter que le français est l'une des deux langues officielles du pays. Pour les anglophones, toute concession aux revendications linguistiques du Québec constitue une menace pour l'unité nationale ; la création d'une école militaire francophone serait une de ces concessions.

Pourtant, les Canadiens français font toujours face à une discrimination linguistique dans les Forces armées.

Si les Canadiens français forment 29 % de la population canadienne à l'époque de la guerre de Corée, ils forment 6,91 % des officiers et 15,3 % des hommes de troupe.

Parmi les officiers, les francophones se retrouvent dans les grades subalternes. Ils ne comptent que 3,8 % des 662 lieutenants-colonels, 1,2 % des 162 colonels et 2 des 89 généraux. Ils sont aussi absents des centres de décision. Au grand quartier général (GQG), à Ottawa, ils sont doublement sous-représentés avec 55 officiers (soit 3,9 %) qui, pour la plupart, remplissent des fonctions sans importance. Au Québec même, ils n'occupent que 15 des 84 postes supérieurs [102].

Dans la Marine canadienne, la situation est aussi déplorable qu'elle l'a été durant la guerre. Les francophones doivent réussir un test d'aptitude conçu pour la mentalité anglophone : 80 % des Québécois ratent ce test simplement « traduit » en français. De toute façon, la Marine ne veut pas de Canadiens français dans ses rangs.

Les Canadiens français sont toujours aussi absents de l'Aviation. En 1951, ils ne représentent que 4,7 % des officiers et 16,3 % des aviateurs. Le francophone le plus haut gradé est un colonel. Et à Saint-Hubert, en banlieue de Montréal même, on ne trouve aucun Canadien français à l'un des 37 postes de direction. L'Aviation oppose un refus catégorique au Canada français et au bilinguisme [103].

En février 1951, le général de brigade Paul Bernatchez, un défenseur du français dans les Forces armées, présente des recommandations visant à assurer une présence équitable des francophones à tous les niveaux de la hiérarchie militaire. Il recommande notamment la création d'un centre d'instruction au Québec dont la langue de travail et de commandement serait le français.

> Avant même d'en connaître les conclusions, le ministre de la Défense Brooke Claxton refuse les recommandations du rapport Bernatchez, parce que, avec des unités françaises, l'Armée serait plus que jamais composée de deux éléments ethniques, ce qui serait contraire à l'unité nationale et pourrait donner aux francophones l'impression d'être confinés à des ghettos. Une académie militaire au Québec est précisément l'une de ces unités françaises auxquelles s'opposent le ministre et l'état-major [104].

---

102. Jean-Yves GRAVEL, *op. cit.*, p. 109-110.
103. *Ibid.*, p. 113.
104. *Ibid.*, p. 112.

Les cas de discrimination linguistique sont monnaie courante sur les bases militaires canadiennes. Les journaux du Québec s'en font à l'époque régulièrement l'écho.

> En juillet 1951, le lieutenant d'aviation J.-J. Desrochers est licencié pour s'être opposé au régime du « Speak White ». Ce cas symbolique déclenche aussitôt une campagne d'indignation dans le Québec. Selon le correspondant parlementaire du *Devoir*, le cas Desrochers « résume de façon éclatante le régime de brimades et de persécutions que l'on inflige aux officiers et aux soldats du Québec [...] ». C'est surtout l'état-major qui subit les foudres du journal, « cet état-major francophobe, cette caste militaire imbue d'impérialisme culturel qui sabote l'unité nationale ». Les Canadiens français s'enrôlent dans les Forces armées canadiennes comme dans une Légion étrangère ! *Le Devoir* en conclut invariablement qu'un collège militaire s'impose plus que jamais pour introduire plus de bilinguisme dans la Défense nationale. Moins d'un mois plus tard, c'est l'Armée qui s'attire les boulets de la presse à propos d'une situation presque identique au cas Desrochers. On obligeait les francophones du Camp Petawawa à parler anglais en tout temps, même entre eux, à la chambrée et au mess. Cette fois-ci, c'est *Le Droit* qui conduit l'attaque. Plus tard, c'est une histoire semblable à la base de l'Aviation à Winnipeg puis la « provocation » de l'Air Defence Command, à Saint-Hubert, dont la devise paraît en latin et en anglais seulement [105].

Brooke Claxton, le ministre de la Défense, ne rate jamais une occasion de se déclarer favorable au bilinguisme et à l'égalité des chances pour les militaires francophones, mais l'état-major ne tient pas compte des propos du ministre.

> En une autre occasion, Claxton adressa une lettre sévère à l'Aviation pour avoir mené au Québec, en anglais seulement, une campagne de recrutement, et cela malgré les ordres formels à ce sujet. Peu de temps après, l'état-major fit préparer par des publicitaires une brochure sur « le bilinguisme dans les Forces armées ». Chef-d'œuvre d'équivoque et de démagogie, c'était en fait un énergique plaidoyer pour justifier l'usage exclusif de l'anglais dans la vie militaire canadienne. Il fallut au ministre Claxton toute son autorité pour empêcher la publication d'une brochure si provocatrice.

---

105. *Ibid.*, p. 121-122.

Une fois même, le ministre réunit tous les officiers du GQG d'Ottawa et leur servit une mercuriale pour qu'ils s'éveillent à la réalité québécoise [106].

C'est finalement l'opinion publique québécoise et une campagne médiatique bien orchestrée qui contraignent le ministre et l'état-major à accepter la création d'un collège militaire francophone.

Pendant plus d'un an, le ministre Claxton s'était opposé d'une façon personnelle et catégorique au projet. Son refus reposait essentiellement sur sa conception de l'unité nationale : « Nous ne saurions, disait-il, avoir deux systèmes d'écoles militaires et deux groupes d'officiers. »

[…]

Tandis que le ministre Claxton s'oppose au projet, surtout au nom de l'unité canadienne, son chef d'état-major de l'Armée, le lieutenant général Guy Simonds, s'y oppose aussi, mais au nom de l'efficacité militaire. Dans un mémorandum « d'avertissement », il précise au ministre qu'avec les ordres en français lors des cérémonies publiques au Québec, le ministère est allé « à la limite » de ce qui peut être fait pour le bilinguisme. Pour des raisons d'efficacité militaire, poursuit Simonds, on doit s'opposer à la « minorité extrémiste » qui désire cette académie francophone [107].

Les diplômés du Royal Military College of Canada de Kingston, en Ontario, mènent une dure lutte pour empêcher la création d'un collège militaire au Québec. Selon eux, en introduisant le bilinguisme dans les Forces armées, une telle école menace l'unité nationale et met en danger l'efficacité militaire. Elle risque surtout de diminuer l'influence et l'importance de leur *alma mater*. Le débat entourant la création d'un collège militaire francophone offre à la presse anglo-canadienne l'occasion d'étaler une fois de plus son mépris pour les Canadiens français.

Selon le *Brandon Sun* du 4 juin 1952, cette académie retarderait davantage l'unité canadienne et limiterait les Québécois à leur « paroisse ». Le bilinguisme dans les Forces armées est impraticable

---

106. *Ibid.*, p. 125.
107. *Ibid.*, p. 126-127.

et mène à la confusion. Même opinion dans l'*Ottawa Citizen* du 20 mai qui s'oppose au collège au nom des « faits » ; que ce soit désirable ou non, les Forces armées canadiennes doivent fonctionner en anglais, langue prédominante dans le monde. Ce qu'il faut aux Canadiens français, ce sont des écoles d'anglais pour leur fournir l'égalité de chances qu'ils réclament. Pour le *Globe and Mail* du 4 juin, ce projet encourage « le séparatisme » ; au lieu de briser la barrière des langues, il la renforcit [sic] [108].

Historiquement, les progressistes-conservateurs n'ont jamais été de fervents défenseurs des droits des francophones au Canada, et la plupart de leurs militants et de leurs dirigeants, au début des années 1950, ont peu de sympathie pour la cause du français dans l'armée. L'opposition conservatrice aux Communes exploite pourtant l'affaire à des fins électorales. Le débat autour de la création du collège militaire est pour les conservateurs l'occasion d'améliorer leur représentation québécoise aux Communes lors des élections générales de 1952. George Hees, un député conservateur de Toronto, ancien du Royal Military College de Kingston, se déclare en faveur de la création d'une académie militaire francophone. Il est suivi par le député conservateur de Trois-Rivières, Léon Balcer, et par le chef de l'opposition, George Drew. Les journaux et l'opinion publique canadienne-française applaudissent. L'imminence des élections ne laisse pas le choix aux libéraux. Le 12 juin, quatre jours avant les élections, le ministre Claxton annonce aux Communes que le Québec aura un collège militaire.

> Chez la presse anglaise en dehors du Québec, la réaction dans l'ensemble en est une d'indifférence. Quelques quotidiens soulignent « avec satisfaction » la fondation du nouveau collège, mais glissent dans leurs éditoriaux quelques flèches acérées. Par exemple, pour le *Peterborough Examiner* du 16 juin, « si le collège existe pour montrer l'anglais aux francophones, *well and good*, sinon il est inutile ». Selon le *Victoria Colonist* du 30 juillet, ce collège permettra aux cadets du Québec de rattraper leur « retard académique [109] » !

---

108. *Ibid.*, p. 127.
109. *Ibid.*, p. 131-132.

Fin de l'histoire? Malheureusement, non. Le 22 février 1994, Ottawa a décidé de fermer le Collège militaire de Saint-Jean, privant ainsi les francophones de leur principal instrument de promotion dans les Forces armées. Il leur faut désormais subir leur formation au Royal Military College de Kingston: une institution unilingue anglophone sournoisement dissimulée derrière un bilinguisme de façade, dans une ville unilingue, comme il se doit.

Chapitre 3

Trudeau et Chrétien :
les monstres du lac Meech

Le 6 août 1984, à Sept-Îles, Brian Mulroney prononce un
de ses principaux discours de la campagne électorale, dans
lequel il propose de réconcilier le Québec avec le Reste du
Canada. Pour séduire les électeurs québécois, il se donne pour
objectif de faire reconnaître la spécificité du Québec par le
Canada anglais. Dans son allocution, rédigée par son ami
Lucien Bouchard, il évoque l'humiliation subie par les Québécois durant les négociations sur le rapatriement de la Constitution en 1982.

> Il y a au Québec – cela crève les yeux – des blessures à guérir, des
> inquiétudes à dissiper, des enthousiasmes à ressusciter et des liens
> de confiance à rétablir. Je sais bien que les Québécois ne se conten-
> teront pas de simples paroles. Il faudra donner des gages et poser
> [sic] des gestes pour atteindre l'objectif que je me suis assigné et
> que je réitère ici : convaincre l'Assemblée nationale du Québec de
> donner son assentiment à la nouvelle Constitution canadienne
> avec honneur et enthousiasme [1].

Il ajoute cependant qu'il n'entreprendra pas « une
démarche constitutionnelle dans l'ambiguïté et l'improvisa-
tion. Procéder autrement risquerait de faire beaucoup plus

---

1. A.I., T.I., *La Presse*, 7 août 1984, p. 1-2, cité dans Bruno Bouchard, *Trente ans
   d'imposture. Le Parti libéral du Québec et le débat constitutionnel*, Montréal,
   VLB, 1999, p. 107-108.

de mal que de bien [2]. »

Brian Mulroney prend le pouvoir le 4 septembre 1984. Pour la première fois depuis près de vingt ans, les progressistes-conservateurs ont la majorité absolue des sièges au Parlement. Le Canada anglais ne s'inquiète pas outre mesure du projet de reconnaissance de la spécificité du Québec de Brian Mulroney, croyant qu'il ne s'agit là que de rhétorique politicienne.

Au Québec, le Parti québécois s'active à faire battre les libéraux. Le premier ministre du Québec, René Lévesque, se montre ouvert à l'initiative de Mulroney. Mentalement et physiquement épuisé, Lévesque ne croit plus à la souveraineté du Québec, s'il y a jamais cru. Il qualifie l'ouverture de Mulroney de « beau risque », expression qui provoque une crise majeure au sein du Parti québécois : sept ministres et trois députés démissionnent. Dans la lettre de démission qu'il remet à René Lévesque, Jacques Parizeau écrit que « l'espoir tenace de la dernière chance » à accorder au gouvernement fédéral, même dirigé par Brian Mulroney, est une « voie stérile et humiliante [3] ».

Le 19 janvier 1985, au cours d'un congrès extraordinaire du Parti québécois, par fidélité à leur chef dérangé, 65 % des délégués acceptent de mettre en veilleuse la raison d'être de leur parti. Purgé de ses éléments qui croient à l'indépendance du Québec, le Parti québécois se laisse abuser par le « beau risque ».

En mai 1985, Québec transmet à Ottawa un document intitulé *Projet d'accord constitutionnel. Proposition du gouvernement du Québec*. Le 20 juin, Lévesque démissionne avant même que la discussion ne s'engage. Pierre-Marc Johnson le remplace le 29 septembre. À l'élection du 2 décembre, les Québécois portent au pouvoir un revenant politique, Robert Bourassa.

---

2. Arthur Tremblay, *Meech revisité. Chronique politique*, Québec, Presses de l'Université du Québec, 1998, p. 443.
3. Pierre Duchesne, *Jacques Parizeau. Tome II : Le Baron*, Montréal, Québec Amérique, 2002, p. 505.

Gilles Rémillard, le constitutionnaliste qui se moquait de Bourassa et de sa souveraineté culturelle dans les années 1970, devient son ministre des Affaires intergouvernementales.

Les libéraux ont également leur projet ; il s'intitule *Maîtriser l'avenir*. Dans ce document, conçu par Gilles Rémillard, cinq conditions sont posées pour que le Québec signe l'accord de 1982 et réintègre le giron constitutionnel canadien : la reconnaissance du Québec comme société distincte ; des pouvoirs accrus en matière d'immigration ; un droit de regard sur les nominations au Sénat et à la Cour suprême ; le droit de retrait avec compensation de certains programmes fédéraux ; et un droit de veto sur les réformes constitutionnelles.

Ce sont les conditions les plus accommodantes jamais proposées par un gouvernement du Québec, ce qui n'a rien d'étonnant pour un document émanant du Parti libéral du Québec. Les premiers ministres provinciaux accueillent favorablement les cinq conditions posées par le Québec, durant leur rencontre annuelle, le 12 août 1986, à Edmonton. Tous reconnaissent la légitimité d'une ronde constitutionnelle consacrée à la question québécoise. Cela encourage Robert Bourassa.

> Plusieurs se demandent pourquoi on a réouvert le dossier constitutionnel. Il y avait d'abord un nouveau gouvernement au fédéral qui était prêt à entendre les représentations du Québec et il y avait la volonté unanime de tous les premiers ministres des provinces. […] Donc, le Québec se sentait pleinement justifié de rouvrir le dossier, fort de l'appui unanime des premiers ministres provinciaux et du gouvernement fédéral [4].

Onze premiers ministres et une « société distincte »

La réunion initiale des premiers ministres provinciaux et du premier ministre Mulroney a lieu le 30 avril 1987 au chalet

---

4. Robert BOURASSA, *Gouverner le Québec*, Montréal, Fides, 1995, p. 138.

du gouvernement fédéral au lac Meech, dans la Gatineau. Les cinq conditions posées par Robert Bourassa sont, en principe, acceptées.

> L'Accord reconnaît que « le Québec forme au sein du Canada une société distincte ». Dans leur communiqué, les premiers ministres soulignent que « l'Assemblée nationale et le gouvernement du Québec ont le rôle de protéger et de promouvoir le caractère distinct de la société québécoise[5]. »

Le chef de l'opposition aux Communes, John Turner, qui a succédé à Trudeau à la tête du Parti libéral, se félicite des résultats de la rencontre du lac Meech. Il revient ainsi à une approche plus conciliante du fédéralisme canadien, après que Trudeau eut fait du PLC l'adversaire le plus implacable de l'affirmation nationale du Québec.

Pour les trudeauistes de stricte obédience, les propositions du Québec relèvent de l'hérésie. Signe avant-coureur du coup de théâtre qui se prépare, afin de pouvoir combattre Meech plus librement, le député libéral de Westmount, Donald Johnston, démissionne le 8 mai 1987 du cabinet fantôme de John Turner. Cet avocat fiscaliste a fondé le cabinet Heenan, Blaikie, où Pierre Elliott Trudeau a travaillé après s'être retiré de la politique. Selon Johnston, « [le concept de] société distincte s'inspire de la théorie des deux nations et nourrit les germes séparatistes[6] ». Johnson résume ainsi sa critique de Meech :

> Pour amener le Québec à adhérer sous toutes réserves à la Constitution, [les premiers ministres] ont cédé du pouvoir et de l'autorité à toutes les provinces, et en particulier au Québec ; ils ont mis la formule de modification de la Constitution dans un carcan, ce qui risque d'empêcher toute réforme du Sénat ; ils ont infligé un coup mortel à la vision d'un Canada bilingue en divisant le pays en un Québec français et un Canada anglais ; ils ont porté atteinte à l'autorité de la Cour suprême ; ils ont compromis les droits à l'égalité entre les sexes, et ont placé le Canada sur la pente de la

---

5. A.I., T.I., *Le Devoir*, 5 décembre 1984, p. 3.
6. A.I., T.I., *La Presse*, 11 mai 1987, p. B3.

décentralisation en adoptant des dispositions concernant le droit de retrait et en prévoyant des encans semestriels lors des conférences fédérales provinciales[7].

Dans le *Toronto Star*, Jim Coutts, ancien secrétaire principal de Trudeau, attaque à son tour l'entente de Meech. Il dénonce lui aussi la reconnaissance du Québec comme société distincte et les transferts de pouvoir d'Ottawa aux provinces en arguant que de telles concessions pourraient être le commencement de la fin pour le Canada.

Avant que le texte définitif de l'Accord ne soit paraphé, Pierre Elliott Trudeau décide de jeter personnellement une poignée de sable dans l'engrenage de l'accord constitutionnel. Le 27 mai, l'ennemi juré de l'affirmation nationale du Québec publie un texte d'une extrême dureté dans *La Presse* et le *Toronto Star*.

> Quel magicien quand même que ce M. Mulroney et quel fin renard ! Il n'a pas réussi tout à fait à réaliser la souveraineté-association, mais il a mis le Canada sur la voie rapide pour y parvenir. [...] Point n'est besoin d'être grand clerc pour prédire que la dynamique politique attirera les meilleurs esprits vers les capitales provinciales, là où résidera le véritable pouvoir, et que la capitale fédérale sera le dévolu des laissés-pour-compte de la politique et de la bureaucratie[8].

Trudeau n'hésite pas à insulter personnellement Brian Mulroney qu'il accuse de lâcheté.

> Hélas ! on avait tout prévu sauf une chose : qu'un jour le gouvernement canadien pourrait tomber entre les mains d'un pleutre. C'est maintenant chose faite. Et Brian Mulroney, grâce à la complicité de dix premiers ministres, est déjà entré dans l'Histoire comme l'auteur d'un document constitutionnel qui – s'il est accepté par le peuple et ses législateurs – rendra l'État canadien tout à fait impotent. Dans la dynamique du pouvoir, cela voudrait dire qu'il sera éventuellement gouverné par des eunuques[9].

---

7. A.I., T.I., *La Presse*, 16 mai 1988.
8. Arthur Tremblay, *op. cit.*, p. 465.
9. Vincent Marissal, « Un monument au Canada anglais », *La Presse*, 29 septembre 2000, p. A8.

Aux yeux de Trudeau, le Québec est une province comme les autres et doit le rester. Dans une entrevue accordée à la journaliste Barbara Frum, pour l'émission *The Journal* à CBC, il déclare :

> *I have no objection to saying Quebec is a distinct society. I have no objection to saying that... Prince Edward Island is a distinct society – which it is. All I object is that we give a province extra juridictional powers under the Constitution which the other provinces don't have, to make that distinctness more distinct* [10].

Quand l'homme sur lequel le Canada anglais compte depuis la fin des années 1960 pour écraser le Québec parle, les Anglo-Canadiens l'écoutent. Son savant mélange d'insinuations, d'invectives et de persiflage fait son œuvre. L'appel aux armes de Trudeau pour bloquer l'Accord du lac Meech surprend et déçoit Robert Bourassa.

> On aurait pu penser qu'après le lourd héritage qu'il avait laissé dans les finances publiques, il aurait été plus responsable dans le dossier constitutionnel. On pouvait difficilement croire que, en plus d'avoir cautionné l'endettement spectaculaire du Canada... il aurait contribué à torpiller l'entente de l'Accord du lac Meech [11].

Le fait que Brian Mulroney veuille s'entendre avec le Québec le rend suspect aux yeux des leaders d'opinion du Canada. «*He's one of them*», chuchote-t-on à son sujet. Au Canada anglais, Mulroney a toujours été considéré comme un Québécois francophone. Aussi à l'aise en français qu'en anglais, il a fréquenté l'Université Laval et a même milité quelque temps à l'Union nationale. Comme la machine électorale péquiste a fait élire plusieurs de ses députés au Québec, Mulroney est perçu comme l'homme des nationalistes québécois à Ottawa. Qu'il s'entoure d'hommes tels que Lucien Bouchard et Marcel Masse n'arrange pas les choses.

Dès le début du processus, la presse et la télévision anglophones se font l'écho de cette méfiance auprès de l'opinion

---

10. *The Journal : CBC National Magazine*, 29 mai 1987.
11. Robert BOURASSA, *op. cit.*, p. 175.

publique anglo-canadienne et montent cette dernière contre l'Accord du lac Meech. Le rôle joué par ces médias dans l'échec de l'Accord ne fait aucun doute.

John Meisel, ancien président du Conseil de la Radio-Télévision canadienne, met en cause le bureau parlementaire du réseau anglais de Radio-Canada à Ottawa. Après que le chef du bureau, Elly Alboim, a déclaré publiquement que la seule motivation du premier ministre Mulroney dans Meech est de démontrer qu'il peut réussir avec le Québec là où Trudeau a échoué, Meisel l'accuse d'avoir manipulé la couverture des négociations de Meech. Selon David Taras, l'éminent politologue de l'Université Queen's, la CBC

> « [...] *contributed to the process that ultimately scuppered constitutional reform by seeking out and encouraging attacks against the Meech Lake project by people who could be expected to attract a lot of public attention* ». *Meisel's charges provoked a firestorm of reactions from leading journalists who either leapt to Alboim's defence or joined in a frenzy of criticism. Alboim argued in turn that it is the role of journalists to seek and present opposing viewpoints rather than* « *sit in an office and wait for press conferences* [12] ».

L'Accord en général et la question de la société distincte en particulier soulèvent de nombreuses critiques dans le Canada anglais. Le double langage des politiciens fait naître la méfiance. Alors qu'au Québec Bourassa parle de l'accroissement des compétences du Québec, dans le Reste du Canada, les premiers ministres provinciaux insistent sur le fait qu'aucun statut particulier n'est accordé au Québec.

Au cours des négociations qui se déroulent à Ottawa, les 2 et 3 juin 1987, le premier ministre de l'Ontario, David Peterson, tente sans succès d'amoindrir la portée de la clause reconnaissant le Québec comme société distincte. Il faudra 11 premiers ministres et plus de vingt heures de négociations pour arriver à une entente finale.

---

12. David TARAS, « The Mass Media and Political Crisis : Reporting Canada's Constitutional Struggles », *Canadian Journal of Communication*, 18, n° 2, 1993, cité sur www.wlu.ca/~wwwpress/jrls/cjc/BackIssues/18.2/taras.html.

La position du Québec est non négociable, puisqu'il s'agit de demandes minimales. Cela constitue un problème pour les autres provinces. Leurs premiers ministres n'ont donc rien à « gagner » de cette ronde dont on a vite oublié qu'elle était destinée à réintégrer le Québec dans le giron constitutionnel.

En réalité, l'Accord est condamné dès le départ. La formule d'amendement proposée relève de la mission impossible. L'Accord doit en effet être accepté à la majorité des voix par chacune des 11 assemblées législatives provinciales et territoriales, ainsi que par la Chambre des communes, soit autant d'« examens de passage ». De plus, l'ensemble du processus doit être achevé dans un délai de trois ans à compter de juin 1987. Dès le 23 juin 1987, le Québec adopte une résolution à l'Assemblée nationale.

Le « débat national canadien » sur l'Accord du lac Meech se transforme rapidement en campagne haineuse contre les Canadiens français et le Québec. Trudeau et les médias anglophones attisent les préjugés contre le Québec. L'historien René Durocher, qui préside en 1987 la Société historique du Canada, confiait aux participants de son congrès annuel qu'il craignait le pire. Ses craintes étaient fondées.

> Espérons qu'on pourra tenir en échec la démagogie, qu'on évitera de soulever des préjugés anti-Québec et qu'on ne jouera pas sur la peur des gens en leur racontant que leurs droits et libertés seront menacés, que les grandes mesures sociales seront désormais impossibles à mettre en œuvre et même que celles qui existent déjà pourraient disparaître, que des milliers d'immigrants seront condamnés à s'établir au Québec, etc. Ce matin même, je lisais dans le *Globe and Mail* la déclaration de Ian Deans, ancien leader parlementaire des néo-démocrates et actuellement président du Public Service Staff Relations Board, qui laisse croire qu'on peut s'attendre au pire. M. Deans déclarait, ici même à Hamilton, que la réforme constitutionnelle entraînerait une dégradation de la fonction publique fédérale et la fin de sa croissance, ce qui aurait pour conséquence que « *there will be no chance to advance women, natives, minorities and the handicapped* ». Comme raisonnement spécieux et démagogique, ce n'est pas mal[13].

---

13. René DUROCHER, « Le rapatriement du Québec », Historical papers. Communications historiques, p. 1-8, cité sur **www.cha-shc.ca/bilingue/addresses/1987.htm**.

En août 1987, un comité conjoint du Sénat et de la Chambre des communes tient des audiences au cours desquelles Trudeau intervient de nouveau. Les groupes de femmes, d'Autochtones, les tenants du multiculturalisme, etc., tous veulent être entendus, tous estiment que leurs revendications particulières doivent être prises en compte dans l'Accord du lac Meech, même s'il était entendu dès le départ qu'il s'agissait d'une « ronde Québec ». C'est l'occasion rêvée pour dénigrer le Québec et son gouvernement, en lui attribuant les pires intentions. Un débat oppose les Canadiennes, représentées par Mary Eberts, et les Québécoises, représentées par Francine Mackenzie. La première soutient que le gouvernement du Québec pourrait utiliser la clause de la société distincte pour transférer des sommes provenant du gouvernement fédéral et destinées aux femmes afin de promouvoir la langue.

> *The National Organization of Women and the Law testified* […] *that the accord could allow Quebec to put protection of its distinct cultural identity ahead of women's services, although other experts have argued that neither the courts nor political sensitivities would permit this* [14].

Francine Mackenzie considère que ce sont là des propos de colonisateurs, et rétorque que les Québécoises sont capables de défendre leurs droits.

Un célèbre historien du Canada anglais intervient même pour défendre le *statu quo* et « l'uniformité » canadienne.

> *York University historian Ramsay Cook, a respected expert in Quebec issues, said the accord's vague declarations of Quebec's distinct identity* « *are at best calculated ambiguities, at worst a long, irreversable step into a quagmire* [15]. »

Toujours hanté par les mêmes lubies « identitaires », l'ineffable Bill Johnson, trudeauiste pur et dur, considère que la société distincte québécoise va faire des Anglais du Québec des citoyens de seconde zone.

---

14. Ross HOWARD, « Meech Lake Accord Threatens equality, Quebec Expert Says », *The Globe and Mail*, 12 août 1987.

15. *Ibid.*

> *The language of «identity» is particularistic, exclusivist. It establishes categories among citizens – those who conform to the «identity» and those who de not, those who have some particular rights and those who do not. It sets up a test to which citizens must conform or they are excluded from the «identity».*
>
> *[...] Once the rights of a language are replaced by rights for some people, those rights are precarious. They become the privilege of a small minority rather than the rights of all. Then the definition of the eligible group can be narrowed progressively until the rights are a shadow of what they were.*
>
> *Anglo-Quebecers know this by bitter experience. Now the Constitution of Canada will enshrine the glorious spirit of Bill 101*[16].

En octobre 1987, le libéral Frank McKenna bat facilement le premier ministre conservateur du Nouveau-Brunswick, Richard Hatfield. Ancien fonctionnaire du Conseil privé, McKenna est un avocat trudeauiste proche d'Allan MacEachan, le leader de l'opposition libérale au Sénat. Dès son élection, McKenna exige que l'Accord soit renégocié, notamment en ce qui concerne les minorités linguistiques.

Les trudeauistes, qui ne représentent plus qu'une minorité au sein du Parti libéral, préparent leur retour. Ils chauffent l'opinion publique du Canada anglais et se servent du raz de marée de ressentiment envers le Québec pour reprendre en mains le Parti libéral.

> [...] le leadership de Turner est mis à rude épreuve par un petit groupe de députés de la frange trudeauiste. Les Donald Johnston, Lloyd Axworthy, David Dingwall, Sergio Marchi et Sheila Copps tentent depuis plusieurs mois de relancer la candidature de Jean Chrétien. Ce dernier cherche à venger sa défaite à la course à la direction du parti et s'emploie, par tous les moyens possibles, à saper l'influence de Turner.
>
> La dissension au sein du caucus libéral se manifeste en octobre 1987, lorsque onze députés libéraux à la Chambre des communes défient la discipline de parti en votant contre l'Accord du lac Meech[17].

---

16. William JOHNSON, «Rights for All are Yielding to Rights for Some», *The Montreal Gazette*, 11 septembre 1987.

17. Bruno BOUCHARD, *op. cit.*, p. 114.

Le 30 mars 1988, Pierre Elliott Trudeau s'adresse au Sénat pendant six heures – exclusivement en anglais – pour demander que l'Accord du lac Meech soit mis à la poubelle. L'homme qui a imposé la Loi sur les mesures de guerre au Québec et fait emprisonner quelque 500 personnes sans mandat durant la Crise d'octobre 1970 dit craindre que les libertés civiles soient menacées dans un Québec distinct. Trudeau va loin dans la démagogie. Évoquant le sort des pauvres Anglo-Québécois dans un Québec post-Meech, il affirme : « Nous avons des exemples dans l'histoire où un gouvernement devient totalitaire parce qu'il agit en fonction d'une race et envoie les autres dans les camps de concentration [18]. »

« Québec = Allemagne nazie » devient le leitmotiv de la campagne de salissage du Canada anglais contre le Québec. Le 21 avril, sous l'influence de Trudeau, le Sénat, à majorité libérale, renvoie l'Accord tel que rédigé à la Chambre des communes en demandant des amendements.

Le 27 avril, le premier ministre manitobain Garry Filmon est reporté de justesse au pouvoir à la tête d'un gouvernement minoritaire qui doit s'appuyer sur les libéraux de Sharon Carstairs. Cette admiratrice de Trudeau est hostile à l'Accord du lac Meech et refuse de considérer le Québec comme une société distincte.

Dans une interview qu'elle accorde à l'occasion de son passage au Québec, la chef libérale du Manitoba affirme que « reconnaître que seul le Québec est une société distincte, c'est reconnaître qu'il y a deux nations au Canada. Et reconnaître qu'il y a deux nations, c'est aller tout droit vers la séparation du Québec [19]. »

Le déchaînement des passions antifrancophones

L'attaque en règle menée par les trudeauistes contre l'Accord du lac Meech a sonné l'alerte au Canada anglais. Une série d'événements liés à la promotion et à la protection de la langue

---

18. A. I., T. I., *La Presse*, 31 mars 1988.
19. Bruno BOUCHARD, *op. cit.*, p. 116.

française au Canada et au Québec va maintenant aiguillonner la francophobie naturelle de l'opinion publique anglophone.

Les Communes adoptent en juillet 1988 des amendements à la Loi sur les langues officielles afin d'augmenter les services bilingues offerts par le gouvernement fédéral, malgré l'opposition des provinces de l'Ouest. Cet événement conforte le Canada anglais dans ses préjugés.

> It accentuated the feeling that francophones – together with other segments of Central Canada – had disproportionate power in Ottawa and the views of Western Canadians were not being taken into account. The reaction was a mixture of anti-French feeling, a sense of the preferential treatment of the French in Ottawa, and a genuine concern about the policy of bilingualism. All these were compounded by the overall sense of Western alienation [20].

En Ontario, la loi 8 augmente le nombre de services bilingues offerts par les municipalités. Cette législation est mal reçue par la majorité anglophone ontarienne, qui tient fermement à ce que la province reste unilingue anglaise et qui ne reconnaît aux Franco-Ontariens qu'un seul droit : celui de s'assimiler. Pourquoi offrir des services en français entraînant des dépenses supplémentaires, puisque les Franco-Ontariens parlent tous anglais ?

> Another influential event was the coming into effect of Bill 8 in Ontario, which increased local services for francophones. This legislation had worried people in several municipalities partly because it was to the advantage of a particular ethnic minority, partly because that minority was French, and partly because it was seen as imposing additional financial burdens on municipalities. It contributed to the wave of declarations of unilingualism in several Ontario municipalities [21].

Les orangistes se mobilisent contre la loi 8 qui, à leurs yeux, fait partie d'un vaste complot contre la majorité anglophone de l'Ontario :

---

20. Raymond BRETON, *Why Meech Failed. Lessons for Canadian Constitutionmaking*, Toronto, C. D. Howe Institute, 1992, p. 8.
21. *Ibid.*, p. 9.

Les orangistes en ont une peur bleue. Ils accusent les Franco-Ontariens de leur « enfoncer le français dans la gorge » et de menacer leurs emplois par l'introduction du bilinguisme dans la fonction publique. Bref, de leur pomper l'air avec leur stratégie des petits pas.

[...] Leur prochaine étape : faire de l'Ontario une province bilingue. De quoi faire dresser les cheveux sur la tête aux éléments les plus conservateurs de la société ontarienne [22].

Le 19 décembre 1988, la Cour suprême du Canada invalide certaines dispositions de la Charte de la langue française – communément appelée « loi 101 » – concernant l'affichage unilingue français au Québec. « Le français peut être prépondérant dans l'affichage commercial, mais on ne peut interdire l'usage d'une autre langue. » Le gouvernement Bourassa doit invoquer la fameuse clause dérogatoire dite « clause nonobstant » pour se soustraire à la Charte fédérale des droits et des libertés. La loi 178 imaginée par Robert Bourassa et Claude Ryan contourne le problème en autorisant l'affichage bilingue à l'intérieur des commerces, à la condition que le français soit nettement prédominant, tout en exigeant un affichage unilingue français à l'extérieur.

Les Anglo-Québécois crient au meurtre culturel, et le Canada anglais vole à leur secours. Pour David Peterson, le premier ministre de l'Ontario, la « clause nonobstant » est un « pieu enfoncé dans le cœur de l'Accord du lac Meech ». Quant au premier ministre du Manitoba, Garry Filmon, il affirme qu'il ne ratifiera pas l'Accord tant que le Québec ne se sera pas engagé à ne pas utiliser cette entente pour attaquer la minorité anglophone, alors que les Anglo-Québécois sont la minorité la mieux protégée et la mieux traitée au Canada, et jouissent d'un système d'enseignement et d'un réseau de santé hypertrophié par rapport à leur nombre.

Les Anglo-Québécois comprennent immédiatement qu'ils ont les moyens de gagner à leur cause tout le Canada anglais,

---

22. Mario FONTAINE, « Les orangistes ont une peur bleue du bilinguisme », *La Presse*, 18 novembre 1989, p. B7.

et même le reste de l'Amérique anglophone, en jouant les martyrs. C'est ce à quoi vont s'employer le journal *The Gazette* et la station locale du réseau CTV, les principales sources d'information du Canada et des États-Unis sur le Québec. Les chefs des petits groupes d'extrémistes antifrançais utilisent toutes les tribunes que leur offrent complaisamment les médias anglo-canadiens et américains pour s'ériger en victimes d'un gouvernement despotique qui brime les libertés individuelles. Les leaders d'opinion du Canada anglais, qui reprochent avec véhémence au Québec d'adopter des lois linguistiques, vont jusqu'à évoquer les tendances totalitaires de la culture française pour expliquer l'intervention de l'État. Comme le rappelle Josée Legault, ces donneurs de leçons sont loin d'être irréprochables.

> Les provinces anglaises furent les premières à restreindre les droits linguistiques et culturels de leurs minorités. Sur ce plan, le Québec est arrivé bon dernier. C'est donc que, contrairement aux idées reçues, il n'existe au Canada aucune prédisposition ethno-culturelle qui rendrait toute notion de droits collectifs ou d'intervention de l'État dans le domaine de la langue insupportable aux anglophones. Bien au contraire, ils furent les pionniers de l'intervention étatique dans le but d'imposer les droits de la majorité à une minorité linguistique, et ce, avec des visées clairement assimilatrices [23].

La grogne contre le Québec montait déjà au Canada anglais pour d'autres raisons. L'hostilité de l'opinion publique anglo-canadienne était alimentée par les médias qui dénonçaient le favoritisme dont le Québec aurait bénéficié dans l'attribution, en 1986, du contrat d'entretien des CF-18 à Bombardier Canadair, alors que l'entreprise de Montréal avait proposé une soumission moins avantageuse que celle de Macdonald Douglas du Manitoba. Les médias de Toronto clamaient aussi que, dans le contentieux des chutes Churchill, le Québec exploitait les Terre-Neuviens. La position des

---

23. Josée LEGAULT, *L'Invention d'une minorité. Les Anglo-Québécois*, Montréal, Boréal, 1992, p. 68.

nationalistes québécois dans le débat sur le libre-échange jetait également de l'huile sur le feu. Voyant dans le libre-échange une menace contre l'identité et l'indépendance du Canada, les Canadiens anglais étaient outrés que les nationalistes québécois y soient favorables. Comme toujours, estimait Robert Bourassa, le Québec était perçu comme l'empêcheur de danser en rond de la Confédération canadienne.

> Il n'y avait pas de lien. C'est vrai que mon intervention en faveur du libre-échange n'a pas aidé Meech dans certains milieux anglophones, un peu comme la loi 178… Donc ce n'était pas du tout lié dans mon esprit. Ça pouvait l'être dans certains milieux anglophones qui disaient : « Toujours le Québec, la loi 178, le libre-échange. » Mais on retrouvait cette attitude dans des provinces solidement derrière l'Accord du lac Meech, dont l'Ontario [24].

Le « *backlash* » contre la loi 178 du Québec se fait sentir partout au Canada. Le 25 janvier 1989, en Colombie-Britannique, l'Alliance for the Preservation of English in Canada (APEC) remet une pétition au ministre Bill Reid, représentant le premier ministre Van der Zalm et signée par cinq des sept membres du conseil municipal d'Esquimalt.

L'un d'eux avait déclaré : « Il ne devrait pas y avoir de bilinguisme. Je suis désolé, mais les Français ont perdu aux plaines d'Abraham. On se plie à une minorité. »

> Le langage de la pétition est on ne peut plus ferme : « Considérant que la Colombie-Britannique, avant la Confédération, avait l'anglais pour langue officielle ; considérant que les termes de l'union avec le Canada ne contiennent aucune référence à l'obligation d'un usage officiel de la langue française […], nous affirmons notre désir de faire de l'anglais la langue officielle unique de la Colombie-Britannique […]. »
>
> L'APEC est une apparition récente sur les rives du Pacifique. Basée jusqu'à présent dans le sud de l'Ontario, cette organisation s'était fait remarquer, l'automne dernier, par une vague de référendums sur l'octroi de services municipaux bilingues. La collecte de 10 000

---

24. Robert BOURASSA, *op. cit.*, p. 205.

signatures dans la seule région de Victoria constitue donc un phénomène digne d'intérêt[25].

Le journaliste Daniel Raunet rapporte que les médias de la Colombie-Britannique s'en donnent à cœur joie contre le Québec et le français en général.

Mercredi, le quotidien *The Province* jette un peu plus d'huile sur le feu : « Les procès en français, un gaspillage en Colombie-Britannique », proclame la manchette. Le journal omet de préciser que la Colombie-Britannique et l'Alberta sont les deux seules provinces à ne pas accorder des procès de droit pénal en français. Il oublie également de mentionner que c'est une loi fédérale, le dernier amendement à la loi des langues officielles, qui oblige ces provinces à se mettre au diapason du reste du pays.

[…] « Les bigots de la langue (lire les Québécois), conclut le *Vancouver Sun*, l'autre quotidien de Vancouver, méritent une rebuffade. » En attendant, l'encre coule[26].

Après l'élection de McKenna au Nouveau-Brunswick en 1987 et le succès de Carstairs au Manitoba en 1988, la victoire électorale du libéral Clyde Wells à Terre-Neuve en avril 1989 montre la force du courant trudeauiste et la montée en puissance des politiciens antiquébécois au Canada anglais.

Avocat spécialisé en droit constitutionnel, le chef libéral se considère, lui aussi, comme un disciple de Trudeau. Il a clairement manifesté, pendant la campagne électorale, son intention de ne pas respecter la signature de son prédécesseur, le conservateur Brian Peckford, si d'importants amendements n'étaient pas apportés à l'Accord[27].

L'incident de Brockville, en septembre 1989, est l'illustration la plus spectaculaire de cette vague antiquébécoise et antifrançaise en Ontario : devant les caméras de la télévision, des manifestants anglophones, apparemment des citoyens tout à

25. Daniel RAUNET, « Esquimalt : capitale d'un jour de l'unilinguisme antifrançais », *La Presse*, 11 février 1989, p. B4.
26. *Ibid.*
27. Bruno BOUCHARD, *op. cit.*, p. 116-117.

fait ordinaires appartenant à la classe moyenne, s'essuient les pieds et crachent sur le drapeau du Québec. Face à de telles démonstrations de haine, l'éminent fédéraliste libéral Claude Ryan déclare en Chambre : « Si de telles manifestations d'hostilité envers le fait français devaient continuer à se multiplier [...] il faudrait à n'en point douter que nous nous interrogions de manière décisive sur notre place dans ce pays[28]. »

Une vague d'appuis à l'unilinguisme déferle sur l'Ontario.

> [...] *many English-speaking Canadians say that their patience with the constitutional wrangling has run out : they no longer care whether Quebec stays or goes. Linguistic hostility – of the sort that has led more than 40 communities in Ontario to declare themselves unilingually English – undoubtely contributes to the growing mood of apathy*[29].

« We hate you because you're different. » Cette phrase, maintes fois répétée depuis deux cent cinquante ans à l'endroit des Canadiens français, est de nouveau d'actualité. À la fin des années 1980, le Canada anglais en a assez du français, assez de vingt ans de bilinguisme de façade dans les institutions fédérales. Le renforcement de la Loi fédérale sur les langues officielles, l'adoption de la loi 8 en Ontario et de la loi 178 au Québec ont mis le Canada anglais sur le pied de guerre. En l'espace de six mois, le soutien à l'Accord du lac Meech passe de 52 % (en juin 1988) à 31 % (en janvier 1989), et ce, en raison d'événements sans liens apparents avec son contenu.

L'Alliance for the Preservation of English in Canada (APEC) est l'unité de choc de la lutte du Canada anglais contre le bilinguisme et contre tout ce qui est français. Cet organisme haineux est prêt à tout pour provoquer le Québec et faire échouer l'Accord du lac Meech.

> L'Alliance pour la préservation de l'anglais au Canada (APEC), qui joue un rôle primordial dans le mouvement de rejet des francophones qui balaie l'Ontario, n'est pas un modèle d'intelligence et

---

28. Cité sur **http://membres.lycos.fr/cousture/meech.htm**.
29. Ross LAVER, « Canada in Crisis », *Maclean's*, 12 mars 1990, p. 20.

sombre souvent dans le ridicule. C'est pourtant elle qui a amené une partie de la province voisine à montrer son vrai visage.

[…] En fait, l'APEC, ce n'est pas seulement la poignée d'hurluberlus qui piétinaient le drapeau du Québec lors d'une manifestation, l'an passé.

Ce sont aussi ces éditorialistes et chroniqueurs du *Toronto Star*, du *Globe and Mail* ou du *Toronto Sun* qui cultivent l'image d'un Québec parasite de la Confédération et vivant au crochet des laborieux contribuables ontariens.

Ce sont aussi des chroniqueurs comme Frank Howard, qui traçait […] un parallèle entre les anglophones du Québec et les Juifs de l'Allemagne nazie : incendies du Reichtag et d'Alliance Québec ; collusion entre la police et la presse ; appels à une « solution finale » ; les cris « Juden raus », alors, et « Dehors, les Anglais ! » lors de la marche des 50 000 « xénophobes » de mars 1989 à Montréal ; abrogation des droits ; « Nuit de cristal », etc.

La population voit les reportages biaisés de stations de télévision locales sur les demandes des francophones en matière d'éducation et autres services, ainsi que sur les protestations des anglophones. Elle lit, écoute et on se retrouve avec une pétition de 25 000 noms dans une ville comme Sault-Sainte-Marie qui compte 80 000 habitants et des conseillers municipaux qui ne sont pas membres de l'APEC, mais adoptent des résolutions qui portent le sceau de l'Alliance [30].

Le bluff de Robert Bourassa

Au cours de l'été de 1989, à un an de la date limite fixée pour la ratification de l'Accord, Bourassa pense qu'il peut faire peur au Canada anglais en brandissant le spectre du séparatisme.

En juin 1989, à une assemblée générale de son parti à l'Université de Montréal, il déclare que si le Canada anglais rejette l'Accord du lac Meech, « ce sera le plus dur coup asséné à l'unité nationale depuis la conscription de 1942 ». Il menace même de boycotter les

---

30. Gilles GAUTHIER, « Brusque poussée de fièvre dans un pays malade de ses langues », *La Presse*, 13 février 1990, p. B8.

prochaines conférences constitutionnelles.

Au mois d'août, Bourassa évoque pour la première fois, sur les ondes d'une station de radio de Montréal, la possibilité d'un refus de l'Accord du lac Meech. Le chef libéral laisse toutefois entendre qu'il a déjà défini une stratégie afin de faire face à cette éventualité. Il refuse cependant de donner plus de précisions, disant attendre la suite des événements.

En septembre 1989, le PLQ est reporté au pouvoir, et le premier ministre Bourassa intensifie la pression pour faire entériner l'Accord, soulignant que « le fédéralisme n'est pas une option éternelle[31] ».

Le chantage au séparatisme de Robert Bourassa choque Marcel Adam, l'éditorialiste de *La Presse*, qui semble prendre au sérieux les pitreries du premier ministre du Québec.

Robert Bourassa n'a pas encore dit au Canada anglais : vous acceptez l'Accord du lac Meech ou j'engage le Québec dans la voie de l'indépendance. Mais les signaux qu'il envoie tendent à le mettre devant ce dilemme. Un dilemme dans lequel il se piégera luimême. Car s'il poursuit dans la voie de ce chantage, très tôt il ne pourra plus reculer. Et s'il n'atteint pas son but, il ne pourra s'en sortir que par la fuite en avant, l'aventure indépendantiste, sous peine de sombrer dans la honte et le discrédit en renonçant à exécuter sa menace[32].

Analyse prémonitoire. C'est exactement ce que fera notre Pinocchio national, qui a passé sa vie politique à louvoyer entre la honte et le discrédit.

Les martyrs anglo-québécois, Meech et la loi 178

Comme le Reste du Canada, les Anglais du Québec sont majoritairement contre l'Accord du lac Meech. Ils se sentent trahis par Robert Bourassa. Le programme libéral de 1985 ne

---

31. Bruno BOUCHARD, *op. cit.*, p. 118.
32. A. I., T. I., *La Presse*, 30 septembre 1989, p. B3, cité dans Bruno BOUCHARD, *op. cit.*

préconisait-il pas l'affichage bilingue ? Trois ministres anglophones de son cabinet – Clifford Lincoln, Richard French et Herbert Marx – démissionnent et votent contre le projet de loi 178. Cette loi traumatise tellement les Anglais qu'ils vont déserter en masse le Parti libéral pour fonder divers petits partis linguistiques dont le plus important, le Parti Égalité, s'oppose à Meech.

> [...] les porte-parole de la communauté anglophone s'opposèrent en fait au statut de société distincte pour le Québec, dans la mesure où ils étaient unanimes à exiger la préséance de la Charte canadienne. Alliance Québec préconisait l'abolition de la clause nonobstant (une revendication, par exemple, qui fait l'unanimité au sein des organismes anglo-québécois), l'élimination du pouvoir du Québec de participer à la nomination de trois juges à la Cour suprême, ainsi que l'enchâssement de la responsabilité des gouvernements fédéral et provinciaux de protéger et de promouvoir la dualité linguistique, c'est-à-dire le bilinguisme. Désirant manifester son opposition, Alliance Québec s'est même rendue au Nouveau-Brunswick pour demander au premier ministre Frank McKenna de continuer à bloquer l'Accord [33].

En toute logique, les Anglo-Québécois auraient pourtant dû être favorables à l'Accord du lac Meech. La politologue Josée Legault avance une explication.

> L'opposition de la communauté anglo-québécoise à un accord qui la reconnaissait explicitement et qui protégeait ses droits et privilèges par la règle de la dualité peut sembler difficile à comprendre. On peut avancer qu'ayant à choisir entre un document dont la portée demeurait malgré tout incertaine et l'acquis que représentaient des jugements rendus à l'endroit de la loi 101 sur la base des Chartes canadienne et québécoise – qui avaient contribué à rétablir le bilinguisme dans plusieurs secteurs –, les porte-parole de la minorité anglophone ont préféré miser sur l'efficacité éprouvée des deux chartes, une fois la clause dérogatoire éliminée évidemment [34].

---

33. Josée LEGAULT, *op. cit.*, p. 136.
34. *Ibid.*, p. 137.

On peut aussi penser que les Anglo-Québécois se sont pris à leur propre jeu. Il leur était en effet difficile de soutenir le gouvernement du Québec et la majorité francophone alors qu'ils dénonçaient dans tous les médias d'Amérique du Nord l'oppression épouvantable qu'ils subissaient au Québec.

Grâce au soutien d'Alliance Québec et à la couverture complaisante de plusieurs médias anglophones, le Parti Égalité recueille 25 % des voix anglophones aux élections de septembre 1989 et fait élire quatre députés à l'Assemblée nationale, dont deux sont incapables de s'exprimer en français. Philip Chrysafidis, son candidat dans Marguerite-Bourgeois, reçoit l'appui du député libéral ontarien Jim Karygiannis, qui n'hésite pas à tenir les propos suivants à l'endroit des Québécois : « *I had a bad taste in my mouth about Quebec, I said, take those bastards and throw them into the ocean*[35]. »

Le programme politique du Parti Égalité tient dans moins d'une page. Il demande le bilinguisme officiel, le libre choix de la langue d'enseignement, l'affichage et les services gouvernementaux bilingues, et défend également « les droits individuels ».

Comme l'a bien démontré Josée Legault, les revendications des Anglo-Québécois fondées sur leurs droits individuels dissimulent en réalité des revendications axées sur la défense de leurs intérêts collectifs. Les Anglo-Québécois se considèrent comme des membres de la majorité canadienne et nord-américaine. Ils regrettent encore leurs privilèges de conquérants et refusent obstinément le statut de minorité. Ils veulent que leur langue soit sur un pied d'égalité avec le français au Québec, alors qu'ils y sont fortement minoritaires.

Comme preuve de bonne volonté, les Anglo-Québécois invoquent souvent le fait qu'ils apprennent le français. En réalité, cet apprentissage n'a rien eu de volontaire.

> […] jusqu'à l'adoption de la loi 101, le taux de bilinguisme chez les Anglo-Québécois était demeuré constant, autour des 30 %. Ce

---

35. A.I., T.I., *The Montreal Gazette*, 16 septembre 1989, cité dans Josée LEGAULT, *op. cit.*, p. 243.

n'est qu'au début des années 1980 que ce taux dépassa enfin la barre des 50 %. Il a plafonné depuis autour de 53 %, ce qui en fait de très loin le taux le moins élevé de bilinguisme parmi les minorités de langues officielles au Canada. [...] En d'autres mots, dans une province où 83 % de la population est francophone, il reste encore plus de 45 % d'anglophones qui ne peuvent toujours pas communiquer en français[36].

Ces chiffres montrent à l'évidence que si les Anglo-Québécois préconisent le bilinguisme institutionnel, c'est pour protéger leur statut de minorité dominante et continuer, en élite colonialiste, à se faire servir dans leur langue par des Canadiens français bilingues, comme dans le bon vieux temps !

> Le [bilinguisme institutionnel] n'oblige personne à devenir bilingue, puisqu'il garantit aux citoyens qu'ils pourront recevoir des services gouvernementaux, subir un procès, etc., dans l'une ou l'autre des deux langues. Dans les faits, au Québec, le bilinguisme institutionnel – qui existe encore aujourd'hui – a toujours découragé le bilinguisme personnel chez les anglophones, tandis qu'il imposait à une partie importante des francophones l'obligation de devenir bilingues afin de s'assurer que les anglophones reçoivent des services privés ou publics dans leur langue[37].

Certaines déclarations de chefs de la communauté anglo-québécoise sont tellement exagérées qu'on peut légitimement douter de la bonne foi de leurs auteurs. Dans *The Gazette* du 3 octobre 1989, l'avocat Julius Grey va jusqu'à affirmer : « En ce qui concerne les droits individuels [...] les minorités au Québec sont, en général, plus maltraitées au Québec que n'importe où ailleurs au Canada. »

> Lorsqu'ils comparent le sort de leur communauté à celui des francophones minoritaires du reste du Canada, les porte-parole anglophones ne font jamais mention du fait que, s'il y a eu en effet détérioration objective de leur propre situation, c'est qu'elle fut longtemps dans une position dominante héritée de la Conquête, tandis que les minorités francophones hors Québec avaient été historiquement réprimées et assimilées. Si l'on comprend bien le

---

36. Josée Legault, *op. cit.*, p. 12.
37. *Ibid.*, p. 116-117.

discours anglophone, son désir est de voir les textes de loi du Québec rejoindre la réalité, tandis que les francophones hors Québec, eux, se contenteraient bien du contraire[38]...

Le violent sentiment de rejet qui accompagne la montée du ressentiment et de la haine à l'égard du Québec au Canada anglais préoccupe Marcel Adam, le chroniqueur de *La Presse*.

> Aujourd'hui l'accord Meech semble cliniquement mort. Et on assiste à un phénomène inédit : on entend de plus en plus de Canadiens anglais dire qu'ils en ont assez du Québec et souhaiter même son délestage de la fédération canadienne. [...] Les réserves et les oppositions d'une petite minorité d'initiés sont devenues rapidement celles d'une portion beaucoup plus importante de la population anglo-canadienne. [...] Si la situation s'est dégradée au point d'inquiéter beaucoup d'observateurs, on le doit pour une large part à l'absence de leadership de la part du gouvernement fédéral[39].

1990 : l'année des longs couteaux

Au début de l'année 1990, l'Accord du lac Meech est moribond. Trois provinces y sont ouvertement opposées : le Manitoba, Terre-Neuve et le Nouveau-Brunswick, alors que Mulroney et Bourassa proclament que le contenu de l'Accord est non négociable (ce qui ne les empêchera pourtant pas de le renégocier avant sa fin ignominieuse en juin).

La presse populaire anglophone, quant à elle, s'en donne à cœur joie contre la dernière minorité canadienne que l'on peut encore humilier en toute impunité : les Québécois francophones. Jean-Serge Turcot, un journaliste du *Soleil*, a rapporté ces propos du *Toronto Sun*, qui reste égal à lui-même :

> « Le Québec a un record de législations racistes depuis les années 1970. Ça a commencé avec la loi 22 de Bourassa, qui a restreint de

---

38. *Ibid.*, p. 99.
39. Marcel ADAM, « De la grogne du Canada anglais et du piètre leadership de Brian Mulroney », *La Presse*, 4 novembre 1989, p. B2.

façon draconienne l'utilisation de l'anglais au Québec. Puis cela fut suivi par la loi 101, des séparatistes du Parti québécois, qui a mis l'anglais hors la loi, pour la première fois depuis 1759 alors que la Grande-Bretagne a battu la France sur les plaines d'Abraham. »

Le *Sun* continue sur sa lancée en traitant la clause nonobstant de chose « ridicule, une insanité qui conduit à l'anarchie ». Selon le journal, de plus en plus de Canadiens disent : « Nous sommes malades du Québec. Ou ils deviennent réellement une partie du Canada, ou alors qu'ils aillent au diable et nous laissent la paix [40]. »

Un autre chroniqueur du *Toronto Sun* dénigre la culture québécoise :

[…]« entendre parler de culture québécoise donnerait envie à Herman Goering de sortir son revolver. » Et il ajoute : « Une culture au Québec ? *Please !* Je sens que je vais avoir une attaque au Magnum 44. […] Une culture-copie au carbone, distincte seulement à cause de trois choses : catholicité, éducation classique et adhésion à de vieux concepts dépassés (*old land-settlement patterns*). »

Peter Stockland réduit la culture québécoise à Mitsou, « une pauvre imitation de Madonna », une société où on ne trouve dans les librairies que des traductions d'auteurs américains et où la restauration est de même farine : McDonald's et Cie [41].

Le 29 janvier, la ville de Sault-Sainte-Marie, en Ontario, se proclame unilingue anglaise. Elle lance un mouvement. Vingt-six autres villes l'imitent.

Les organismes qui combattent les droits historiques des francophones au Canada ne sont pas que des groupuscules de droite ou des marginaux isolés, sans contact avec la réalité.

Selon le magazine *NOW*, qui a mené une enquête sur les causes profondes de la francophobie en Ontario en mars dernier, ce sont

---

40. Bob MacDonald, « Sick and Tired of Quebec », *Toronto Sun*, 8 novembre 1989, cité dans Jean-Serge Turcot, « La presse torontoise déverse sa morosité sur le Québec », *Le Soleil*, 31 janvier 1990.
41. Peter Stockland, T.I., *Toronto Sun*, 30 novembre 1989, cité dans Jean-Serge Turcot, *idem.*

des gens très bien organisés, qui disposent de capitaux considérables et de correspondants disséminés un peu partout en Amérique du Nord. Leurs ordinateurs compilent toutes les données et les noms de personnalités favorables à leur ultime cause : l'annexion du Canada aux États-Unis.

En fouillant un peu, on apprend que Richard Pearman, le leader de l'APEC de Sault-Sainte-Marie, est membre de la Northern Foundation, une organisation qui vise à niveler toutes les différences entre le Canada et les États-Unis : le fait français, dans un premier temps, puis les programmes sociaux, puis…

Sault-Sainte-Marie a d'ailleurs une longue tradition d'intolérance : c'est dans cette ville que fut fondée la plus ancienne branche canadienne du Ku Klux Klan. Avant, il y a un siècle, le Grand Orange Lodge, qui a encore pignon sur rue dans le centre-ville torontois, réclamait l'abolition des écoles catholiques en Ontario. Son slogan était : « *One school, one flag, one language* [42] ! »

En février 1990, le chef du Confederation of Regions Party de l'Ouest, Elmer Knutzen, se réjouit de la vague d'unilinguisme anglophone qui balaie le Canada.

Il est temps que les anglophones se réveillent, dit-il. « Et si les Québécois – les bébés gâtés du Canada – n'aiment pas ça, qu'ils s'en aillent. » Et d'ajouter : « On se contrefiche (*we don't give a damm*) de ce que vous avez à dire au Québec. » Et de prévenir : « Si vous vous séparez, on ne vous laissera pas partir avec tout le Québec. Vos frontières seront celles d'avant 1867. »

[…] Lorsque le journaliste de *La Presse* lui demande s'il ne croit pas que le français puisse être un atout pour le Canada, Knutzen répond que les Québécois ne parlent pas français : « J'ai parlé à plusieurs Parisiens qui me l'ont dit. Ils ne vous comprennent pas. Vous parlez une langue qui n'est ni du français ni de l'anglais [43] ».

On trouve le même genre de propos outranciers et méprisants envers les francophones dans des publications anglophones du Québec. En février 1990, dans l'hebdomadaire

---

42. Jean-Serge Turcot, « Les anti-francophones : des groupes très bien organisés et puissants », *La Presse*, 30 avril 1990, p. B1.

43. Paul Roy, « L'épidémie d'unilinguisme anglais réjouit le président du COR [Confederation of Regions Party] », *La Presse*, 8 février 1990, p. A2.

The Suburban, le chroniqueur Lionel Albert – également coauteur d'un livre prônant la partition du territoire du Québec en cas de sécession – établit un parallèle entre le régime nazi et les lois 101 et 178.

Les déclarations brumeuses de Bourassa sur les superstructures et les institutions supranationales, relevaient du bluff et de l'imposture. Plusieurs de ses ministres vont participer en février et en mars 1990 à la même duperie.

> Marc-Yvan Côté déclare que le fédéralisme, dans sa structure actuelle, a besoin d'un « bon brassage » ; Jean-Guy Lemieux affirme que « s'il faut que ce soit la souveraineté, ça sera ça » ; Yves Séguin lance : « Je suis prêt à n'importe quel scénario, à n'importe quelle structure » ; Michel Pagé pense que si le Canada rejette l'Accord, « la solution ne passera pas par le Canada. Elle va passer par le Québec » ; Albert Côté se dit même disposé à envisager une forme quelconque de souveraineté ; Paul Phillibert et Yvon Picotte suggèrent, de leur côté, une nouvelle union Québec-Canada, calquée sur le modèle de l'Acte d'union de 1840 entre le Haut-Canada et le Bas-Canada. Ce serait, disent-ils, une association économique où chaque province garderait sa spécificité : « Ce qui se passe au Québec n'est pas un bluff nationaliste, le discours nationaliste est sérieux et le rejet de Meech entraînera de sérieuses remises en question. » Même Claude Ryan se vide le cœur : « Il faudra peut-être revoir la place du Québec dans ce pays. Nous n'avons pas le mandat de pratiquer un fédéralisme à genoux [44]. »

Les articles suscitant l'antipathie et les préjugés contre les Québécois prolifèrent dans les journaux du Canada anglais. Le journaliste Paul Roy du *Soleil* cite cet exemple parmi d'autres :

> Pour Yolanda East (ancienne fonctionnaire fédérale, née à Dolbeau, écrivaine), la « mentalité traditionnelle de la plupart des Canadiens français » se résume à ceci : « Superficiels, ils ne s'intéressent qu'à ce qui paraît ; pour eux, la réflexion, le courage, la générosité, la loyauté et autres qualités ne comptent pas, en règle générale. [...] La majorité des Canadiens français ruraux traditionnels ont la mentalité de peuples du tiers monde. Ils sont obnubilés par leur obsession sexuelle alors qu'ils semblent n'avoir

---

44. Bruno Bouchard, *op. cit.*, p. 120-121.

aucune soif de connaissance. […] La plupart d'entre eux sont complètement incapables de réflexion. Ils ne font que répéter slogans ou idées à la mode. […] Leur ignorance est révoltante ! […] Québec est un État policier. Il n'y existe ni liberté de presse ni liberté de parole. Les journaux anglais, les stations de radio et de télévision anglaises y appartiennent à des Franco-Canadiens. L'Office de la langue française, cette organisation ridicule, pompeuse et fanatique, y contrôle l'usage du français. Il faut converser, lire, écrire et même penser en français[45]. »

À mesure que la date limite fixée pour la ratification approche, les adversaires de Meech multiplient les manœuvres avec une hypocrisie consommée. Frank McKenna ouvre le bal le 16 mars. Il écrit à Brian Mulroney pour lui proposer qu'une résolution complémentaire accompagne l'Accord.

Nous sommes d'avis que la modification constitutionnelle de 1987 telle qu'elle est proposée n'est acceptable au Nouveau-Brunswick qu'avec l'adjonction de dispositions reflétant les diverses préoccupations soulevées non seulement au Nouveau-Brunswick mais partout ailleurs au Canada.

[…] La province du Nouveau-Brunswick n'a nullement l'intention de contrecarrer les aspirations du Québec. […] Nous avons adhéré aux principes fondamentaux mis de l'avant par le Québec et nous appuyons fortement tous les efforts visant à faire en sorte que le Québec signe de bon gré la Constitution canadienne. Nous croyons néanmoins qu'il est possible d'atteindre cet objectif tout en tenant compte des inquiétudes légitimes exprimées par le Nouveau-Brunswick et d'autres provinces.

[…] À cette fin nous avons rédigé une « résolution complémentaire » que nous déposerons devant l'Assemblée législative, le mercredi 21 mars prochain, en même temps que l'Accord du lac Meech[46].

Le 22 mars, le gouvernement fédéral annonce la création d'un comité présidé par Jean Charest, chargé d'étudier la résolution du Nouveau-Brunswick, de tenir des audiences et de

---

45. Paul Roy, « Profession : "mange canayen" – de Dolbeau à Toronto pour dénoncer le "complot francophone" », *La Presse*, 9 mars 1990, p. B1.
46. Arthur Tremblay, *op. cit.*, p. 560-561.

rendre un rapport, le 18 mai suivant, contenant les suggestions appropriées. Contrairement aux engagements qui ont été pris, on s'apprête donc à rouvrir les négociations à partir du rapport Charest. Pour Lucien Bouchard, les députés et ministres québécois à Ottawa se trouvent dans une situation impossible.

> La négociation avait déjà eu lieu, les compromis avaient déjà été faits, le point d'équilibre était déjà fixé. Là où est passé Robert Bourassa, il ne reste plus rien à concéder. Tout était gratté à l'os. De sorte qu'à partir du moment où le Canada anglais réussissait à relancer la négociation, nous étions condamnés à l'intransigeance ou à l'abandon [47].

Charest promène son cirque d'un océan à l'autre pour entendre les Canadiens au sujet de Meech et du Québec. Les sottises que viennent lancer de bons Canadiens anglais le renversent.

> [...] une autre citoyenne de Colombie-Britannique, Joan Saxon, [affirme] que l'Accord du lac Meech ne comporte « rien d'autre que des mécanismes rendant possible l'oppression des droits linguistiques des autres Canadiens ».

> [...] à Winnipeg, l'avocate Mona Brown soutient que l'article sur la société distincte pourrait servir à limiter « la liberté de reproduction » au Québec. « La société distincte, affirme la vice-présidente de l'Association de la femme et du droit du Manitoba, est faite essentiellement pour une communauté à majorité catholique, ce qui pourrait justifier toute forme de discrimination dans des procès devant la Cour suprême. [...] La clause de la société distincte peut servir à appuyer la nécessité de maintenir la croissance démographique au Québec. »

> J'écoutais ça, confie Charest aujourd'hui, et je me disais : « Ce qu'elle vient de dire là, c'est complètement absurde ! » Et je regarde autour de moi – il devait y avoir quelques centaines de personnes dans la salle –, ce que je vois, ce sont des gens qui sont parfaitement sains d'esprit, des avocats, des ingénieurs, des fonctionnaires, qui hochent la tête. Ils sont d'accord avec elle ! Le contexte était tellement tendu, le débat avait tellement dérapé qu'on en était

---

47. Lucien BOUCHARD, *À visage découvert*, Montréal, Boréal, 2001, p. 304.

rendu à dire des absurdités et à les accepter. Je me suis mis à penser à l'histoire, à d'autres événements, à la Deuxième Guerre mondiale, à toutes sortes de contextes où les gens ont pu, justement, se laisser embarquer[48]...

Les membres québécois du comité Charest sont atterrés par l'ignorance de ces témoins canadiens-anglais qui viennent parader devant eux pour étaler leurs préjugés sur le Québec.

En somme, comme l'ont fait avant eux André Laurendeau, Solange Chaput-Rolland et tant d'autres Canadiens francophones, les membres du comité Charest se heurtent au mur des préjugés. «C'était un exercice très douloureux, se souvient Gabriel Desjardins. Quand on est député du Témiscamingue et qu'on s'en va à Vancouver écouter ça... Plourde et moi, parfois, on se regardait... Nous nous sommes même retirés de la table à deux ou trois reprises parce que nous trouvions que c'était dur d'entendre la méconnaissance du Québec manifestée par les gens de l'Ouest[49].»

Après avoir entendu 190 témoignages et reçu plus de 800 mémoires, Jean Charest remet ce rapport qui est censé sortir l'Accord du lac Meech de l'impasse. Le rapport examine la proposition McKenna et les craintes du Manitoba et de Terre-Neuve. Charest accepte les recommandations du Nouveau-Brunswick, qui veut notamment que le Parlement fédéral s'occupe de promouvoir la dualité linguistique, ce qui constitue un ajout pour le moins important à l'Accord en matière linguistique. Ottawa devrait ainsi se charger de promouvoir la langue anglaise au Québec! Le rapport Charest déplore l'absence du Territoire du Yukon et des Territoires du Nord-Ouest dans les pourparlers constitutionnels et affirme la primauté du gouvernement fédéral dans la création de nouvelles provinces, ce qui va à l'encontre de la position du Québec. Il propose une plus grande participation des Autochtones dans les conférences constitutionnelles.

Enfin, le rapport Charest veut que la résolution d'accom-

---

48. André PRATTE, *L'Énigme Charest*, Montréal, Boréal, 1998, p. 137-138.
49. *Ibid.*, p. 137.

pagnement déclare que l'Accord du lac Meech n'entrave pas le pouvoir de dépenser du fédéral. Au sujet de la « société distincte », il recommande

> [...] que les premiers ministres déclarent dans une résolution d'accompagnement que l'application de la clause de la société distincte ne diminue en rien l'efficacité de la Charte. En tant que clause interprétative, elle s'applique conjointement avec la Charte et ne compromet pas les droits et les libertés qui y sont garantis. Cette résolution d'accompagnement devrait aussi stipuler que les clauses qui reconnaissent des rôles au Parlement et aux législatures provinciales n'ont pas pour effet de leur conférer des pouvoirs législatifs [50].

En fait, ce texte émascule complètement la clause de la société distincte. Lucien Bouchard, l'auteur du discours de Mulroney à Sept-Îles, fulmine.

> Je n'en crus pas mes yeux. Les députés ministériels s'étaient entendus avec leurs collègues libéraux et néo-démocrates sur au moins deux modifications essentielles à Meech : l'attribution au fédéral d'un rôle de promotion de la dualité linguistique et la subordination à la Charte des droits, de la reconnaissance du caractère distinct de la société québécoise... Le voile tombait [51].

Le 5 avril, l'Assemblée nationale du Québec réaffirme par 105 voix contre 3 (celles du Parti Égalité) qu'elle n'approuvera aucun changement à l'Accord. Le lendemain, Clyde Wells fait adopter une résolution qui annule la ratification de Meech que l'Assemblée législative terre-neuvienne avait votée en 1988 sous son prédécesseur, Brian Peckford.

La campagne pour la direction du PLC bat son plein. Le 22 avril, le député torontois John Nunziata, qui est candidat au leadership libéral, affirme que les séparatistes québécois sont des traîtres et des racistes. Sans contredire son adversaire, Jean Chrétien précise cependant, avec le sens de l'à-propos qu'on lui

---

50. *Rapport du Comité spécial pour examiner le projet de résolution d'accompagnement à l'Accord du lac Meech*, mai 1990, p. 9.
51. Lucien BOUCHARD, *op. cit.*, p. 312.

connaît : « Les séparatistes ne sont pas tous des racistes, pas tous des criminels ! »

On renégocie l'accord non négociable

Afin de sauver Meech, sur la base des recommandations du rapport Charest, le premier ministre Mulroney convoque ses homologues provinciaux à Ottawa. Robert Bourassa s'y rend malgré sa drôle de position : comment peut-il aller négocier ce que lui et Brian Mulroney ont toujours prétendu non négociable ?

Le 3 juin, ce qui devait être un dîner des premiers ministres canadiens se transforme en une nouvelle ronde de négociations qui va durer une semaine entière. Personne n'avait envisagé d'aussi longues discussions. Robert Bourassa accepte de discuter, mais refuse de participer aux pourparlers concernant la « société distincte ». Quand le sujet est abordé, il reste à son hôtel. Clyde Wells est soumis à de fortes pressions de la part des participants pour qu'il accepte l'Accord. Garry Filmon et Frank McKenna se montrent plus accommodants. On finit par s'entendre sur un texte.

Il est difficile de s'y retrouver dans les méandres des négociations constitutionnelles. L'entente conclue le 9 juin 1990 prévoit l'adoption de l'Accord du lac Meech dans un premier temps, puis celle de la résolution d'accompagnement. Mais cette dernière est modifiée par rapport à la proposition du comité Charest pour la rendre acceptable au Québec. Meech est devenu une pantalonnade que les politiciens canadiens vont jouer jusqu'au bout. Les sondages montrent maintenant une solide opposition du Canada anglais à Meech.

Les premiers ministres de Terre-Neuve, du Manitoba et du Nouveau-Brunswick s'engagent formellement à soumettre l'Accord du lac Meech à leurs assemblées législatives respectives avant le 23 juin, la date limite selon la formule d'amendement.

Cependant, les adversaires de Meech ne désarment pas. En coulisses, ils tentent par tous les moyens de faire dérailler le processus de ratification en compliquant le parcours. Gary Filmon décide de soumettre l'Accord du lac Meech à de nouvelles audiences publiques.

> In Manitoba, the people will have one more opportunity in the next two weeks to go before the mandatory public hearings as called for under the rules of our Legislature. They will be able to give us their opinions on the evaluation of the document that came out of this meeting. They will be able to tell us what they think about the results of our efforts [52].

Clyde Wells s'engage, lui aussi, à soumettre Meech au public et à l'Assemblée de sa province. Et il ajoute un nouvel obstacle en parlant de référendum.

> I finally came to the conclusion late last night and early this morning, after events of yesterday, that it is not possible for me to accept totally the accord, as was proposed. I propose therefore, that I will take the proposal back, and this is what I have committed to do and this is what my signature on the document means, and it means only that : that I will make the document back to the Cabinet and caucus in St.-John's tomorrow and ask them to make a decision as to whether they would seek legislative approval on the basis of a free vote in the House of Assembly or whether we would go to a referendum in the province [53].

Le psychodrame canadien approche de son paroxysme, le 12 juin 1990. Plume cérémoniale à la main, le député néodémocrate autochtone manitobain Elijah Harper utilisa les règles de procédures de l'Assemblée législative de sa province pour bloquer la ratification de Meech. Il tue ainsi techniquement l'Accord du lac Meech. Elijah Harper devient le héros du Canada anglais et se vit même décerner le titre d'homme de l'année par la presse anglo-canadienne. « Les Canadiens ont vu apparaître des t-shirts et macarons arborant des slogans tels que "Elijah comme premier ministre", une chanson sur Elijah

---

52. Arthur TREMBLAY, *op. cit.*, p. 590.
53. *Ibid.*, p. 590.

Harper, et même une poupée à son effigie [54]. »

À la demande de Sharon Carstairs, leader libérale du Manitoba, Clyde Wells refuse le 22 juin 1990 de ratifier l'Accord et ajourne *sine die* les travaux de l'Assemblée, alors qu'il s'est pourtant engagé à tout faire pour que l'Assemblée législative de sa province se prononce avant la date fatidique du 23 juin.

Le même jour, Robert Bourassa déclare à l'Assemblée nationale :

> « Le Canada anglais doit comprendre de façon très claire que, quoi qu'on dise et quoi qu'on fasse, le Québec est, aujourd'hui et pour toujours, une société distincte, libre et capable d'assumer son destin et son développement. »

> Le chef du Parti québécois et de l'opposition, Jacques Parizeau, appelle Bourassa dans son propre discours « mon premier ministre » (du jamais entendu) et lui dit encore : « Je vous tends la main. » Il traverse ensuite l'allée centrale pour venir féliciter Bourassa (du jamais vu) sous les applaudissements longs, nourris et chaleureux des deux côtés de la chambre [55].

Chrétien et le naufrage de l'Accord du lac Meech

L'Accord est mort le 23 juin. Le jour même où Jean Chrétien est élu chef du Parti libéral du Canada. Celui-ci donne l'accolade à Clyde Wells. « *Well done, Clyde !* » lui dit-il devant les caméras de la télévision. Donald Johnston est élu à la présidence du PLC. En soulevant le Canada anglais contre l'Accord du lac Meech, la mafia trudeauiste a réussi à reprendre le contrôle du PLC.

Jean Chrétien a joué un rôle déterminant dans le sabotage final de l'Accord. Il a fait pression sur les premiers ministres libéraux Frank McKenna, au Nouveau-Brunswick, et Clyde

---

54. A.I., « La presse anglophone choisit Elijah Harper au titre de Canadien de l'année », *La Presse*, 13 décembre 1990, p. B8.
55. Patrick COUTURE, De Meech à Charlottetown, **http://membres.lycos.fr/ cousture/meech.htm.**

Wells, à Terre-Neuve, ainsi que sur la dirigeante de l'opposition libérale manitobaine, Sharon Carstairs, pour qu'ils participent à la destruction finale de l'Accord. Le Canada anglais peut être satisfait de Jean Chrétien, l'homme qui, depuis son entrée en politique, au milieu des années 1960, exécute ses basses besognes contre le Québec.

> L'adversaire principal de Jean Chrétien à la course au leadership libéral au printemps de 1990, Paul Martin, n'était pas dupe des jeux de coulisses de son vis-à-vis. En effet, il déclara à la Presse canadienne, le 1er mai 1990, ce qui suit : « Il [Jean Chrétien] a fait campagne pendant un an sur le dos du Québec en disant au Canada anglais qu'il n'y aurait pas de problème au Québec si l'Accord du lac Meech échouait[56]. »

Une fois élu chef du Parti libéral, Jean Chrétien récompense tous ceux qui l'ont aidé, avec Trudeau, à tuer l'Accord. Il accueille Elijah Harper à bras ouverts au sein du PLC : celui-ci est élu aux élections fédérales de 1993. Sharon Carstairs, elle, est nommée au Sénat, alors que Clyde Wells, après sa retraite de la politique, est nommé par Chrétien à la Cour supérieure de Terre-Neuve.

Le 23 juin, à l'Assemblée nationale, Robert Bourassa affirme que désormais le Québec refusera de s'engager dans des négociations multilatérales à 11. Les relations du Québec avec le Reste du Canada seront bilatérales entre Ottawa et Québec.

Le lendemain, le défilé de la Saint-Jean-Baptiste à Montréal prend les allures d'une mer bleue qui déferle sur la rue Sherbrooke. Des milliers de drapeaux québécois flottent au vent. Quelque 400 000 personnes défilent. La foule est sereine, fière, en liesse. Parmi elle se trouvent Lucien Bouchard et plusieurs députés du Parti conservateur qui annonceront leur démission du PC le lendemain.

---

56. Rodrigue TREMBLAY, « À qui profite la polarisation politique ? », *Le Devoir*, 17 décembre 1999, cité sur **www.vigile.net/9912/20tremblay.html**.

La mort de Meech et le refus de la différence québécoise

Dans la logique tordue de Barbara Amiel, la chroniqueuse ultra de *Maclean's*, Meech était un complot du Québec pour rendre le Canada bilingue tout en réalisant la souveraineté-association.

> *The way to solve the existence of Quebec separatism, said our federal politicians from Pierre Trudeau to Brian Mulroney, is to make all of Canada accept that Quebec should have special privileges. While many of us were rendered speechless in the face of such monstruous stupidity, Quebecers got the point very fast. By forcing the rest of the country to become officially bilingual and by permitting Quebec to remain officially opposed to the use of the English language, Canada created a de facto sovereignty-association status for Quebec [57].*

Amiel met Trudeau et Mulroney dans le même sac (ils sont tous deux Québécois !). Elle estime que tout serait tellement simple si les Canadiens français acceptaient de s'assimiler comme l'ont fait d'autres peuples vaincus.

> *The only way for nationhood to emerge is for groups to merge. Language is absolutely basic to this. The Normans conquered the Saxons and, for three centuries after 1066, English was reduced to being the language of peasants. But the making of the English nation began when English re-emerged as the national language.*
>
> *[…] The only chance a relatively new nation like Canada had to root itself was to adopt the melting-pot approach. But our politicians were entranced by the chic idea of the cultural mosaic and then multiculturalism. Soon, we had a new special interest group : all those politicians and civil servants and «human resources» whose careers depended upon the maintenance of bilingualism and multiculturalism [58].*

Pour le Canada anglais, Meech signifiait la reconnaissance de la réalité nationale du Québec. Il fallait donc remettre les Québécois à leur place, leur montrer que la majorité anglophone détenait encore le pouvoir au Canada.

---

57. Barbara AMIEL, « Ottawa Has Only Itself to Blame », *Maclean's*, 16 juillet 1990.
58. *Ibid.*

In English-speaking Canada, the central issue raised by the accord was one of power and, by and large, the opposition to it was based on arguments related to power. Thus, it was argued, the socio-economic condition of francophones had improved considerably during the last 30 years or so and they had made power gains both in Quebec and across the country.

Several opponents also considered that the federal distribution of power was now somewhat unbalanced in favour of Quebec and of francophones generally [59].

L'échec de l'Accord du lac Meech a démontré une fois de plus que les Canadiens anglais nient la réalité nationale du Québec. Pour eux, les Canadiens français sont un peuple vaincu avec lequel ils ont toujours été trop magnanimes. Le Québec est une province comme les autres, et son poids politique doit correspondre à son poids démographique. Rien de plus. Dans cet épisode, les Canadiens anglais ont pu compter sur deux Québécois de service, Trudeau et Chrétien, pour remettre le Québec à sa place.

Le Canada anglais veut un pays unilingue anglais. Il est disposé à accepter une enclave bilingue, le Québec, où le français est toléré, tant que le nombre de francophones le justifiera. Au Canada anglais, on suit le déclin inexorable du nombre de sièges du Québec aux Communes – nombre régulièrement révisé à la baisse –, en rêvant du jour pas très lointain où son influence sera insignifiante.

---

59. Raymond BRETON, *op. cit.*, p. 10.

Chapitre 4

Charlottetown :
le refus mutuel des deux nations

L'échec de Meech est perçu au Québec pour ce qu'il est : un affront de plus du Canada anglais. Les Québécois se sont fait dire par le Reste du Canada qu'il n'y avait qu'une nation au Canada et qu'elle était anglaise. Cette fin de non-recevoir encourage les sentiments patriotiques et indépendantistes.

Première conséquence politique du camouflet du Canada anglais, Jean Allaire, avocat membre de la Commission politique du PLQ, est chargé de donner du contenu aux déclarations équivoques et brumeuses de Bourassa sur les superstructures confédérales. Homme de convictions, loyal et respecté au sein du parti, Allaire prend les déclarations de son chef au sérieux. Il prépare la nouvelle plate-forme constitutionnelle du PLQ en tenant compte de la rebuffade que le Canada anglais vient d'infliger au Québec.

Parallèlement, le 5 septembre 1990, l'Assemblée nationale du Québec met sur pied la commission Bélanger-Campeau sur l'avenir politique du Québec. Elle va entendre, au cours de l'automne, 200 témoignages et recevoir plus de 600 mémoires sur l'avenir politique du Québec. Bourassa joue à fond la carte nationaliste.

Le 29 janvier 1991, la Commission politique du PLQ étudie le rapport que lui a remis Jean Allaire. Elle approuve la position constitutionnelle la plus nationaliste de son histoire. Le rapport Allaire, intitulé *Un Québec libre de ses choix*, va bien au-delà des cinq modestes conditions de Meech rejetées de façon péremptoire par le Canada anglais. Il adopte un ton ferme pour répondre au Reste du Canada.

> Survenant au terme de plus de vingt ans d'efforts soutenus en vue de réviser le pacte constitutionnel de 1867, l'échec de l'Accord du lac Meech a été durement ressenti au Québec. Il a été perçu comme un refus du Canada de reconnaître le caractère distinct de la société québécoise et le principe d'égalité entre les deux peuples fondateurs. L'échec de l'Accord a également été interprété comme une preuve de plus de l'impossibilité pour le Québec d'obtenir, à l'intérieur du cadre fédéral actuel, les pouvoirs indispensables à sa survie et à son épanouissement comme seule société francophone d'Amérique du Nord [1].

Le rapport Allaire est une charge contre le système fédéral canadien. Il propose une large décentralisation qui n'accorderait au fédéral que le contrôle de quelques secteurs : la défense et la sécurité du territoire, les douanes et les tarifs, la monnaie, la dette commune et la péréquation.

Vingt-trois secteurs relèveraient exclusivement du Québec et huit seraient de compétences partagées. Le rapport Allaire réclame aussi l'abolition du Sénat et une formule d'amendement à la Constitution qui requerrait l'assentiment de provinces représentant 50 % de la population canadienne et l'assentiment obligatoire du Québec. Dans le cas où un accord en ce sens ne serait pas conclu avec le Canada anglais à l'automne de 1992, le rapport propose un référendum sur la souveraineté du Québec assorti d'une offre de partenariat avec le Reste du Canada.

> Robert Bourassa apparaît dans toute sa splendeur au cours d'un point de presse. Il dit endosser « l'essence du rapport Allaire » en ce qui concerne l'obligation de résultat, il tergiverse sur la question de savoir si ce rapport constitue une base de négociation ou s'il

---

1. Comité constitutionnel du Parti libéral du Québec, *Un Québec libre de ses choix*, 28 janvier 1991, p. 3, cité dans Bruno BOUCHARD, *Trente ans d'imposture. Le Parti libéral du Québec et le débat constitutionnel*, Montréal, VLB, 1999, p. 123.

s'agit d'une position ferme de son gouvernement, et il conjecture allègrement sur la possibilité de concrétiser son projet de super-structure confédérale[2].

Comme le souligne Bruno Bouchard dans son livre dénon-çant les trente années d'imposture du PLQ, la nouvelle posi-tion constitutionnelle du parti n'a aucun sens. Jamais le Canada anglais ne pourrait accepter le rapport Allaire. « La vérité est qu'après le rejet de Meech en juin 1992, le PLQ se trouve dans un véritable cul-de-sac. Son néo-fédéralisme bidon l'étouffe[3]. »

Pendant que les éléments nationalistes du Parti libéral donnent libre cours à leurs frustrations constitutionnelles, les anglophones du Québec, eux, se rebiffent. Ils ne sont Québé-cois que dans le sens géographique du terme, parce qu'ils vivent au Québec. Ce n'est que récemment qu'ils se sont in-venté une appartenance au Québec, non par attachement au pays mais, comme l'a si bien démontré la politologue Josée Legault, pour des raisons tactiques et politiques. Ils sont les plus *canadian* de tous les Canadiens dans leurs comportements et surtout dans leur vision méprisante des francophones. Ancien député libéral, ancien délégué de Robert Bourassa à Londres, Reed Scowen, dans son livre *A Different Vision. The English in Quebec in the 1990's*, incarne parfaitement la morgue « rhodésienne blanche » des anglophones du Québec.

Scowen propose aux anglophones du Québec de revenir au XIXe siècle, au temps béni du colonialisme britannique triom-phant. Il leur demande de refuser de parler français et de mon-trer aux immigrants qu'on peut facilement vivre au Québec sans connaître un traître mot de cette langue de porteurs d'eau. Après tout, près de la moitié des Anglo-Québécois sont unilingues et ils ont un revenu supérieur à beaucoup de fran-cophones bilingues ! Scowen affiche un profond dédain pour le français. Comme Durham avant lui, il se demande pourquoi

---

2. Bruno BOUCHARD, *op. cit.*, p. 124.
3. *Ibid.*, p. 125.

les Québécois s'obstinent à parler cette langue en voie de disparition.

> Dans l'ouvrage de Scowen, l'ouverture sur le monde se résume à l'ouverture sur l'anglais, langue universelle du progrès. En fait, un «trésor» dont le gouvernement du Québec n'a tout simplement pas le droit de priver ses citoyens francophones. De là à dire que les Franco-Québécois sont un peuple sans avenir – à moins, bien entendu, qu'ils parlent anglais – il n'y a qu'un pas que Scowen franchit allègrement en écrivant que, de toute façon, la langue française, longtemps le principal élément unificateur de la société québécoise, «en viendra à être considérée comme non pertinente dans la définition de ce que sont vraiment les Québécois» et ce d'ici cinquante ans[4].

Le livre est si bien reçu par les Anglo-Québécois qu'il vaut à son auteur d'être nommé au conseil d'administration d'Alliance Québec. Josée Legault note que Scowen suscite un enthousiasme sans précédent dans la communauté anglo-québécoise.

> Scowen dit haut et fort aux anglophones ce que beaucoup d'entre eux voulaient entendre depuis longtemps. Il parle avec conviction, ne se préoccupant nullement des possibles réactions d'une communauté francophone qu'il décrit comme fermée sur elle-même et tournée vers le passé. Mais ce qui est nouveau, c'est qu'avec l'ouvrage de Scowen, le *backstage performance*, tout ce que certains anglophones n'osaient s'avouer qu'entre eux, prend le devant de la scène et sort du placard. Le livre a permis au discours public anglophone de se faire enfin l'écho du discours privé. Grâce à Scowen, on ne craint plus désormais de dire que les anglophones n'ont pas à accommoder la majorité, et que l'on doit revenir au bon vieux temps où c'était l'inverse, car il faudra bien que les francophones se résignent à parler anglais aux disciples de Scowen qui refusent de parler français en public. En d'autres termes, Scowen affirme clairement que le bilinguisme a toujours été, et demeure au Québec, la seule obligation de la majorité[5].

Au début de mars 1991 – soit vingt-quatre ans après avoir forcé René Lévesque à quitter le parti –, 2700 militants libéraux

---

4. Josée LEGAULT, *L'Invention d'une minorité. Les Anglo-Québécois*, Montréal, Boréal, 1992, p. 151.
5. *Ibid.*, p. 152.

se réunissent dans un climat de tension pour adopter la nouvelle politique constitutionnelle du PLQ. Pour une fois, les anglophones ne mènent pas le jeu. Associés aux fédéralistes francophones avec à leur tête le preux chevalier Claude Ryan, ils sont en minorité. Les barons anglo-québécois du parti s'allient aux représentants du milieu des affaires comme Daniel Johnson fils. Ils veulent éviter à tout prix que le parti ne s'engage à tenir un référendum sur la souveraineté comme le recommande le rapport Allaire dans l'éventualité d'un échec des négociations. Les deux tiers des membres rejettent toutes les propositions qui auraient modifié substantiellement le rapport. Traité cavalièrement par les jeunes militants libéraux, Claude Ryan quitte la salle du congrès.

Lorsqu'il voit les députés libéraux anglophones s'agenouiller devant Claude Ryan pour le supplier de ne pas démissionner, Jean-Claude Rivest, un proche de Bourassa, émet un commentaire acerbe à l'égard de ses amis anglais sur les ondes de CKAC :

> C'est extraordinaire, la politique ! Tous ceux qui vont supplier Claude Ryan de rester dans le parti sont exactement les mêmes députés qui se sont dissociés du même Claude Ryan en 1981, quand il s'est opposé au rapatriement de la Constitution. Ils ont voté contre la motion. Et c'est ce rapatriement qui est à l'origine du problème que nous vivons[6] !

Bourassa se porte à la défense de Ryan. Il calme les esprits et rassure les anglophones en prononçant à la fin du congrès un discours à saveur fédéraliste. Comme l'écrit Bruno Bouchard, « le rapport Allaire ne sera plus désormais qu'un écran de fumée[7] ! ».

À la fin de mars 1991, c'est au tour de la commission Bélanger-Campeau de déposer son rapport. Elle rejetait le *statu quo* constitutionnel et conclut que le Québec a le choix

---

6. Cité dans Jean-François LISÉE, *Le Tricheur. Bourassa et les Québécois, 1990-1991*, Montréal, Boréal, 1994, p. 338.
7. Bruno BOUCHARD, *op. cit.*, p. 127.

entre deux options : un fédéralisme fortement décentralisé ou la souveraineté. Dans son livre *Le Tricheur*, Jean-François Lisée rapporte un incident qui illustre parfaitement les bassesses dont Robert Bourassa est capable. Il refuse en effet de signer le rapport de la commission de crainte que ce geste ne soit considéré comme un engagement de sa part. Il a faut qu'un conseiller juridique du gouvernement lui donne l'assurance que sa signature ne l'engage à rien pour qu'il paraphe le document dans la nuit du 26 au 27 mars. Lisée est outré par le comportement du premier ministre du Québec.

> Robert Bourassa atteint à cet instant le degré zéro de la dignité. On peut dénoncer un mensonge, condamner un abus de pouvoir, déplorer une faiblesse, réprouver une injustice. Mais les mots manquent pour décrire ce que Robert Bourassa, premier représentant du peuple québécois, dépositaire de la légitimité démocratique, protecteur des intérêts nationaux, fait maintenant subir à la dignité de sa fonction et de sa personne. Pendant une autre nuit, en octobre 1970, il avait fait en sorte que les libertés de ses concitoyens soient suspendues, que cinq cents personnes soient emprisonnées sans raison, que trois mille logis soient fouillés sans mandat. C'était grave, injuste, inexcusable. Pour le gardien des droits des citoyens, une faute irréfragable. Au moins, il existait, lui et sa fonction. Cette nuit, il suspend la dignité de sa tâche, il l'efface, la nie, il se déclare inexistant. C'est indicible [8].

La commission Bélanger-Campeau propose qu'on tienne au plus tard le 26 octobre 1992 un référendum sur la souveraineté du Québec. D'ici là le Québec considérera toute proposition formelle que pourrait faire le Canada anglais pour renouveler la fédération canadienne.

Le 20 juin 1991, l'Assemblée nationale adopte la loi 150 qui entérine les recommandations de la commission. Mais Bourassa, jamais à court d'idées, imagine de créer deux commissions parlementaires parallèles : l'une pour recevoir les offres du Canada anglais, l'autre pour étudier les conditions d'accession à la souveraineté.

---

8. Jean-François Lisée, *op. cit.*, p. 418.

Grâce à cette stratégie, Bourassa obtient un délai de dix-huit mois, un temps suffisant pour permettre au Canada anglais de lui faire une offre acceptable et pour voir la popularité de l'option souverainiste décliner peu à peu. Dire que cette mascarade de la commission Bélanger-Campeau a coûté près de cinq millions de dollars aux contribuables québécois[9] !

Le violent mouvement antifrancophone et antibilinguisme est toujours aussi fort au Canada anglais après l'échec de l'Accord du lac Meech. Invitée à participer à une table ronde à la radio de la SRC, May Cutler, mairesse de Westmount, affirme tranquillement que le Québec est « comme un pays du tiers monde où il n'y a pas de défense pour les individus[10] ».

En septembre 1991, Mordecai Richler clame dans le *New Yorker* que les Québécois persécutent la minorité anglophone. Il présente aux Américains un nationalisme québécois xénophobe, anglophobe et antisémite, fruit d'une culture intrinsèquement intolérante. Le Québec anglais applaudit.

Les médias anglophones ont généralement bien accueilli l'article et considéré qu'il dressait un portrait véridique de la situation linguistique québécoise. Selon Robert Keaton [président d'Alliance Québec], Richler avait « mis le doigt sur ce qui se passe ici ». En éditorial, *The Gazette* se demanda pourquoi les francophones réagissaient si mal à un article qui, après tout, ne faisait que faire ressortir des « faits gênants ». Selon Don MacPherson, chroniqueur au même quotidien, les opinions de Richler étaient « relativement représentatives de celles de la communauté anglo-montréalaise[11] ».

Josée Legault soupçonne Richler d'avoir d'autres raisons de diffamer le Québec aux États-Unis, en plus des 40 000 dollars qu'il aurait reçus pour l'article.

Mais l'appel à l'opinion nord-américaine a également d'autres raisons, beaucoup moins nobles. Ainsi, M. Richler a choisi de publier son article et son livre en pleine crise constitutionnelle, question de

---

9. Bruno Bouchard, *op. cit.*, p. 128-129.
10. Josée Legault, *op. cit.*, p. 168.
11. *Ibid.*, p. 179.

convaincre ceux qui n'en étaient pas encore convaincus que les Québécois sont de nature intolérante et qu'il serait dangereux de les laisser à eux-mêmes dans un Québec indépendant. Si le but de M. Richler avait été vraiment la défense des intérêts anglophones à l'intérieur du Québec, aurait-il choisi d'aller ainsi laver son linge sale aux États-Unis [12] ?

Radio-Canada : la voix du fédéralisme canadien

Suite aux attaques lancées contre Radio-Canada pour sa couverture des négociations entourant l'Accord du lac Meech, la SRC forme un comité composé de vice-présidents afin d'éviter des difficultés semblables à l'occasion des négociations de Charlottetown. En septembre 1991, Radio-Canada remet à ses journalistes un guide sur les normes et pratiques journalistiques clairement biaisé en faveur du fédéralisme.

> The guidelines emphasized that those advocating partisan positions had to be presented as such and that a full range of views had to be reflected in the coverage. One paragraph, however, did cause discomfort among some journalists in Quebec newsrooms. The guidelines instructed reporters to « reflect Canada as a nation and evoke the social, economic, cultural and political benefits of nationhood » and to « explore as well the costs and consequences of the changes being proposed ». Some reporters felt that these were in effect federalist marching orders [13].

Pour le Canada anglais, il va de soi que les journalistes doivent être des militants de la cause fédéraliste. Le professeur David Taras rappelle des propos tenus à l'occasion d'une conférence de la FPJQ.

> At a conference sponsored by the Fédération des journalistes professionnelle du Québec held in April 1992, Dorothy Dobbie, the co-chair (with Gerald Beaudoin) of the Special Joint Committee on a Renewed

---

12. *Ibid.*, p. 179.
13. David TARAS, « The Mass Media and Political Crisis : Reporting Canada's Constitutional Struggles », *Canadian Journal of Communication*, 18, n° 2, 1993, cité sur www.wlu.ca/~wwwpress/jrls/cjc/BackIssues/18.2/taras.html.

Canada declared that «journalism and nation building should be the same task». She complained about «members of the media who have no sense of their country [14]».

Aux élections provinciales du 23 septembre 1991, le parti antifrancophone Confederation of Regions Party (COR) fait élire huit députés à l'Assemblée législative du Nouveau-Brunswick, et forme l'opposition officielle à Fredericton. Un anglophone sur trois au Nouveau-Brunswick a voté pour le programme antifrancophone du COR, et la proportion est encore plus élevée dans le sud de la province où le parti a obtenu sept de ses huit sièges. On voit comment les anglophones du Nouveau-Brunswick sont satisfaits de vivre dans la seule province officiellement bilingue du Canada !

Le 11 janvier 1992, le premier ministre de l'Alberta, Don Getty, réclame devant le Club Rotary d'Edmonton la fin du bilinguisme officiel au Canada.

> Il en a fallu du temps mais c'est finalement sorti publiquement de la bouche d'un politicien sinon hautement intelligent, du moins hautement placé, un politicien que l'on n'a pas assez guetté, Don Getty, le premier ministre de l'Alberta. Monsieur Don est un ancien joueur de football professionnel et, du temps qu'il jouait, les casques protégeaient moins qu'aujourd'hui ; alors tu comprends qu'il voit maintenant les choses d'une façon bien particulière.
>
> Même si son rejet public de la politique du bilinguisme officiel au Canada est une douche froide pour tous les francophones, surtout ceux qui vivent dans sa province, on doit reconnaître une chose, il a au moins été capable d'admettre tout haut ce que des centaines de milliers de Canadiens pensent tout bas : «*Screw official bilingualism* [15]».

Le mois suivant, le leader autochtone anglophone Ovide Mercredi affirme qu'il n'y a pas de peuple québécois. Interrogé à Winnipeg par *La Presse*, qui prend le pouls de la population

---

14. *Ibid.*
15. Denis MASSICOTTE, « Le castor encore en colère », *Le Soleil*, 1er février 1992, p. A16.

de l'Ouest à propos du Québec, un jeune Cri émet une opinion qui semble répandue chez les Autochtones du Canada anglais.

> « C'est fou, on était ici bien avant vous », lancera Joe Daniels, un jeune Cri. Selon lui, les Cris québécois ne laisseront pas la majorité francophone disposer du territoire sans leur consentement. « Retournez en France si vous ne voulez pas rester au Canada », lance-t-il sans appel [16].

L'industrie de la réforme constitutionnelle marche rondement au début de 1992. Une commission d'enquête itinérante coprésidée par le sénateur Gérald Beaudoin et la députée Dorothy Dobbie soumet ses conclusions après avoir entendu les récriminations de tous et de chacun d'un océan à l'autre. Son rapport reprend les mêmes thèmes que Meech (société distincte, dualité canadienne, multiculturalisme), mais y intègre le statut des Autochtones et propose un nouveau rôle pour le Sénat canadien.

> Pour la première fois, le Canada reconnaissait aux Autochtones « le droit inhérent de se gouverner selon leurs propres lois, coutumes et traditions, afin de protéger leurs langues et leurs cultures diverses ». Quant au Sénat, on introduisit la notion de la double majorité en vertu de laquelle « les mesures relatives à la langue ou à la culture des collectivités francophones devraient être approuvées par la majorité des sénateurs et par la majorité des sénateurs francophones [17] ».

Parce que le projet Beaudoin-Dobbie reconnaît les Autochtones et attribue au Sénat un rôle en matière de culture et de langue, il est encore moins acceptable aux yeux des trudeauistes que l'Accord du lac Meech.

Puis, Bourassa commence sa manœuvre de repli par étapes, un de ces reniements dont lui seul a le secret. Après avoir enjôlé l'aile nationaliste du PLQ avec son projet fumeux de

---

16. Denis LESSARD, « Une affiche du Mouvement Québec crée un choc à Winnipeg », *La Presse*, 8 mai 1992, p. B11.
17. Jacques LECLERC, « La Constitution canadienne et les dispositions linguistiques », L'Aménagement linguistique dans le monde, Québec, TLFQ, Université Laval, 16 mai 2002, cité sur **www.tlfq.ulaval.ca/axl/amnord/cndconst.htm**.

superstructure confédérale, il fait marche arrière et se réoriente vers les anglophones du parti. Dans *L'Année politique au Québec 1991-1992*, Gérard Boismenu décrit la série de reculades oratoires de Bourassa.

> Lors d'un voyage en Europe, il déclare à Bruxelles (6 février 1992) que, si les offres constitutionnelles du Canada anglais (ou du gouvernement fédéral) sont insatisfaisantes, il fera tenir le référendum sur la thèse d'une souveraineté partagée assortie d'une union économique. Un peu plus d'un mois après (19 mars 1992), tout en s'étant dit insatisfait des recommandations du rapport Beaudoin-Dobbie, notamment sur le partage des compétences, Robert Bourassa saisit l'occasion du discours inaugural de la session parlementaire (19 mars 1992) pour faire une profession de foi en faveur du fédéralisme et pour supplier le Canada anglais de présenter des offres acceptables. La boucle est bouclée quelques semaines plus tard lorsque, dans une entrevue accordée au journal *Le Monde*, il déclare (18 avril 1992) avoir l'intention de faire porter le référendum sur les propositions fédérales et non sur la souveraineté – comme cela est stipulé dans la loi qu'il a fait voter par l'Assemblée nationale moins d'un an auparavant[18].

Réjean Pelletier constate que, dans le discours inaugural qu'il prononce lors de l'ouverture de la session parlementaire, Bourassa sabote sa propre stratégie de négociation constitutionnelle.

> Par ce message résolument fédéraliste, le gouvernement Bourassa s'enlevait tout moyen de pression sur les participants du marathon constitutionnel, ne brandissant même pas la menace de la loi 150 de tenir un référendum sur la souveraineté en octobre si les offres fédérales n'étaient pas acceptables. C'était pratiquement accepter à l'avance ce que le reste du Canada offrirait au Québec. Comment s'étonner dès lors des événements qui allaient s'enchaîner au cours des mois suivants jusqu'au référendum du 26 octobre[19]?

---

18. Gérard BOISMENU, « Le projet de réforme constitutionnelle », *L'Année politique au Québec 1991-1992*, www.pum.umontreal.ca/apqc/91_92/boismenu/boismenu.htm.

19. Réjean PELLETIER, « La vie parlementaire », *L'Année politique au Québec 1991-1992*, www.pum.umontreal.ca/apqc/91_92/pelletie/pelletie.htm.

Pendant que les politiciens palabrent, les intellectuels anglo-canadiens réfléchissent à ce qui va arriver au Canada si le Québec devient indépendant. Ces gens, toujours prompts à dénoncer le manque d'objectivité de leurs collègues québécois nationalistes, se révèlent encore plus tendancieux et « nationaleux », prenant plaisir à évoquer des scénarios catastrophes, et à refaire, une fois pour toutes, la bataille des plaines d'Abraham.

J. L Granatstein, professeur à l'Université York, prédit de son côté qu'il y aura de la violence au Québec si ce dernier devient souverain en raison de l'opposition des Anglo-Canadiens et de nombreux allophones et que les Américains seraient bien tentés d'intervenir militairement pour assurer la paix et protéger leurs investissements. [...] Bruce W. Hodgins, historien à l'université Trent de Peterborough, soutient pour sa part que les Cris et les Inuits ont plus le droit d'opter pour leur maintien dans le Canada que la majorité francophone n'a le droit de se séparer contre le souhait d'une forte minorité d'Anglo-Québécois, de Mohawks, d'Italo-Canadiens et de francophones fédéralistes.

Plus près de nous, le juriste Stephen Scott de l'Université McGill affirme dur comme fer que le Québec n'a pas le droit de devenir souverain sans la permission du Canada anglais. S'il le faisait, ajoute-t-il, le Canada serait justifié d'utiliser la force « contre cet acte révolutionnaire ». L'URSS a-t-elle empêché la Lituanie, l'Ukraine, etc. de devenir indépendants ? Et le Canada anglais empêcherait le Québec de le devenir à l'encontre du vœu exprimé majoritairement par sa population ? Que fait le professeur Scott du droit à l'autodétermination des peuples ? À moins bien sûr qu'il dénie la notion de peuple québécois comme le fait Ovide Mercredi qui utilise une définition ethnique plutôt que territoriale.

Mais, ce qui est le plus choquant dans cette affaire, c'est de voir le « p'tit gars de Shawinigan », Jean Chrétien, appuyer ces intellectuels extrémistes en disant qu'il n'écarte pas le recours à l'armée advenant l'indépendance du Québec. Et d'ajouter que « la meilleure façon d'éviter le recours à l'armée, c'est de ne pas faire la séparation ». Autrement dit, les Québécois, écrasez-vous et il ne vous arrivera rien. Pour ceux qui en doutaient encore, on voit bien où se situent les allégeances du chef libéral. Va-t-il envoyer l'armée

pour arrêter « Parizeau et son groupe de bandits de grands che-
mins », comme le souhaite l'éditrice Diane Francis du *Financial
Post*?

[…] Quant à Stephen Scott (il est sans doute appuyé par d'autres
intellectuels anglo-québécois), il voit dans la sécession du Québec
un geste révolutionnaire, un acte criminel, ce qui justifierait le
Canada de se servir de la force pour faire valoir la Constitution, les
lois et l'intégrité du Canada [20].

Les intellectuels anglo-canadiens sont complètement
subjugués par le trudeauisme. Fervents nationalistes *canadian*
dans les années 1930, ils auraient été de fiers orangistes. Ils se
drapent plus facilement dans l'unifolié que les intellectuels
québécois dans le fleurdelisé. Ils croient fermement, comme
leur a dit Trudeau, qu'il n'y a qu'une nation au Canada qui
comprend des groupes minoritaires : des Ukrainiens, des
Noirs, des Chinois, des Sikhs, etc. L'un de ces groupes minoritaires, les Canadiens français, a la particularité d'être tempo-
rairement majoritaire au Québec, ce qui ne lui donne en rien
le privilège d'être traité comme une société distincte. Robert
Comeau, Michel Lévesque, Alain Lupien et Claude V. Marsolais
notent dans le même article de *La Presse* : « Ils entretiennent un
climat d'incertitude et évoquent l'intervention de l'armée afin
d'effrayer les Québécois et d'empêcher que leur "rêve" d'un
Canada uni ne s'effrite [21]. »

Le 7 juillet, le Canada anglais fait au Québec une nouvelle
proposition qui s'apparente au rapport Beaudoin-Dobbie. Le
projet constitutionnel a été élaboré après plusieurs mois de
discussions entre Ottawa, les neuf provinces anglophones, les
deux territoires et quatre groupes autochtones. Une négociation à 16 ! Cet accord constitue une régression par rapport à
Meech et va à l'encontre du rapport Allaire qui, en principe,
représente toujours la position constitutionnelle du PLQ. La

---

20. Robert Comeau, Michel Lévesque, Alain Lupien et Claude V. Marsolais,
    « Faut-il prendre au sérieux les appels à la violence qui viennent de l'Ouest ? »,
    La Presse, 8 avril 1992, p. B3.
21. *Ibid.*

première réaction surprenante de Bourassa est de dire que ce « projet s'inscrit au registre du fédéralisme dominateur ». Dans un article du *Devoir*, Lise Bissonnette démolit l'entente.

> Tant par sa démarche que par le fond, cette entente piège le Québec. Par la démarche, elle pousse l'offre canadienne sous la barre que fixait l'Accord du lac Meech. Par le fond, elle réduit dramatiquement le poids du Québec dans l'ensemble politique canadien. Raconter que « la substance de Meech » est aujourd'hui acquise, c'est de la duperie pure et simple [22].

La décision de la directrice du *Devoir* de dire non à l'entente lui vaut une réponse grossière du chroniqueur Trevor Lautens dans le *Vancouver Sun* du 14 juillet.

> « Le caractère dégoûtant (*snottiness*) de l'éditorial-en-un-grand-mot, NON, publié la semaine dernière dans le quotidien montréalais supposément intelligent (*heavy-thinkin*) *Le Devoir*, et qui constitue en apparence toute la réaction de la directrice Lise Bissonnette aux propositions constitutionnelles du Reste du Canada, ne sera pas oublié de sitôt par le signataire. Quelle réaction bonne et réfléchie aux travaux du Reste du Canada, dont les dirigeants ont sué sang et eau (*bullets*) pour accommoder le Québec. J'ai une réponse tout aussi bonne et réfléchie à Bissonnette et à ses collègues séparatistes. Comme nous avions l'habitude de dire vulgairement dans ma rude ville natale de Hamilton : lève ta jambe et pisse… (*Go pee up your leg…*) »
>
> M. Lautens n'a pas précisé s'il connaissait suffisamment le français pour lire les trois éditoriaux […] [23].

Bourassa ramollit rapidement. Le 10 août, il décèle des « signes d'ouverture » dans le projet et accepte de participer à la conférence constitutionnelle convoquée par Mulroney où on va négocier à 17. Ou plutôt à 16 contre 1. Les négociations se déroulent à Ottawa, du 19 au 22 août 1992.

> Bien qu'il ait déclaré à plusieurs reprises que le processus de négociations multilatérales était discrédité, Bourassa rompt sans ver-

---

22. Cité dans Bruno BOUCHARD, *op. cit.*, p. 130.
23. Cité dans « Le *Vancouver Sun* se fait subtil. Le "NON" du *Devoir* continue de susciter l'émoi au pays des Rocheuses », *Le Devoir*, 18 juillet 1992, p. A4.

gogne sa promesse solennelle de ne plus négocier avec les provinces et se rend dans la capitale fédérale avec la ferme intention de faire modifier l'entente du 7 juillet afin d'intégrer les revendications traditionnelles du Québec.

Recherchant une entente à tout prix et se retrouvant encore une fois isolé, Robert Bourassa va plier l'échine dès la première journée sur la question de la réforme du Sénat, confirmant l'égalité des provinces. Il s'effondre le lendemain, en abandonnant les compétences du Québec en matière autochtone. Le surlendemain, il ne parvient pas à convaincre ses homologues de la nécessité d'une nouvelle répartition des compétences qui seule permettrait au Québec de mieux protéger sa spécificité [24].

Bourassa accepte la représentation égale des provinces au Sénat en échange d'une représentation minimum pour le Québec de 25 % des sièges de la Chambre des communes. Il consent à un affaiblissement potentiel des lois protégeant le français en échange d'un vague droit de veto. « Marché de dupe », clame Parizeau.

Le médiocre négociateur qu'est Bourassa est répudié le 26 août par la Commission jeunesse de son propre parti qui rejette l'entente. Le lendemain, réunis à Charlottetown, le Canada anglais et son Québécois de service, Robert Bourassa, décident de tenir un référendum sur l'accord qui s'appellera désormais l'Entente de Charlottetown. Robert Bourassa signe l'Entente dix-sept mois après que la commission Bélanger-Campeau eut réclamé l'accession du Québec à la souveraineté si le régime fédéral canadien ne faisait pas l'objet d'une modification en profondeur. Bourassa, dont la signature figure sur le rapport de la commission, a tout abandonné, tout cédé. Le Canada anglais lui a imposé sa conception atrophiée du Québec et il l'a acceptée benoîtement. Comme le souligne Jacques-Yvan Morin :

> [...] la vision du Québec exprimée à Charlottetown était essentiellement passéiste, hostile à toutes revendications de type moderne découlant de l'existence d'un peuple. Le phénomène national

---

24. Bruno BOUCHARD, *op. cit.*, p. 131.

québécois, même dans sa version compatible avec la dualité canadienne, devait être contenu dans les bornes étroites fixées par la
majorité anglophone[25].

L'ancien ministre libéral Claude Castonguay est tout aussi
critique :

> Ce qu'il fallait craindre s'est produit. Dans cette entente, on trouve
> une vision qui est celle du Canada anglophone, fondée sur l'éga-
> lité des provinces ; un contrôle accru des petites provinces sur le
> pouvoir central et, malgré les apparences, un raffermissement du
> pouvoir central. Et puisque le partage des pouvoirs reste, pour
> l'essentiel, inchangé, et que le pouvoir fédéral de dépenser est con-
> sacré : on a régressé[26].

Même une « bonne ententiste » comme la sénatrice conser-
vatrice et ardente militante de l'unité canadienne Solange
Chaput-Rolland est consternée par le document signé par
Bourassa.

> C'est aberrant. Je crois profondément que le Québec doit être relié
> au Canada, mais dans un Canada qui nous apparaît n'avoir
> aucune compréhension de la vitalité, de l'essence même de ce
> Québec profond, dont on oublie de parler[27].

Quant à l'éditorialiste de *La Presse*, Alain Dubuc, il écrit :

> [...] après avoir invité les Québécois à réintégrer le Canada dans
> l'honneur et l'enthousiasme, on les convie maintenant à accepter
> le Canada dans l'honneur et le réalisme[28].

Jean Allaire juge lui aussi cette entente inacceptable pour
le Québec et incompatible avec la position constitutionnelle
du PLQ à la suite de l'adoption de son rapport. « Les propositions du Canada anglais sont une camisole de force que le

---

25. Jacques-Yvan MORIN, « Peut-on être à la fois "unique" et "égal" ? », *Le Devoir*,
     29 juillet 1998, cité sur **www.vigile.net/canadaquebec/morinjy2.html**.
26. Claude CASTONGUAY, **http://iquebec.ifrance.com/quebecunpays/QUARANTE-**
     ANS-DE-COMMISSIONS-D-ENQUETES.html.
27. Solange CHAPUT-ROLLAND, **http://iquebec.ifrance.com/quebecunpays/**
     QUARANTE-ANS-DE-COMMISSIONS-D-ENQUETES. html.
28. *La Presse*, 24 août 1992, p. B2, cité dans Bruno BOUCHARD, *op. cit.*, p. 131.

Québec ne doit pas enfiler sous aucun prétexte[29] », estime-t-il.

Quelques heures après la fin de la conférence de Charlottetown, le 28 août 1992, au cours d'une conversation téléphonique sur cellulaire, qui est enregistrée à l'insu des interlocuteurs, on entend le principal conseiller constitutionnel de Robert Bourassa, le sous-ministre André Tremblay, confier à sa collègue Diane Wilhelmy que Bourassa a tout cédé au Canada anglais : « En tout cas, on s'est écrasé, c'est tout. » Évoquant les « demandes historiques » du Québec, la sous-ministre Wilhelmy parle pour sa part d'« humiliation ». De larges extraits de la conversation sont publiés dans tous les journaux du Québec et du Canada.

André Tremblay va ensuite mettre en cause la compétence de Bourassa devant une quinzaine de membres de la Chambre de commerce de Montréal. Bourassa avait complètement perdu les pédales dans le sprint final des pourparlers, assure-t-il. Éprouvé par les longues séances de négociations, il ne savait plus très bien ce qui se passait. Selon Tremblay, Bourassa avait même de la difficulté à comprendre l'anglais et devait demander à Mulroney de lui traduire ce qui était dit.

L'appréciation de Tremblay des piètres talents de négociateur de Bourassa est confirmée par le ministre représentant la Colombie-Britannique aux négociations de Charlottetown, Moe Sihota, qui dit publiquement que Bourassa a plié devant le Canada anglais et a mal défendu les intérêts des Québécois. (Sihota ne savait pas qu'il y avait un journaliste dans la salle.)

Avant que ne débute à Québec le congrès spécial du PLQ qui doit entériner la débandade de Robert Bourassa, le 29 août 1992, seuls Jean Allaire, Mario Dumont et une poignée d'autres membres de la Commission jeunesse dénoncent l'Entente de Charlottetown. Solidement soutenu par ses ministres anglophones, par Claude Ryan et Daniel Johnson, Bourassa se fait plébisciter par les 3500 militants qui participent au

---

29. *Le Devoir*, 14 juillet 1992, p. 1, cité dans Bruno BOUCHARD, *op. cit.*, p. 132.

congrès. Il prononce un discours centré sur la protection de l'avenir du Québec. Seulement une centaine de militants appartenant en grande partie à la Commission jeunesse osent afficher leur dissidence. Bruno Bouchard relate dans son livre les réactions que suscite le discours de Bourassa.

> Dans *Le Devoir*, Daniel Latouche cherche à comprendre ce changement de cap aussi brusque de la part du premier ministre du Québec : « Qu'est-ce qui a bien pu se passer pour que cet homme non seulement renie tous ses principes, mais que, de plus, il le fasse avec un tel cynisme et un tel mépris ? »

> Le journaliste Pierre O'Neill explique que, « dans les semaines qui ont précédé le congrès libéral, Me Allaire a vu son chef "glisser petit à petit" sous les pressions d'Alliance Québec et des ministres Ryan, Ciaccia, Elkas, Johnson et autres fédéralistes orthodoxes ».

> Enfin, le journaliste Jean-François Lisée démontre très bien dans son ouvrage *Le Tricheur* que Robert Bourassa a « délibérément triché avec son peuple dans la période qui a suivi l'échec de l'Accord du lac Meech en faisant rêver les Québécois d'une souveraineté confédérale tout en sachant qu'il ne s'y résoudrait jamais ». Il soutient que Bourassa a sciemment berné ses proches conseillers, ses ministres, ses députés et ses militants. Pendant qu'il faisait miroiter une forme de néo-fédéralisme avec le Canada anglais, comme stratégie de repli en cas d'échec des négociations constitutionnelles, il assurait ses homologues des autres provinces qu'il n'y croyait pas et qu'il voulait « rester dans le Canada à tout prix ». Lisée décrit cette période comme « l'histoire d'un détournement et d'un vol. Le vol d'un moment historique, gaspillé par un homme pétrifié par son propre rêve [30]. »

Bourassa avait trompé les dirigeants de son propre parti en les laissant élaborer un plan détaillé de l'accession du Québec à la souveraineté dans l'éventualité de l'échec de la conférence constitutionnelle de Charlottetown, alors qu'il avait assuré les dirigeants anglophones du pays de son allégeance indéfectible au Canada. Les détails de ce plan, contenus dans un document secret de 39 pages intitulé *Trame et scénario d'un discours référendaire*, seront publiés par le journaliste Pierre O'Neill dans *Le Devoir* six mois plus tard.

---

30. Bruno Bouchard, *op. cit.*, p. 133-134.

Ce comité secret, composé de Pierre Anctil, Jean Allaire, Pierre Saulnier, Thierry Vandal, Jacques Gauthier et Michel Bissonnette, arrivait à la conclusion que le Canada était un pays ingouvernable et entendait proposer aux Québécois de former un nouvel espace économique et politique. En évitant ainsi la rupture brutale, le vieux rêve de Bourassa de la souveraineté partagée aurait permis de « minimiser les risques et les coûts économiques des changements proposés pour toutes les parties [31] ».

Mais Bourassa complote déjà un détournement de référendum. Avec l'Entente de Charlottetown, il a trouvé le prétexte idéal pour se défaire de l'engagement de tenir un référendum sur l'indépendance du Québec qui aurait d'excellentes chances de triompher. Selon les sondages internes du PLQ, 72 % des Québécois appuyaient alors l'option souverainiste.

Avec le projet de loi n° 178, en 1985, Bourassa avait trahi ses commettants anglophones à qui il avait promis le bilinguisme. Maintenant, en amendant la loi 150, il trahit les francophones. Le 3 septembre, l'Assemblée nationale du Québec modifie la loi 150 : le référendum prévu sur la souveraineté du Québec portera sur l'Entente de Charlottetown. Bourassa ment effrontément devant l'Assemblée : « Ce n'est pas tout à fait le lac Meech, mais nous avons fait des gains substantiels. »

Jean Allaire a déjà annoncé le 1er septembre qu'il fera campagne pour le NON. Il est rejoint le 14 septembre par Mario Dumont, président de la Commission jeunesse du PLQ. Les deux hommes créent, pour sauver l'honneur de leur parti, le Réseau des libéraux pour le NON. Ils seront à l'origine de l'Action démocratique du Québec. Aujourd'hui, l'ADQ prend une douce revanche sur le PLQ qui paie maintenant pour les décennies d'imposture et les liens trop étroits avec le Québec anglais dont il est l'instrument politique.

À la fin de septembre 1992, l'Ouest du Canada s'apprête à voter NON. Les « Westerners » de l'Ouest n'ont jamais oublié Meech. À leurs yeux, Charlottetown est encore pire. Le temps

---

31. *Le Devoir*, 17 mai 1993, p. 1, cité dans Bruno BOUCHARD, *op. cit.*, p. 135-136.

est venu pour eux de remettre le Québec à sa place une fois pour toutes.

> Ils refusent d'être étiquetés francophobes, mais plusieurs se défi-nissent, sans gêne, anti-Québec. Et l'entente constitutionnelle les irrite au plus haut point, car ils estiment que le reste du Canada a cédé au chantage du gouvernement Bourassa, qui n'a jamais réel-lement eu l'intention de tenir un référendum sur la souveraineté.

> Pour les forces du NON en Colombie-Britannique, ce n'est pas Robert Bourassa qui a cédé sous la pression, mais plutôt le reste du Canada avec en tête le premier ministre provincial Mike Harcourt. Pour bien des électeurs de cette province, l'Entente de Charlotte-town offre « Meech plus » au Québec, ce qui est jugé inacceptable car la majorité de la population avait clairement rejeté « l'esprit » de Meech [32].

Les Canadiens anglais des provinces de l'Ouest fulminent parce qu'ils sont convaincus que leur contribution aux paie-ments de péréquation va au Québec, qu'ils accusent d'être l'assisté social de la Confédération. Ils oublient que le budget géré par leur héros Clyde Wells provient à 57 % des paiements de péréquation !

Le monstre du lac Meech refait surface à Charlottetown

Trudeau intervient dans le débat à deux occasions. D'abord, il publie un texte dans *L'Actualité* et dans *Maclean's Magazine* dans lequel il accuse les Québécois d'être des « maî-tres chanteurs » toujours prêts à « extorquer » davantage du Canada anglais. Il revient aussi sur la « société distincte » pour dire encore une fois que c'est un concept raciste. Évidemment, lorsque Trudeau diffame les Québécois, la presse de Toronto boit ses paroles comme du petit lait.

> *Quebec nationalists are « master blackmailers » whose demands will never stop unless the rest of Canada learns to say no, Pierre Trudeau*

---

32. Philippe Dubuisson. « Le Canada anglais a cédé au chantage de Bourassa », *La Presse*, 22 septembre 1992, p. A1.

*says. [...] Trudeau urges Canada's leaders to have the courage to risk
the country's destruction, rather than face endless demands from
Quebec. « The blackmail will cease only if Canada refuses to dance to
that tune, he writes. [...] The distinct society concept, he argues, has
a good chance of becoming a tool used by the French-speaking majority to override the rights of Quebec's English-speaking minority,
native peoples and immigrants. Are we dealing, Trudeau asks, with a
frankly racist notion that makes second- or third - class citizens of
everyone but "old stock" Quebecers* [33] ?»*

Quand Trudeau, qui a le mépris le plus absolu pour la
société québécoise, emploie le « nous » rhétorique pour s'assimiler à cette engeance inférieure, la presse anglophone exulte
et le cite avec délectation.

*Only in the St. Jean Baptiste parade are we a race of giants; when the
next day dawns and we come to measure ourselves against other
Canadians as individuals, we are afraid we are not equal but inferior
to them, and we run and hide behind our collective rights which, if
need be, we invoke to override the fundamental rights of others* [34].

Trudeau va répéter ses rengaines lors d'une intervention
tonitruante le 1er octobre 1992 devant 400 fidèles de la revue
Cité libre au restaurant *La Maison du Egg Roll* de Montréal. Cette
fois, il décrit l'Entente de Charlottetown comme un document
honteux qui va affaiblir le Canada et créer plusieurs catégories
de citoyens. Il ajoute : « Les bonzes de Charlottetown ont fait un
gâchis et ce gâchis mérite un gros NON. » Au début de son discours, il cite Victor Hugo sur un ton dramatique : « Braves gens,
prenez garde aux choses que vous dites. Tout peut sortir d'un
mot qu'en passant vous perdîtes. Toute la haine et le deuil... »

L'homme dont les propos exacerbent depuis des décennies
la haine du Canada anglais contre le Québec ne pouvait pas
mieux dire.

À l'occasion de la consultation de Charlottetown, le
Pr André Blais, du département de science politique de

---

33. Rosemary SPEIRS, « Resist Quebec "Blackmailers", Trudeau Says », *The Toronto
Star*, 21 septembre 1992, p. A1.
34. *Ibid.*

l'Université de Montréal, et trois autres chercheurs réalisent ce qu'ils considèrent comme l'« étude la plus complète jamais réalisée au Canada et dans le monde » sur les opinions, les intentions et les comportements des électeurs lors d'un référendum[35]. En tout, 1000 personnes au Québec et 1500 au Canada anglais sont interrogées à deux occasions, soit durant et après le référendum. Pour les auteurs, il est clair que le Reste du Canada a rejeté les demandes du Québec pour les raisons qu'André Blais explique dans la revue *Forum* de l'Université de Montréal.

> Ce rejet s'est manifesté de quatre façons : une majorité d'électeurs rejetait la notion de société distincte même si elle n'était plus exprimée dans les termes de Meech ; une majorité écrasante rejetait l'idée de réserver vingt-cinq pour cent des sièges de la Chambre des communes au Québec ; la plupart des électeurs ne croyaient pas que le Québec se séparerait advenant une victoire du Non et que, de toute façon, il en demanderait toujours plus ; les électeurs se sont fiés davantage à leurs impressions, positives ou négatives, à l'égard du Québec, qu'au contenu de l'entente[36].

Et leur impression négative sur le Québec, ils la doivent à Trudeau. Selon André Blais, le OUI était en avance au Canada anglais jusqu'au fameux « discours du *Egg Roll* » de Trudeau : « Au lendemain de ce discours, l'appui du Canada anglais a chuté de vingt points. » Trudeau avait, encore une fois, réussi à rendre respectable le ressentiment contre le Québec. Cautionné par Trudeau, le mépris du Québec était devenu politiquement acceptable au Canada anglais.

Par contre, Blais affirme dans *Forum* que Trudeau n'a eu aucune influence sur les intentions de vote des Québécois.

> « Au début de la campagne, le "oui" était majoritaire, reprend André Blais. Il a chuté avant le discours de Trudeau, lorsque Jean Allaire a rompu avec le Parti libéral. »

35. Richard Johnston, André Blais, Élisabeth Gidengil et Neil Nevitte, *The Challenge of Direct Democracy. The 1992 Canadian Referendum*, Montréal, McGill-Queen's University Press, 1996.

36. Daniel Baril, « Le référendum de Charlottetown scruté à la loupe », *Forum*, vol. 31, n⁰ 12, 18 novembre 1996, cité sur **www.forum.umontreal.ca/numeros/ 1996-1997/Forum96-11-18/article06.html**.

Jean Allaire a entraîné avec lui 40 % du vote fédéraliste. Pour l'emporter au Québec, il aurait fallu que la presque totalité des fédéralistes – représentant 60 % des électeurs en 1992 – votent « oui ». « Cela peut signifier que les fédéralistes québécois ne sont pas fédéralistes à n'importe quel prix », commente le professeur [37].

Trudeau réussit donc à raviver, à l'occasion du référendum de Charlottetown, la vague d'hostilité contre le Québec soulevée durant les négociations du lac Meech : Brian Mulroney, le principal artisan de Charlottetown, sait à la mi-octobre qu'il est pratiquement impossible de contrer le déchaînement d'hostilités suscité par Trudeau : « Il reconnaît qu'il existe "un sentiment anti-Québec un peu partout au pays [38]". »

L'hystérique commentatrice du *Financial Post* Diane Francis remercie Trudeau d'avoir permis au Canada anglais de faire connaître publiquement ses véritables sentiments envers le Québec sans complexe de culpabilité.

> *Seems to me Trudeau has already made a big difference. Until he spoke out against the deal it was politically incorrect to be against it, considered « redneck » to say that separatist blackmailed Canada. I think Trudeau created this mess in the first place, but that aside he's right about the blackmail* [39].

Non satisfait d'encourager la haine des adultes contre le Québec comme plusieurs médias du Canada anglais, le journal populaire *Toronto Sun* publie le 3 octobre dans sa section jeunesse *The Young Sun*, une BD destinée à alimenter l'hostilité des enfants contre les souverainistes québécois.

> Les jeunes lecteurs du *Toronto Sun* ont eu une bande dessinée assez inusitée à se mettre sous la dent dimanche : les aventures du héros Valentin contre un séparatiste du Bloc québécois, qu'il n'arrive pas à convaincre d'utiliser la persuasion plutôt que la violence

---

37. *Ibid.*
38. Michel VASTEL, « Mulroney reconnaît qu'il se bat contre un ressac anti-Québec », *Le Soleil*, 15 octobre 1992, p. A4.
39. Diane FRANCIS, *The Financial Post*, 13 octobre 1992, p. 15.

dans son action politique.

L'action se déroule, lit-on dans les bulles, durant une violente confrontation à l'Université Laval, à Québec. Le méchant, qui porte [un chandail sur lequel est] imprimé en gros « Bloc québécois », est en train de casser la figure à un adversaire en disant : « Non ! Le Bloc québécois dit non, non, non ! On se battra encore jusqu'à la fin. Non !»

Le héros est une sorte de croisement entre Superman et Batman, avec des cœurs cousus sur la poitrine. Valentin déborde de modération, de gentillesse, d'ouverture. Le vilain séparatiste, lui, ne veut rien entendre, parle de sang, de violence, et cogne à tout va [40].

Le chroniqueur Michael Bliss du *Toronto Star* résume l'attitude du Reste du Canada face à Charlottetown à quelques semaines du référendum. On voit tout de suite l'influence de l'intervention de Trudeau, mais aussi le fossé d'incompréhension et de méfiance qui sépare le Canada anglais du Québec.

Charlottetown accord is wrong because it gives Quebec a special, privileged status within Canada. It does this in three ways [...]

Quebec is to have one-quarter of all of the seats in the House of Commons, no matter what happens to its population. Because Quebec, like all other provinces, will have veto power over changes to this guarantee, it is unlikely ever to be repealed. If the population of Quebec does not keep up with that of Canada, serious problems of unfair representation are bound to develop. Individuals in Quebec will have more political weight than individuals in the rest of Canada. The fact that this already happens on a small scale (with P.E.I., for example) is no justification for applying it on a large scale [41].

Que l'Île-du-Prince-Édouard se soit fait garantir pour l'éternité un nombre minimal de sièges au Parlement fédéral ne gêne aucunement le Canada anglais : « *They are our people !* » Mais qu'on garantisse le quart des sièges des Communes au Québec, cela devient un affront à la démocratie. Ce n'est pas

---

40. A.I., « Valentin contre le vilain séparatiste », *La Presse*, 6 octobre 1992, p. B4.
41. Michael Bʟɪss, « It's Wrong to Entrench Extra Status for Quebec », *The Toronto Star*, 5 octobre 1992, p. A21.

la même chose, dira-t-on, ils sont plus nombreux, ils participent d'une culture totalitaire, xénophobe et rétrograde et ils sont incapables d'apprécier les libertés anglo-saxonnes.

Les Anglo-Canadiens refusent viscéralement la clause de la société distincte depuis que Trudeau a sonné l'alerte durant la campagne contre Meech. Pour eux, il n'y a qu'une société au Canada, celle qui gravite autour de Toronto, et les Québécois comme les autres Canadiens doivent s'y fondre. D'ailleurs, c'est pour leur propre bien. Pour leur permettre de devenir véritablement démocratiques et civilisés! On serait prêt, à la limite, à leur permettre de sauver la face, pourvu qu'ils se contentent de belles paroles ronflantes dans le préambule, mais rien d'autre.

> *The Constitution of Canada is to be « interpreted in a manner consistent with » the recognition that « Quebec constitutes within Canada a distinct society, which includes a French-speaking majority, a unique culture and a civil law tradition ». As well, « The role of the legislature and Government of Quebec to preserve and promote the distinct society of Quebec is affirmed ».*
>
> *As was often said during Meech Lake, there would be no problem giving symbolic recognition to Quebec's « distinct society » in a preamble to the constitution. But the Charlottetown version seems as powerful and offensive as the original Meech Lake version* [42].

Ce qui donne également des frissons au Canada anglais, qui opprime les minorités francophones depuis la Conquête, c'est que l'Entente de Charlottetown prévoit qu'une majorité de sénateurs francophones devra approuver les projets de loi touchant la langue et la culture françaises au Canada. Ce procédé donnerait au Québec les moyens de protéger les francophones hors Québec, comme Ottawa peut le faire pour les Anglo-Québécois.

> *« Bills that materially affect French language or French culture would require approval by a majority of Senators voting and by a majority of the francophone Senators voting. » The House of Commons has no*

---

42. *Ibid.*

override here. Most of the francophone Senators will be from Quebec. Senators can be « elected » by provincial legislatures, which means that these Senators will be appointed by the Quebec government. The next time Quebec has a Pequiste government, the Senators it appoints will have a veto over any legislation materially affecting French language or French culture anywhere in Canada. This is special privilege, and a recipe for paralysis [43].

Dans les semaines qui précèdent la signature de l'Entente de Charlottetown, une campagne d'écriture de lettres destinées aux Québécois est lancée par le Canada anglais. On fait paraître des encarts dans de nombreux journaux, dont certains sont parmi les plus hostiles à l'égard du Québec.

Intitulé « Aimez-vous le Canada ? Voudriez-vous qu'il redevienne fort et uni et êtes-vous suffisamment motivé pour faire quelque chose ? », l'encart propose trois options : soit d'écrire la lettre, soit de se rendre disponible pour aller prononcer des discours en français au Québec, soit d'envoyer de l'argent pour aider la campagne [44].

On incite les anglophones à écrire aux Québécois pour leur dire qu'il ne faut pas démanteler ce magnifique chef-d'œuvre qu'est le Canada. Comme l'immense majorité des Canadiens anglais sont unilingues et fiers de l'être, une lettre écrite d'avance leur est proposée.

Le contenu de cette lettre en dit long sur les préjugés que les anglophones entretiennent à propos du Québec. Les Canadiens français y sont présentés comme des gens chaleureux, joviaux et créateurs (pourquoi pas avec des tuques et des ceintures fléchées ?), qui ont besoin de la protection du Canada sous peine de devenir des espèces de « Louisianais du nord ». Bien sûr, on ne mentionne nulle part comment, depuis plus de deux cents ans, le Canada anglais, de volonté délibérée, a systématiquement réprimé la langue française et y est parvenu partout, sauf au Québec. « Le Canada protège le Québec de la

---

43. *Ibid.*
44. Suzanne DANSEREAU, « Des Canadiens écrivent aux Québécois pour les convaincre de rester dans le Canada », *La Presse*, 1er septembre 1992, p. A17.

domination américaine de la même façon que la couche d'ozone nous protège des rayons ultraviolets directs et néfastes du soleil[45]. »

Comme si le Québec avait besoin d'être protégé de la culture américaine par un Canada anglais qui a déjà vendu son âme à l'Oncle Sam et dont la culture n'est qu'une copie fade et translucide de ce qui se fait aux États-Unis… La culture de masse anglo-canadienne est diluée dans « l'américanité » au point de ne plus exister.

Pendant que les leaders politiques du Canada anglais multiplient les déclarations conciliantes, les appels à la réconciliation et à la bonne entente, les francophones hors Québec subissent la rancœur du Canada anglais, dont l'intolérance naturelle envers les minorités est maintenant amplifiée par les querelles constitutionnelles. Depuis toujours bastion de xénophobes antifrancophones et antiminorités, la Saskatchewan fait payer à ses francophones la volonté d'affirmation nationale du Québec. Le jour même où Roy Romanow, le premier ministre de la Saskatchewan, signe l'Entente de Charlottetown, son gouvernement suspend l'adoption d'un projet de loi accordant aux francophones le droit de gérer leurs écoles. Comme l'écrit Caroline Montpetit dans *Le Devoir*, les parents fransaskois s'estiment pris en otages dans la crise constitutionnelle, notamment en ce qui concerne leur droit de gérer leurs propres écoles dans leur province.

> En effet, quatre jours après le dépôt du projet de loi en Chambre, le 28 août dernier, le gouvernement suspendait les travaux, « en raison des débats constitutionnels ». « Il nous a été dit à ce moment-là, par des sources gouvernementales, qu'on préférait ne pas éveiller les sensibilités linguistiques », expliquait hier Gérard Leblanc, président de l'Association [des parents francophones].
>
> À l'heure actuelle, les francophones de Saskatchewan sont tenus d'envoyer leurs enfants à l'école d'immersion française, destinée aux anglophones, en raison du refus de leur gouvernement de

---

45. *Ibid.*

modifier la loi sur l'éducation qui leur accorderait la gestion d'écoles typiquement francophones. Or, l'école d'immersion, par définition, est conçue pour transmettre le français comme langue seconde aux anglophones et non pour transmettre la culture française aux francophones, expliquait hier Gérard Leblanc [46].

Relevant de commissions scolaires anglophones, ces écoles, qui sont pourtant souvent bondées de francophones, sont gérées en anglais, et offrent carrément aux étudiants une éducation adaptée aux besoins de « bilinguisation » de la communauté anglophone de Saskatchewan [47]. Ni Trudeau ni Mordecai Richler n'interviennent publiquement pour dénoncer la situation ! Bien sûr, cela n'a aucune importance : il s'agit seulement de Fransaskois et non d'Anglo-Québécois.

Le 26 octobre 1992, le Canada et le Québec se prononcent sur l'Entente de Charlottetown dans deux référendums parallèles. Le Canada anglais dit NON à 56,7 %. Le Québec, lui, le rejette à 57 %. Comme les précédentes, cette tentative de modifier la Constitution canadienne en tenant compte « des deux peuples fondateurs » a lamentablement échoué. Le Canada anglais et le Québec ont rejeté l'Entente de Chalottetown pour des raisons diamétralement opposées.

> Le fragile consensus proposé par la classe politique canadienne a été perçu comme un compromis inacceptable par une majorité de Canadiens. Les Québécois n'ont accepté ni les concessions de leur premier ministre ni les gains des autres provinces, alors que le Canada anglais, de son côté, a refusé au Québec le concept de société distincte et les outils de protection qui l'accompagnaient [48].

Après avoir trahi les promesses faites aux Anglo-Québécois en 1985 au sujet du rétablissement du bilinguisme, Bourassa a maintenant trahi les Québécois francophones. Maître de la tromperie, il a laissé son parti s'engager très loin dans la voie

---

46. Caroline MONTPETIT, « Les parents fransaskois s'estiment pris en otages », *Le Devoir*, 9 octobre 1992, p. A4.

47. *Ibid.*

48. Jacques LECLERC, *op. cit.*

de la souveraineté du Québec. Pour lui, la menace de l'indépendance, le « couteau sur la gorge » de Léon Dion, n'a jamais été qu'une feinte de négociations qu'il n'avait nullement l'intention de réaliser. Après avoir utilisé le courant nationaliste, il a multiplié les manœuvres dilatoires pour donner le temps à la popularité de l'option souverainiste de s'essouffler.

Bourassa s'est placé sous la protection des barons anglophones du PLQ, de Claude Ryan et des lobbys anglais du Québec comme on se place sous la protection de la loi sur les faillites.

Chapitre 5

Le référendum de 1995 :
le temps des hypocrites

L'option souverainiste a été fouettée par le mépris du Canada anglais et de ses médias à l'occasion des négociations constitutionnelles du lac Meech et du référendum de Charlottetown, et par l'effondrement ignominieux de Robert Bourassa devant le Reste du Canada. On avait signifié au Québec, deux fois plutôt qu'une, qu'il était une province comme les autres et qu'il allait le demeurer. Il n'y avait pas de société distincte. Encore moins de peuple québécois. Pierre Trudeau l'avait bien dit : les Québécois n'étaient qu'un petit groupe de « maîtres chanteurs » qui tentaient d'« extorquer » davantage au Canada anglais. Leur bluff avait été éventé : ils n'avaient plus qu'à prendre leur trou.

Au cours de l'année 1993, le Parti libéral du Québec achève sa reconversion au fédéralisme tranquille. Après la mort de Bourassa, il se choisit comme chef un personnage incolore, inodore et sans saveur, Daniel Johnson fils, un fédéraliste à tous crins. Avant d'entrer en politique, il semble n'avoir jamais rien fait d'autre que d'être un des nombreux porteurs de valises de Paul Desmarais à Power Corporation. Johnson montre immédiatement patte blanche à ses amis anglophones du Québec et du Reste du Canada en proclamant fièrement et sans état d'âme : « *I am a Canadian first and foremost.* »

Daniel Johnson a oublié que le PLQ ne peut pas se faire élire en comptant uniquement sur le vote non francophone.

Comme chef du parti, il doit, à tout le moins, faire semblant de prendre en compte les intérêts et les aspirations de la majorité des Québécois. Il va tenter maladroitement de racheter sa bévue.

Le jeudi 16 juin 1994, le nouveau chef du PLQ participe à Terre-Neuve à une conférence présidée par Clyde Wells, l'homme qui a donné le coup de grâce à Meech. Il s'agit de la réunion annuelle des premiers ministres de l'Est du Canada et des gouverneurs des États américains limitrophes. Pour tenter de faire oublier sa déclaration de foi *canadian*, Daniel Johnson propose un autre Meech dans trois ans. Les vociférations du Canada anglais le forcent rapidement à battre en retraite. Ce sera sa première volte-face sur la question nationale. Il présentera aussi par la suite ses excuses pour avoir déclaré : « *I am a Canadian first and foremost.* » Si Paris vaut une messe, les votes nationalistes valent bien un petit reniement temporaire de ses convictions profondes !

Johnson se déguise en nationaliste pour la bonne cause. On est à quelques mois des élections générales au Québec. Tous les sondages indiquent que les francophones désertent le Parti libéral au profit du Parti québécois. Les zigzags constitutionnels de Johnson et des libéraux en quête de votes francophones amusent l'éditorialiste du *Soleil*, Raymond Giroux.

> Faut-il en rire ou en pleurer ? Depuis un certain congrès d'août 1992 qui a mis au rancart le rapport Allaire et exclu les plus convaincus de ses promoteurs, et depuis le référendum perdu sur l'Entente de Charlottetown, les libéraux provinciaux mangent leur bas à chaque fois que surgit la question constitutionnelle. Comment peuvent-ils sérieusement reprendre le flambeau du nationalisme alors que leur chef tient des propos confus sur son identité [1] ?

Aux élections générales du 12 septembre 1994, Daniel Johnson est chassé du pouvoir. Les libéraux provinciaux qui

---

1. A.I., T.I., *Le Soleil*, 24 septembre 1994, p. A16, cité dans Bruno BOUCHARD, *Trente ans d'imposture. Le Parti libéral du Québec et le débat constitutionnel*, Montréal, VLB, 1999, p. 142.

n'ont pas respecté leurs engagements envers les Québécois en paient le prix politique. Dans l'opposition, ils ruminent leur défaite et cherchent de nouveaux moyens de poursuivre leur imposture nationaliste. En avril 1995, un comité du PLQ, présidé par le député de Nicolet, Maurice Richard, propose timidement d'entreprendre une « démarche confiante d'affirmation tranquille ». Avec une pareille expression, il est évident que le Parti libéral ne veut surtout pas troubler la quiétude du Canada anglais. On dirait un serviteur bonasse qui quémande une permission à son maître. Tous les poncifs y passent, du fédéralisme flexible aux ententes administratives. Johnson désavoue publiquement le rapport Richard, mais s'en réclame quand même à l'occasion d'une réunion du Conseil pour l'unité canadienne à Ottawa. En fait, on apprendra quelques semaines avant le référendum que les libéraux provinciaux ont mis au point leur position constitutionnelle en étroite collaboration avec le gouvernement fédéral.

Peu après son accession au pouvoir, Jacques Parizeau dépose, en septembre 1994, un avant-projet de loi sur la souveraineté du Québec. Le gouvernement du Parti québécois amorce aussi des consultations publiques d'un bout à l'autre de la province, les Commissions sur l'avenir du Québec, qui se poursuivront durant l'hiver 1994-1995. Quand Jacques Parizeau ose évoquer l'hostilité du Canada anglais et de ses médias envers le Québec, le *Toronto Star* s'offusque et se plaint dans un éditorial que « Parizeau invente des ennemis au Québec ». Le chroniqueur Michel David réplique :

> Ces gens-là s'imaginent peut-être qu'on ne sait pas lire ou que la loi 101 interdit la distribution des journaux anglophones. Qu'ils ne manquent aucune occasion de nous « planter », soit. Mais qu'ils aient au moins la décence de l'admettre [2].

---

2. Michel DAVID, « Ces ennemis qu'on invente », *Le Soleil*, 26 novembre 1994, p. A14.

La campagne référendaire

Durant l'été de 1995, les forces souverainistes s'organisent en vue d'un prochain référendum. Le 12 juin, le Parti québécois, le Bloc québécois et l'Action démocratique du Québec signent une entente qui formule l'essentiel du projet qui sera présenté à la population : ce deuxième référendum propose un Québec souverain assorti d'un partenariat économique et politique négocié avec le Reste du Canada.

Le 7 septembre, Jacques Parizeau présente à l'Assemblée nationale du Québec le projet de loi sur la souveraineté qui serait adopté si le référendum prévu pour le 30 octobre était gagnant. La question qui sera posée aux Québécois est la suivante : « Acceptez-vous que le Québec devienne souverain, après avoir offert formellement au Canada un nouveau partenariat économique et politique, dans le cadre du projet de loi sur l'avenir du Québec et de l'entente du 12 juin ? »

Les fraudes et magouilles référendaires du Conseil pour l'unité canadienne

Dès le début de la campagne référendaire, il devient évident que le Canada anglais est prêt à tout pour assurer la victoire du NON. Le gouvernement fédéral a, durant cette campagne, dépensé secrètement et illégalement au moins 5 millions de dollars pour promouvoir le NON, et une de ses officines de propagande a encouragé la fraude électorale lors du scrutin. Les fonds secrets ont été distribués par l'entremise d'Option Canada, un organisme mystérieux relevant du Conseil pour l'unité canadienne.

Derrière sa façade d'organisme privé de bienfaisance non partisane, le Conseil pour l'unité canadienne est en fait un organe de propagande politique, de désinformation et de renseignement, financé par le gouvernement fédéral et de grandes entreprises canadiennes. Surtout ciblé sur le Québec, le Conseil pour l'unité canadienne est au service du fédéralisme en général et des partis libéraux fédéraux et québécois en particulier ; il intervient souvent en sous-main. Lors du référendum de 1995, il est au cœur de toutes les combines pour favoriser le NON.

Selon un des rares rapports internes du Conseil pour l'unité canadienne qui a fait l'objet d'une fuite au cours des dernières années (Sommaire des activités de mars 1995), les responsables du Conseil avouent qu'ils s'adonnent principalement à des activités partisanes depuis 1993 – à l'exclusion des quelques activités reliées à son statut d'organisme de « bienfaisance ».

Croyant en 1993 qu'une victoire électorale du Parti québécois était probable et qu'il y aurait un référendum vers 1995, le Conseil s'est associé au Parti libéral du Canada, au Parti libéral du Québec et au Parti conservateur, et il a préparé à leur intention « un inventaire complet et une analyse exhaustive » de toutes les forces souverainistes au Québec, comté par comté. Le Conseil a rédigé le principal argumentaire employé par le camp du NON, vendu à perte dans toutes les tabagies du Québec.

Grâce à un bulletin d'actualité confectionné tôt le matin et distribué par télécopieur, le Conseil pouvait suggérer des lignes de presse à presque tous les leaders canadiens-anglais susceptibles d'intervenir dans le débat référendaire.

Le Conseil a aussi commandé, en collaboration avec le PLC, le PLQ et PC, le plus grand sondage politique de l'histoire québécoise : plus de 10 000 entrevues, dix fois le nombre habituel. Et c'est le Conseil, toujours agissant au nom des trois partis politiques fédéralistes, qui a commandé le tract référendaire publié par Angéline Fournier et Kimon Valaskakis de l'institut Gamma (*Le Piège de l'indépendance*, 1995).

Et pour mieux dissimuler toutes ses activités de propagande, le Conseil a multiplié ses raisons sociales : Conseil Québec, Coalition des partenaires, Impact 95, Conseil québécois des gens d'affaires pour le Canada, Génération 18-35, organismes qui partagent tous le même personnel et les mêmes locaux du Conseil pour l'unité canadienne [3].

---

3. André Bzdera, T.I., *Le Devoir*, 14 janvier 1997, cité sur www.vigile.net/pol/fed/bzderafraser.html.

Durant la campagne référendaire de 1995, Option Canada a dépensé clandestinement près de 5 millions de dollars, soit autant que ce que chacun des camps était autorisé à dépenser. Si l'on considère l'énorme somme investie en faveur du NON, on peut penser qu'Option Canada a influencé le résultat de façon significative. Option Canada a reçu sa première subvention seulement dix-sept jours après avoir été constituée (le 7 septembre 1995) et une semaine avant le déclenchement officiel de la campagne, « ce qui constitue sans doute un record de célérité de tous les temps pour l'octroi de fonds fédéraux », constate Martin Leclerc dans *Le Journal de Montréal*. Le budget total aurait été approuvé en l'espace de trente-trois jours sans qu'on sache au juste à quoi ces fonds allaient servir[4].

En fait, les seuls renseignements disponibles sur ce nid de combines fédéralistes se trouvaient en possession du directeur général des élections du Québec, qui avait enquêté sur Option Canada pour savoir comment cet organisme avait secrètement dépensé 4,8 millions de dollars durant la campagne de 1995. Un jugement de la Cour suprême du Canada invalidant une partie des lois électorales du Québec a mis fin à son enquête alors qu'il la menait depuis déjà six mois.

Selon les documents que j'ai obtenus en vertu de la Loi sur l'accès à l'information du Québec, lorsqu'ils ont été obligés de fermer le dossier, les enquêteurs québécois croyaient qu'Option Canada n'était qu'un paravent permettant au Conseil pour l'unité canadienne de régulariser sa comptabilité au regard de l'impôt.

D'après ces documents, Option Canada aurait été créée afin de protéger le privilège du Conseil pour l'unité canadienne d'émettre des reçus pour fins d'impôts. Plusieurs grandes entreprises canadiennes finançaient en effet les activités de « bienfaisance » du Conseil. Les bailleurs de fonds risquaient de donner moins d'argent si leurs contributions, utilisées à des fins partisanes, n'étaient plus déductibles d'impôts! L'orga-

---

4. Bruno BOUCHARD, *op. cit.*, p. 151.

nisme bidon, Option Canada, aurait donc obtenu cette monumentale subvention fédérale afin de couvrir des dépenses déjà engagées par le Conseil pour l'unité canadienne pour diverses opérations antiquébécoises.

Les documents en possession du directeur général des élections du Québec démontrent que le président d'Option Canada, Claude Dauphin, ex-député libéral de Marquette, a affirmé que le gestionnaire des fonds d'Option Canada, René Lemaire, lui a fait signer une demande de subvention de quelque 10 millions de dollars. Le ministre du Patrimoine, alors Michel Dupuy, ne versera cependant que 4,8 millions de dollars puisés à même des fonds votés pour aider les minorités linguistiques dans tout le Canada !

Les anciens administrateurs d'Option Canada ont catégoriquement refusé de fournir aux enquêteurs québécois les bilans, les états financiers, les livres de dépenses et les numéros des comptes bancaires de l'organisme. Encore aujourd'hui, le mystère est toujours aussi complet sur la façon dont ces 4,8 millions de dollars ont été dépensés. Sheila Copps, qui a succédé à Michel Dupuy au poste de ministre du Patrimoine, a toujours refusé de révéler la destination de ces fonds, sinon pour dire qu'ils avaient servi à défendre l'unité du pays. Même le vérificateur général du Canada, Denis Desautels, a été incapable de découvrir ce qu'ils sont devenus.

Lorsque *Le Journal de Montréal* a demandé à Claude Dauphin où était passé l'argent, celui-ci a simplement déclaré qu'il ne s'en souvenait plus. Claude Dauphin deviendra, en décembre 1997, le conseiller principal du ministre des Finances, Paul Martin, sur les questions québécoises avant de se joindre à l'équipe de Gérard Tremblay à la mairie de Montréal.

Selon le Bloc québécois, il est possible qu'Option Canada ait violé ainsi la loi québécoise sur les référendums, car son budget total n'est pas inclus dans les cinq millions de dollars dépensés par le camp du NON durant la campagne référendaire. Il pourrait donc s'agir d'un détournement de fonds au détriment des minorités linguistiques du Canada, puisque cette subvention représente un montant cinq fois supérieur au montant habituellement accordé à la Fédération des communautés francophones et acadiennes du Canada[5].

Malgré les scandaleuses lacunes de sa gestion des fonds publics, le Conseil pour l'unité canadienne continue de recevoir des millions de dollars du gouvernement fédéral. Entre 1996 et 2000, Ottawa a transféré la somme fabuleuse de 30 millions de dollars au Conseil où pataugent allègrement de nombreux militants, sympathisants et partisans libéraux fédéraux et provinciaux. Ce service de propagande et de renseignement montréalais (devrait-on parler d'auge libérale?) a reçu près de 23 millions du ministère du Patrimoine et 7 millions de Développement et Ressources humaines Canada.

Il est intéressant de noter que l'ancien directeur de l'information de Radio-Canada, Pierre O'Neil, siège au Conseil pour l'unité canadienne, tout en étant le directeur général de l'une de ses officines, le Centre de recherche et d'information sur le Canada. Avant de diriger l'information à Radio-Canada, O'Neil avait été l'attaché de presse de Pierre Elliott Trudeau. Beau cheminement à travers les services de propagande du gouvernement fédéral!

Le Conseil pour l'unité canadienne a été associé à une autre manœuvre insidieuse destinée à assurer la victoire du NON. L'astuce cette fois consistait à exploiter la générosité des lois électorales québécoise qui permettaient à tout ex-résident du Québec parti depuis moins de deux ans, qui manifestait son intention de s'y établir de nouveau, de voter au référendum.

Un groupe proche du Parti libéral du Québec, le Committee to Register Voters Outside Quebec, s'est chargé de recruter des électeurs hors Québec par Internet et leur a fait parvenir les documents nécessaires par la poste. Le site Internet du Comité, qui a fonctionné d'août à septembre 1995, contenait les formulaires à envoyer au directeur général des élections du Québec

---

5. *Ibid.*, p. 152.

pour accélérer l'enregistrement des non-résidents prétendument impatients de revenir s'établir au Québec, et ainsi faciliter la fraude. Bien sûr, l'immense majorité de ces non-résidents qui ont voté NON l'ont fait sous couvert de fausses déclarations et ne sont jamais revenus vivre au Québec. Ils se recrutaient parmi les anglophones souvent unilingues, hostiles au français, qui avaient quitté le Québec après l'arrivée au pouvoir du PQ. Le webmestre du site du Committee to Register Voters Outside Quebec, P. Paul Fitzgerald, qui sera candidat du Reform Party dans la région d'Ottawa en 1997, souligne l'impact de l'opération.

> This campaign, aimed at 50,000 non-resident Quebecers, was of particular importance given the very narrow 40,000 vote margin by which the referendum was decided[6].

La manœuvre était tellement odieuse que même le chroniqueur Don MacPherson de la *Gazette* l'a dénoncée dans un texte intitulé « Bid to Lure Outside Voters not a Formula for Stability ».

> The committee describes itself as non-partisan. Maybe that's because it includes members associated with several political parties. But all those parties have one thing in common: they're federalist. None of the committee's nine members is known to be a Quebec nationalist. All but one are non-francophones, a group that tends overwhelmingly to be federalist and to support the Quebec Liberal Party.
>
> One member, Lawrence Bergman, is a Liberal member of the National Assembly. The chairman, Montreal lawyer Casper Bloom, is a supporter of the Liberal Party.
>
> And the toll-free telephone number at the top of the committee's statement is that of the Council for Canadian Unity.
>
> Also, the out-of-province vote seems to be disproportionately federalist, judging by the results of the 1992 Quebec constitutional referendum. The Charlottetown accord, which was negotiated by Ottawa, the provinces and aboriginal leaders and was opposed by Quebec sovereignists, was supported by only 43 per cent of all Quebecers cas-

---

6. Cité sur http://ourworld.compuserve.com/homepages/paulfitzgerald1/.

ting valid ballots. But it was approved by 55 per cent of those from outside the province[7].

L'opération semble avoir parfaitement réussi. Dès le début d'octobre, les demandes d'inscription sur la liste des électeurs affluent chez le directeur général des élections.

Déjà, le nombre d'inscriptions a fracassé tous les records. Habituellement, au maximum 3000 anciens résidants du Québec expriment le souhait de voter aux élections (3086 au référendum de 1992).

Hier, M. Côté prévoyait que plus de 10 000 personnes auraient revendiqué ce droit au terme de la période prévue qui se termine lundi prochain. Environ 500 nouvelles demandes sont reçues chaque jour. Habituellement, les partis politiques ne s'inquiètent guère du vote hors Québec, marginal lorsque réparti dans les comtés d'origine des électeurs. Il en va tout autrement lors d'un référendum où la majorité simple l'emporte.

La source de cet engouement est, clairement, l'opération mise en place par le comité du NON et le Conseil pour l'unité canadienne. Ces derniers ont transmis à Postes Canada environ 38 000 dépliants invitant les ressortissants québécois à travers le monde à s'inscrire au référendum.

Tous ceux qui ont quitté le Québec depuis moins de deux ans et ont l'intention d'y revenir ont droit de le faire. « Nous n'avions pas fixé d'objectifs, mais nous sommes plutôt satisfaits », dit Pietro Perrino, organisateur en chef du NON[8].

Deux semaines avant le référendum, le directeur général des élections du Québec a obtenu une injonction qui empêchait le Conseil pour l'unité canadienne et ses prête-noms de distribuer gratuitement des brochures d'information expliquant aux ex-résidents comment voter illégalement au référendum. Le gouvernement fédéral a donc financé ouvertement une opération de fraude électorale au Québec.

Les journaux du Canada anglais ont participé à cette opération en incitant leurs lecteurs à violer les lois du Québec. Le

---

7. Don MACPHERSON, « Bid to Lure Outside Voters Not a Formula for Stability », *The Montreal Gazette*, 22 août 1995, p. B3.
8. Denis LESSARD, T.I., *La Presse*, 5 octobre 1995, p. B5.

Vancouver Sun publie à la fin de septembre un article intitulé : « Les bulletins de vote pour les absents sont disponibles : les ex-Québécois sont encouragés à voter », dans lequel un ancien résident du Québec, Ewan French, présenté comme un fédéraliste convaincu de Vancouver, demande aux anciens résidents du Québec de voter NON comme lui.

Le journaliste André Noël, qui rapporte l'information dans *La Presse*, souligne que la complaisance du *Sun* va jusqu'à donner le numéro de téléphone du directeur général des élections du Québec.

> Mme Boissé (agent d'information au directeur général des élections) souligne qu'environ 55 000 brochures pour le vote hors Québec ont été envoyées aux partis politiques, aux bureaux de Communication-Québec, aux organismes et aux individus qui en ont fait la demande. C'est un record.
>
> [...]
>
> Un employé du directeur général des élections joint au 418-528-0422 a dit que son bureau recevait « beaucoup, beaucoup d'appels ». « Des employés doivent faire du temps supplémentaire pour traiter toutes les demandes », a-t-il dit. Cet employé a confié qu'il n'avait pas le droit de dire aux personnes qui l'appellent qu'elles n'ont pas le droit de vote [9].

Les fraudeurs ont utilisé un autre stratagème pour fausser les résultats. En effet, le directeur général des élections s'est aperçu que des milliers d'électeurs étaient recensés à la fois au Québec et sur la liste des électeurs hors Québec qui avaient demandé à participer au référendum.

> Le directeur général des élections, Pierre-F. Côté, rencontre d'énormes problèmes avec le vote des électeurs. Près du tiers des gens qui ont demandé qu'on leur envoie un bulletin de vote à l'extérieur se retrouvent en même temps sur les listes du recensement fait au Québec au début de septembre.
>
> Selon les renseignements glanés par *La Presse* au bureau du DGE, plus de 4000 électeurs se retrouvent à la fois recensés au Québec et

---

9. André Noël, « Des électeurs de Vancouver sont incités à voter NON », *La Presse*, 23 septembre 1995, p. A24.

sur la liste des électeurs hors Québec. C'est une proportion inquié-tante des 14 000 électeurs hors Québec qui ont demandé le droit de vote pour le 30 octobre [10].

Lorsque le Québec avait timidement amendé sa loi électo-rale afin que seuls les véritables résidents du Québec puissent voter, la presse anglo-canadienne avait bien sûr trouvé les règles trop sévères. De toute évidence, elles ne l'étaient pas assez. Ayant appris la leçon, le Québec a apporté de nouveaux amendements à la Loi sur les consultations populaires qui rendent obligatoire l'identification des électeurs et stipulent que seuls les résidents du Québec au moment du scrutin auront le droit de vote.

La campagne des médias anglophones contre le Québec

Au cours de la fin de semaine de l'action de grâce, au mi-lieu de la campagne référendaire, Lucien Bouchard remplace Jacques Parizeau à la tête du camp du OUI. La presse anglo-canadienne est si sûre que le NON va aisément l'emporter au référendum qu'elle ironise sur le changement de capitaine de l'équipe Québec.

> Pour le *Toronto Sun*, Jacques Parizeau (le Terminator, comme on l'a délicatement surnommé), vient d'enfoncer le dernier clou dans le cercueil des souverainistes : « Parizeau remet les rênes à Lucien Bouchard, en oubliant qu'il n'y a pas de cheval au bout. Des négo-ciations avec le Canada ? Quelles négociations [11] ? »

Durant la campagne référendaire, les médias du Canada anglais ont subordonné leurs grands principes à la cause de l'unité nationale. Les intérêts supérieurs de la nation *canadian* étant menacés, ces journalistes anglophones, qui se gaussent lorsqu'ils voient leurs collègues américains se draper dans la bannière étoilée, revêtent eux l'unifolié (don du Québec au

---

10.   Denis Lessard, T.I., *La Presse*, 13 octobre 1995, p. B1.
11.   Pasquale Turbide, « À propos du négociateur en chef », *La Presse*, 16 octobre 1995, p. B5.

Canada) pour le référendum. La presse du Reste du Canada abandonne tout semblant d'objectivité. Le monde médiatique anglo-canadien devient une immense caisse de résonance pour la propagande fédérale. Une unanimité et une morgue qui rappellent la presse allemande des années 1935-1945, si on peut se permettre à son endroit une référence historique qu'il emploie si souvent avec délectation en parlant du Québec.

> Dans les pages éditoriales des quotidiens ontariens, fidèles reflets de l'ensemble du pays, le ton est carrément engagé et même partisan. On parle rarement de Parizeau ou Bouchard, sans leur affubler les épithètes de « menteur », « traître », « hypocrite » ou « fanatique ».
>
> À la guerre comme à la guerre, quand on s'engage dans un débat politique, on en adopte les règles : l'adversaire a toujours tort et il ne faut, sous aucune considération, relever les faiblesses et les contradictions de son camp. Les éditorialistes ont donc adopté le langage des politiciens.
>
> Si le OUI l'emporte, les Canadiens seront consternés d'apprendre que les menteurs hypocrites ont eu le dessus sur les bons gars de Team Canada[12].

Pour les médias anglophones, les Québécois sont des analphabètes ignorants qui suivent aveuglément des chefs autoritaires sans se poser de questions. Le fait que le sort du Canada semble les indifférer totalement chagrine l'Ontario. Voici comment le *Windsor Star* décrit les liens de Lucien Bouchard avec les Québécois :

> Bien des Québécois semblent bizarrement indifférents aux enjeux du référendum. Ils ne semblent pas réaliser que l'union politique et économique n'aura pas lieu et ce n'est certainement pas Lucien Bouchard qui les détrompera. Son but premier sera de créer un faux sentiment de sécurité en les cajolant et en apaisant leurs craintes. Il leur fera croire que les Québécois peuvent avoir le beurre et l'argent du beurre[13].

---

12. Gérald LEBLANC, « "On verra !" dit le Canada anglais », *La Presse*, 14 octobre 1995, p. B6.
13. Article paru dans le *Windsor Star* dans la semaine du 9 octobre 1995, cité dans Pasquale TURBIDE, *op. cit.*

Pour comprendre le Québec et les Québécois, les journalistes torontois comptent sur Alliance Québec, le Parti Égalité, Howard Galganov et Bill Johnson. Ils puisent leurs informations dans le *Suburban* ou la *Montreal Gazette*, la feuille « rhodésienne » qui mène depuis deux cents ans une guerre sans relâche contre le Québec français.

Si l'indifférence des francophones aux bienfaits du Canada la trouble, la presse anglophone a quelques satisfactions. Elle est fière de signaler à ses lecteurs que les non-francophones et les Autochtones sont mobilisés pour bloquer la volonté d'émancipation du Québec français. Le Canada anglais compte sur eux pour lui assurer la victoire.

> As the referendum draws near, some members of Quebec's nationalist elites are no doubt still annoyed by the one statistical fly in the ointment of their magnificent dream. Polls consistently confirm that the overwhelming majority of the province's non-francophones, aboriginals, immigrants and visible minorities embrace a unified Canada and look warily on the independence project [14].

L'unanimisme des communautés ethniques en faveur du NON est le sujet de nombreux reportages dans les médias tant anglophones que francophones. Cet article de Michèle Ouimet dans *La Presse* illustre bien le climat qui règne alors dans les diverses communautés ethniques de Montréal :

> Les clients du bistro italien Ste-Lucie, dans le quartier Saint-Michel, sont résolument fédéralistes. Dès qu'ils apprennent que La Presse prépare un reportage sur le référendum et la communauté italienne, ils s'empressent de dire : « C'est NON !!! »
>
> Ils sont à cran. Ils gesticulent beaucoup, discutent en italien, reviennent au français, s'engueulent un peu, parlent tous en même temps et clouent au pilori Jacques Parizeau, Lucien Bouchard et l'option souverainiste.
>
> [...]
>
> Il y a 226 000 Italiens au Québec dont 185 000 à Montréal et ils votent massivement pour le NON. Les non-francophones accor-

---

14. Charles Asselin, « Why Immigrants and Minorities Feel Discomfort in Quebec », *The Globe and Mail*, 17 octobre 1995, p. A17.

dent d'ailleurs un appui très important (95 p. 100, selon les derniers sondages) à la cause fédéraliste[15].

Quand, durant la campagne référendaire, Lucien Bouchard a le malheur de regretter que les Québécoises blanches n'aient pas assez d'enfants, le Canada anglais exulte. D'autres minorités au Canada peuvent avoir des préoccupations de cet ordre. Les Autochtones et les Juifs, par exemple, ont le droit de déplorer que les mariages exogamiques affaiblissent leur communauté, mais si un Québécois exprime ce type d'inquiétude, les injures pleuvent : « raciste », « sexiste », « tribal »…

> En éditorial, *The Calgary Sun* estime que Lucien a affiché ses vraies couleurs. Venant d'un homme qui aspire à créer un Québec indépendant, ses propos sont fort inquiétants, à tous points de vue. Bouchard joue sur la vieille crainte des Québécois de disparaître sous la poussée hostile des anglophones de l'Amérique du Nord. C'est un homme qui, manifestement, pour gagner une bataille politique, est prêt à vendre son âme pour épargner sa peau.
>
> [...]
>
> Fasciste ? *The Ottawa Sun* se le demande en titre d'éditorial fort explicite, s'interrogeant à savoir pourquoi M. Bouchard s'en tire à si bon compte au Québec. Est-ce à dire que les Québécois francophones blancs sont d'accord avec ce qu'il a dit ? On craint de le demander.
>
> [...]
>
> Pour sa part, Paul Gessell se demande, dans *The Ottawa Citizen*, si M. Bouchard est vraiment raciste et sexiste, ou simplement stupide. Bon prince, le columnist incline pour le dernier qualificatif[16].

Le Canada anglais a trouvé le prétexte idéal pour dénigrer non seulement Bouchard et le Québec, mais la culture française en tant que telle, par essence totalitaire, raciste et intolérante, selon un commentateur du *Financial Post*.

> *The French-language newspapers were less upset than their English counterparts and the separatists did not seem to give a damn.*

---

15. Michèle OUIMET, T.I., *La Presse*, 19 octobre 1995, p. B5.

16. Gilles LESAGE, « La "fausse gaffe" de Bouchard », *Le Devoir*, 21 octobre 1995, p. A8.

Stop. Pause. Let me correct myself. They did indeed give a damn. Not only did Bouchard's comment not hurt his campaign in the slightest but it coincided with an increase in his support. [...] he knew his audience and he knew what they wanted to hear. It can be taken as a self evident truth that if an English-Canadian politician had spoken in public of a white race, of birthrates and the like he would have been hounded into contrition and even resignation. But not in Quebec. Racism, it appears, sounds more reasonable and less repugnant when it is uttered in French.

History tells us this has always been so. Examples are numerous, such as the anti-Semitism and pro-Vichy stance of many Quebec intellectuals in the 1940's, the hostility of the mass in France to anything not of the blood and the faith, including even French Protestants, and the relatively enormous vote obtained by the French National Front with its platform of clawing xenophobia. All this is forgiven or forgotten. So much easier to point a finger at a Toronto moron in a black shirt or an unemployed Vancouver skinhead with an attitude and a copy of Mein Kampf [17].

Michel Vastel dans *Le Soleil* s'indigne de « l'hypocrite indignation d'une société qui occulte les vraies questions au nom de la *"political correctness"* ».

Voilà donc nos exégètes du Canada anglais qui s'émeuvent que les nationalistes du Québec aient trop souvent recours au « nous » identitaire. C'est vrai que le « nous » paraît exclusif, mais pas parce qu'il rejette les autres. C'est parce qu'il constate, en le déplorant d'ailleurs, que les autres ont eux-mêmes décidé de s'exclure. Comment expliquer autrement cette formidable polarisation du vote de chaque côté de la barrière linguistique, que 96 % des non-francophones, selon le dernier sondage SOM-LE SOLEIL, appuient le NON ? C'est pas un vote « ethnique » ça ? C'est pas une réaction « tribale » ça ?

Le « nous » auquel Lucien Bouchard et les leaders séparatistes réfèrent, est un « nous » pluraliste puisqu'il inclut une proportion raisonnablement partagée de OUI (61 %) et de NON (39 %). Le mot est malheureux peut-être, mais le « nous » ne veut pas dire : « nous autres ». Ce sont plutôt « les autres » qui devraient parler d'un « nous » pas mal tricoté plus serré.

---

17. Michael COREN, « Bouchard's Comments were Vulgar, Simplistic and Factually Wrong », *The Financial Post*, 1er novembre 1995, p. 13.

De ce mauvais virus qui ronge l'exercice de la démocratie au Canada, personne n'ose parler... On comprend pourquoi après l'aventure de Lucien Bouchard. Pourtant...

Que les sept députés libéraux fédéraux élus en Colombie-Britannique soient tous des immigrants nés en dehors du Canada, c'est normal peut-être ?

Le paquetage des assemblées de mise en candidature à Toronto par des « tribus » – oui, de véritables tribus puisqu'elles sont basées sur l'ethnicité –, c'est sain peut-être ?

Le résultat des dernières élections fédérales dans Côte Saint-Luc et Hamstead où le candidat du Bloc québécois obtenait 0 (j'ai bien dit zéro !) vote dans 21 bureaux de scrutin, et un ou deux votes dans beaucoup d'autres, face à des scores de 250 à 300 votes pour la candidate libérale, c'est raisonnable peut-être [18] ?

La mauvaise foi des médias anglo-canadiens n'a pas de bornes. David Frum écrit dans le *Financial Post* quelques jours avant le référendum que c'est le Canada qui est opprimé économiquement, politiquement et culturellement par le Québec, et non le contraire.

For 30 years, English Canada has explored the furthest limits of national generosity. In a series of ever more self-abnegating efforts to help Quebec to feel welcome in Confederation, we have eradicated our historical monuments and customs, and rewritten our history. We have assented to one-sided language laws that promote the use of French in Kamloops and Charlottetown, while suppressing the use on English in towns founded, developed and (until recently) populated by English-speakers: Sherbrooke, Lennoxville, even – yes – Montreal.

Directly and indirectly, we have pumped billions and billions of dollars into the economy of Quebec and into the pockets of individual Quebecers. We have calmly agreed to be ruled by national governments that the majority of English-speakers had voted against: without its Quebec seats, the Liberal party would spent the 40 years 1953-1993 in opposition [19].

18. Michel Vastel, T.I., *Le Soleil*, 18 octobre 1995, p. A1.
19. David Frum, « If Separatists Win, English Canada will Realize it Too is a Nation », *The Financial Post*, 28 octobre 1995, p. 20.

L'ignorance suffisante et hautaine du Québec, de sa culture et de son histoire s'étale à longueur de pages dans la presse anglo-canadienne.

Pendant cent cinquante ans, le Canada anglais a reproché au Québec d'être « *a priest-ridden province* » ; maintenant on déplore qu'il ait renié ses racines et sa foi. Il faut apprécier dans toute sa sottise prétentieuse la leçon d'histoire que Ted Byfield donne aux Québécois dans le *Financial Post*.

> *Quebecers must know that separation is not about saving their historic culture. Language yes, but not culture.*
>
> *The historic culture of Quebec is advertised all over its map. Look at the number of towns named for Christian saints – scores of them. A church stands dominant in the center of every village, and the great cathedrals still preside over the downtown area of all the cities.*
>
> [...]
>
> *The point is that, insofar as anyone can see, Quebec's historic culture is already dead. The new generation of sovereignist Quebecers delibereatly murdered it. They did not just abandon their ancient faith. They denounced it and trampled it into the ground with a fervor which can only be described as hatred.*
>
> [...]
>
> *All of which means that whatever culture it is that Quebec's sovereigntists are striving to preserve it isn't Quebec's. It is simply western European socialist materialism. Its roots in Quebec go back no more than 30 years. It has far more in common with a country like Sweden than it has anything that went on historically in Quebec.*
>
> *So a Yes vote might or might not preserve the language. But it can't preserve the culture. That's already gone. And the Québécois themselves destroyed it* [20].

Ces tentatives des journalistes du Canada anglais d'expliquer le Québec à leurs lecteurs tournent souvent au ridicule, surtout lorsqu'il s'agit de Torontois unilingues qui sont rarement, voire jamais, venus au Québec et qui ont « appris » le

---

20. Ted BYFIELD, « A Yes Vote will Not Protect Quebec's Historic Culture », *The Financial Post*, 28 octobre 1995, p. 20.

Québec en lisant la *Gazette*. Cette impéritie tranquille permet à Peter Newman, rédacteur en chef du magazine *Maclean's*, d'attribuer aux Québécois des idées qui n'ont plus cours depuis le début du xxᵉ siècle.

> *This notion that Quebec has a special earthly mission while English Canada presumably just squats there, a hunk of geography filling the space between the United States and Quebec, has always been central to the French view of the rest of Canada* [21].

La mobilisation générale du Canada anglais contre le Québec

Durant la dernière semaine de la campagne référendaire, les sondages internes indiquent aux stratèges fédéraux que le pourcentage des Québécois francophones qui ont l'intention de voter OUI, déjà majoritaire, continue d'augmenter, si bien que ceux-ci sont en mesure de surmonter l'obstacle que constitue l'unanimité électorale des non-francophones en faveur du NON. Le réveil est brutal pour le Canada anglais. Jean Chrétien et ses stratèges se trouvent pris à leur propre piège. Autointoxication. Les Canadiens anglais croyaient plus à leur campagne de propagande fondée sur le mensonge et la peur que les Québécois, comme le signale le Pʳ John Conway.

> *English Canada, after a deluge of propaganda that the No would win easily, was ill prepared for the sudden prospect of a Yes victory. Indeed, leaders of the No forces, especially those in Ottawa and most particularly the prime minister himself, reacted with poorly concealed panic. As Canada tottered on the edge of the abyss, federalist arrogance was now coupled with near begging, as English Canada tried to pull the Québécois back from what was repeatedly described as a final and irreversible decision to separate. Although the dual No campaign of political refusal – absolutely no association after a Yes – economic fear had an effect in Quebec (for example, polls revealed*

---

21. Peter C. NEWMAN, « Forgetting the Lessons of the 1992 Referendum », *Maclean's*, 25 septembre 1995, p. 3.

> *that approximately 66 per cent of voters in Quebec would easily say Yes to sovereignty if Ottawa and the nine English-Canadian provinces promised association), it seemed to have more effect in English Canada. Indeed, English Canada had convinced itself with its own propaganda that a Yes vote would be an economic catastrophe and reacted shrilly when a Yes victory became a real possibility* [22].

Ottawa lance donc une offensive de propagande éclair visant essentiellement le groupe ethnique le plus favorable au OUI : les Québécois francophones. Pour ce faire, il va mobiliser le monde des médias, celui des affaires et l'ensemble de la population du Canada anglais : il faut faire croire aux Québécois qu'ils sont aimés du Canada anglais.

Les journalistes du Canada anglais se mettent au service du *Vaterland* comme de bons soldats allemands. La presse anglophone devient une immense *Propagandastaffel* de l'État fédéral et du camp du NON.

Alors que le Canada anglais et ses médias n'ont en général pas d'injures assez viles à lancer au Québec et aux Québécois, ils font tout à coup l'éloge de la « société distincte » québécoise. Dans les jours qui précèdent le référendum, les effusions de tendresse du Canada anglais frôlent l'indécence. Les journaux anglophones, qui ont flétri le Québec durant les interminables négociations sur les accords du lac Meech et de Charlottetown, se transforment soudainement en amoureux du Québec. Toutefois, comme le note Gilles Lesage dans *Le Devoir*, ils mettent gentiment l'être aimé en garde contre toute tentation de refuser leurs avances.

> Aussi bien dans ses éditoriaux (non signés, ainsi que le veut la pratique habituelle dans la presse anglophone) que dans ses chroniques, *The Toronto Star* traite abondamment de la question québécoise. « Notre Canada chérit le Québec », titre un éditorial récent ; « que les Québécois se réveillent », insiste un deuxième ; « messages d'espoir à une heure sombre », poursuit un troisième. Le premier, lyrique, célèbre la différence québécoise, la bonne foi du Canada

---

22. John Frederick CONWAY, *Debts to Pay. Fresh Approach to the Quebec Question*, Toronto, James Lorimer, 1997 (1992), p. 218.

anglais, le statut unique du Québec. L'affection pour le Québec est profonde à travers le Canada, et la passion pour le Canada est tout aussi profonde, voire davantage. On ne peut s'attendre à ce que les Canadiens négocient facilement de nouveaux arrangements avec ceux qui briseraient ce pays [23].

Où étaient-ils tous au moment de Meech, ces passionnés du Québec ? Ils étaient en train de glorifier leurs héros, Elijah Harper et Pierre Trudeau, en faisant un bras d'honneur aux Québécois. Robert Sheppard, dans le *Globe and Mail*, s'offusque que les Québécois doutent de la sincérité du Canada anglais.

> *But, the separatist leaders ask, acid in their voices : Where were you, English Canada, when we needed you during Meech Lake?*
>
> *Well, English Canada was there for Quebec during Meech Lake. It was divided, no question, but no more than Quebec is divided now over whether to stay or to go, and probably with as much confusion over the details. Remember the legislatures (all but two) that ratified the Meech agreement, the English-Canadian political leaders who put their careers on the line to champion it, the business bosses that spent millions on propaganda, the editorialists who wrote their hearts out in Meech's defence day after day after day after day.*
>
> *And anyways, you separatists didn't want Meech to succeed. Lucien Bouchard walked away in the middle, at the very moment – he had to know – that would signal it's death, Jacques Parizeau said it wasn't worth the paper it was written on.*
>
> *Ahh; Mr. Bouchard says, but you have to make amends for the way the Constitution was patriated in 1982 without Quebec's consent. Why? That was a negotiation, pure and simple. Eighteen long months, out in the open, alliances shifting and reforming. Yes, René Lévesque was finessed by Pierre Trudeau; but could any reasonable person have expected them to agree [24] ?*

La peur que le Québec ne s'affranchisse prend le Canada anglais aux tripes. Dans ces jours qui précèdent le référendum,

---

23. Gilles LESAGE, « Le OUI joue aux dés, Bouchard fait de la magie noire », *Le Devoir*, 28 octobre 1995, p. A8.
24. Robert SHEPPARD, « Last Tango in Montreal ? », *The Globe and Mail*, 30 octobre 1995, p. A13.

on est prêt – en parole bien sûr – à tous les accommodements, toutes les concessions et, surtout, à tous les mensonges et à toutes les déclarations creuses d'amour éternel. Le chroniqueur Gérald Leblanc de *La Presse* parle d'un « ouragan d'affection et d'attachement qui déferle des quatre coins du Canada ».

> « La peur glaciale dans le cœur des fédéralistes », selon l'expression de Rosemary Speir, porte les Canadiens à l'effusion débridée, aux gestes improvisés et souvent déroutants.
>
> Après le Nouveau-Brunswick, c'était hier au tour de l'Ontario et de la Nouvelle-Écosse d'envoyer des messages de dernière heure pour conjurer la menace séparatiste du Québec.
>
> En Ontario, on ne parle plus de « société distincte » mais de « caractère distinct » du Québec. « L'Assemblée législative et la population de l'Ontario affirment que nous aimons profondément le Canada et que nous accordons une grande valeur au caractère distinctif du Québec au sein de notre pays », dit la résolution, présentée par le premier ministre Mike Harris et adoptée par les 130 députés ontariens.
>
> Évoquant son coin de pays de North Bay, séparé du Québec par la seule rivière Ottawa, M. Harris a rappelé comment toute sa vie s'est déroulée au contact des francophones des deux provinces, dont il n'a hélas pas appris la langue. « Nous aimons le Canada ! Nous aimons le Québec ! » a-t-il néanmoins conclu en français.
>
> En Nouvelle-Écosse, on a aussi retenu la nouvelle trouvaille « caractère distinct du Québec au sein du Canada », et l'on a, de plus, hissé le fleurdelisé devant l'Assemblée législative.Le premier ministre, John Savage, fera partie du contingent de 400 Néo-Écossais qui arriveront aujourd'hui à Montréal, à bord d'un avion nolisé, pour participer au grand rallye fédéraliste de la Place du Canada. « On ne veut pas que notre silence des derniers mois soit interprété comme de l'indifférence », expliquait la secrétaire de presse de M. Savage.
>
> [...]
>
> On ne sait plus trop combien de Canadiens hors Québec participeront à ce rallye organisé par le comité du NON, car on prévoit des flottes d'autobus du Nouveau-Brunswick, de l'Ontario et même du Manitoba, sans compter les avions nolisés et les rabais consentis par Via Rail et les grands transporteurs aériens.
>
> [...]

Que ce soit OUI ou que ce soit NON, le référendum de 95 aura valu aux Québécois plus de manifestations d'amour en cinq jours que durant les 128 années de la Confédération canadienne[25].

Le même Frank McKenna qui a participé à l'assassinat de Meech fait adopter par tous les députés de l'Assemblée législative du Nouveau-Brunswick une motion en faveur de la reconnaissance de la société distincte, tout en évitant bien sûr de parler de changements constitutionnels spécifiques. Lise Bissonnette, s'indigne dans *Le Devoir* qu'on pense encore au Canada anglais amadouer le Québec français par quelques déclarations creuses :

> [...] après trente ans de pourparlers, Ottawa et quelques provinces (plusieurs hésitent encore) songent à faire l'effort de dire que le Québec est ce qu'il est. Ils consentent à regarder sa photographie et à affirmer solennellement qu'elle est ressemblante, avant de la ranger sans plus dans l'album de famille. Et ils croient que les Québécois seront ravis, enfin satisfaits, qu'elle soit ainsi estampillée « distincte ». Les curieux sauront que le Québec a une langue, une culture et des institutions. Pourquoi pas des ceintures fléchées, pour mettre une touche de couleur ? Que des Canadiens pensent sincèrement « reconnaître » le peuple québécois par un geste aussi folklorique, insultant, paternaliste, dit bien le gouffre qui les sépare de tout le Québec, fédéraliste ou souverainiste, même après le clair message de lundi[26].

Certains féroces adversaires du Québec et de sa « société distincte » ont au moins le courage et l'honnêteté de leurs convictions et de leurs préjugés. Le premier ministre de la Colombie-Britannique, Mike Harcourt, déclare qu'il s'oppose à toutes concessions de dernière minute au Québec.

> « L'enjeu est le suivant : voulez-vous vous séparer ou non ? C'est tout. Il n'est pas question de cet autre truc vaseux dont Lucien Bouchard ou Jacques Parizeau parlent. Ce n'est pas dans les cartes, je peux vous le dire », a-t-il déclaré.
>
> [...]

25. Gérald LEBLANC, T.I., *La Presse*, 27 octobre 1995, p. B4.

26. Lise BISSONNETTE, « M. Chrétien revient spontanément à ses tactiques de 1981 », *Le Devoir*, 2 novembre 1995, p. A6.

Le premier ministre albertain Ralph Klein a pour sa part indiqué que toutes nouvelles discussions constitutionnelles sur la notion de société distincte devraient attendre la conférence de 1997.

Comme Mike Harcourt, il s'oppose à ce qu'Ottawa prenne des engagements constitutionnels de dernière minute uniquement pour encourager les Québécois à voter NON [27].

Les Québécois auront même droit à une gigantesque manifestation d'« amour » à Toronto, la capitale historique du racisme et de l'intolérance envers les minorités au Canada. Trente mille personnes défilent dans le centre-ville afin de manifester leur attachement sincère pour tout ce qui est québécois, chantant même des chansons de Gilles Vigneault et de Gerry Boulet. Les générations d'orangistes haineux qui ont fondé et bâti Toronto doivent se retourner dans leurs cercueils.

Le *love-in* de Montréal et le référendum

L'ardeur passionnelle du Canada anglais culminera avec le *love-in* de Montréal organisé par Ottawa avec la participation des médias anglophones et des milieux financiers. Toutes ces manifestations d'amour ne s'adressent ni aux anglophones du Québec, ni aux Autochtones, ni aux allophones. On s'adresse à un groupe culturel et ethnique précis : les francophones. « Le Canada vous aime. » Pourtant, les autres communautés du Québec ne se sentent pas exclues. Personne ne crie à la discrimination raciale, ethnique ou religieuse.

Les sections de choc de la démocratie *canadian*, drapeaux unifoliés en tête, se déploient sur la Place du Canada pour la cérémonie grandiose diffusée dans toutes les chaumières. Des commentateurs extatiques convient les téléspectateurs à s'associer au grand élan patriotique. Un Canada. Un Peuple. Un Drapeau.

---

27. Presse canadienne, T.I., *Le Devoir*, 26 octobre 1995, p. A6.

Une immense machine assure la logistique qui permet aux hordes amoureuses canadiennes-anglaises de déferler sur leur Québec bien-aimé. Un tel débordement d'affection n'a pas à tenir compte de règles de financement mesquines édictées par un gouvernement tribal. Pourquoi devrait-on respecter les ridicules et oppressives lois référendaires du Québec ? Tout est permis pour sauver le Canada.

> Le directeur général des élections, Pierre-F. Côté, a adressé hier en soirée une mise en demeure à Canadien International afin que la compagnie aérienne « cesse d'annoncer publiquement et de vendre ses services de transporteur à prix réduit ».
>
> M. Côté considère que les frais de transport assumés par la compagnie constituent des dépenses réglementées au sens de la Loi sur les consultations populaires. Seuls les agents officiels des comités nationaux ont le droit d'autoriser et d'effectuer de telles dépenses.
>
> M. Côté a adressé une sérieuse mise en garde à toutes les autres entreprises de transport qui s'apprêteraient à faire un geste similaire.
>
> [...]
>
> Certains fonctionnaires municipaux de la région d'Ottawa-Carleton auraient par ailleurs reçu la permission de leur employeur de prendre congé demain afin de participer au ralliement. Des autocars en provenance de l'Ontario et du Nouveau-Brunswick auraient aussi été nolisés par la famille Irving.
>
> La présidente du Conseil du trésor du Québec, Pauline Marois, a vigoureusement dénoncé hier ces pratiques des fédéralistes, qui représentent autant de dépenses électorales selon les tenants du OUI[28].

Répercussions et contre-coups du référendum

Lundi 30 octobre 1995. L'option souverainiste échoue de justesse avec 49,4 % des voix contre 50,6 % pour le camp du

---

28. *Ibid.*

NON. Le taux de participation au référendum a dépassé 93 %.

Quiconque ose souligner que la « société distincte » – le Québec français – qui était depuis une semaine l'objet de tant de passion amoureuse du Canada anglais a refusé les avances et a voté à 61 % en faveur du OUI est accusé de racisme et d'intolérance.

C'est ce qui arrive à Jacques Parizeau qui, dans un mouvement d'humeur après avoir pris connaissance des résultats, constate que l'argent et le vote ethnique ont bloqué la volonté d'indépendance des francophones. Il se fait traiter de tous les noms.

Quelques jours avant le vote, les représentants des trois plus anciennes communautés ethniques du Québec (celles d'avant la loi 101 et l'école française) avaient de nouveau exprimé publiquement leur adhésion massive au camp du NON.

> Plus de 90 % des membres du Congrès juif canadien, région du Québec, 90 % des membres du Congrès national italo-canadien, région du Québec, et 90 % des membres du Congrès hellénique du Québec vont voter NON au prochain référendum sur la souveraineté du Québec. Ce n'est pas une surprise, mais c'est ce qu'ont fait savoir officiellement hier les dirigeants de ces organismes au terme de consultations dans leurs structures respectives. Ces leaders ont par ailleurs exhorté tous les autres Québécois à voter de la même façon qu'eux.
>
> Les représentants de ces organismes, notamment Me Athanasios Hadjis, vice-président du Congrès hellénique du Québec, Me Tony Manglaviti, du Congrès national italo-canadien pour la région du Québec, et Me Reisa Teitelbaum, présidente de la section québécoise du Congrès juif canadien, ont fait valoir hier qu'ils représentaient, réunis, quelque 400 000 membres de la société québécoise, soit approximativement 6 % de la population québécoise [29].

Jacques Parizeau devient donc un raciste simplement pour avoir constaté publiquement que les Italiens, les Grecs et les Juifs ont adhéré au camp du NON dans des proportions tout à

---

29.   Caroline MONTPETIT, T.I., *Le Devoir*, 25 octobre 1995, p. A4.

fait extraordinaires. Le fait qu'en général la langue d'usage de ces communautés soit l'anglais et qu'elles s'associent à la minorité anglophone du Québec explique, bien sûr, leur soutien inconditionnel au fédéralisme. Au lendemain du référendum, dans les émissions de radio communautaires et dans la presse ethnique, on note avec satisfaction que l'unanimisme de ces trois communautés a contribué au sauvetage du camp du NON, tout en dénonçant Jacques Parizeau d'avoir eu le culot de s'en plaindre.

Dès le lendemain du verdict populaire, le 31 octobre 1995, Jacques Parizeau démissionne de son poste de premier ministre du Québec. Le chef du Bloc québécois, Lucien Bouchard, lui succède à la tête du Parti québécois. Soulagé par sa courte victoire, le Canada anglais peut enfin donner libre cours à sa haine des Québécois. Pit Bill Johnson demande au Canada anglais de reprendre immédiatement la lutte contre le Québec.

> *Parizeau and Bouchard pitched their campaign to a tribalist appeal; it was about us versus them. It was a call to naked ethnic domination presented as a defence against losing one's identity, one's language, one's culture. And the others were presented as those who denied Quebecers'existence, had humiliated and isolated Quebec in 1981-82 and again in 1990.*
>
> [...]
>
> *The problem of Quebec is not primarily political or constitutional: it is mythological. The nationalist myth must now be attacked and exposed, as it never has been before* [30].

Le sac à ordures qu'est l'*Ottawa Sun* publie, quelques semaines après le référendum, une caricature qui se moque du handicap de Lucien Bouchard. De son côté, le député de Toronto John Nunziata insulte grossièrement Lucien Bouchard et Jacques Parizeau.

Parizeau est un « pitoyable bâtard » (« *pathetic bastard* ») et Bouchard est « quasiment pareil » (« *not far behind* »), déclare

---

30. William JOHNSON, « Stalemate : Federalists have to Attack the Nationalist Myth », *The Montreal Gazette*, 31 octobre 1995, p. B3.

Nunziata. Le député dit également que Bouchard est un « opportuniste de première classe [31] ». Diane Francis du *Financial Post* ne va pas rater pareille occasion de cracher son venin.

> *Despite Parizeau's announced resignation yesterday, many of his Parizites are ruthless and racist.*
>
> [...]
>
> *This is not a bunch that celebrates plurality and individual rights. It is a bunch that wants to create an ethnocentric state and run it all by themselves.*
>
> *Likewise, Parizeau's declaration that the « money » people are also enemies of Quebecers will drive out more anglophones. It is also consistent with the Parti Québécois platform of socialism. People forget the PQ is essentially a European labour party every bit as economically ignorant as the NPD.*
>
> *Irrational and Ignorant, the secessionist will be impossible to negotiate with, especially now [32].*

Le *Globe and Mail* y va également d'un commentaire dédaigneux sur les propos de Jacques Parizeau.

> Ce n'était pas une gaffe ni un lapsus. Les mots ont coulé des lèvres de M. Parizeau, comme de l'acide. En ciblant les immigrants, les anglophones et les gens d'affaires, il a fait la preuve de son tribalisme dépassé. En exposant son amertume, il a tenté d'empoisonner toute possibilité d'entente future [33]...

Le torchon connu sous le nom de *Toronto Sun* publie une caricature du premier ministre du Québec vêtu comme un membre du Ku Klux Klan, accompagnée d'un éditorial encore plus outrageant.

> Le discours du premier ministre aurait facilement pu être livré par Adolf Hitler [...]. En plus de dévoiler son côté raciste, Parizeau

---

31. Presse canadienne, « Parizeau traité de "maudit bâtard". Bouchard est "quasiment pareil", lance le député John Nunziata », *Le Soleil*, 2 novembre 1995, p. A9.

32. Diane FRANCIS, « A Lame Duck Prime Minister can't Negotiate with Quebec », *The Financial Post*, 1er novembre 1995, p. 13.

33. Pasquale TURBIDE, « La déclaration de Parizeau enflamme l'opinion », *La Presse*, 3 novembre 1995, p. B4.

mentait. Les séparatistes ont été battus par une coalition de francophones, d'anglophones et d'allophones, beaucoup plus représentatifs de ce qu'est le Canada moderne que le camp du OUI [34].

Kai Nielsen, professeur émérite de l'Université de Calgary, a analysé le discours tenu dans les journaux du Canada anglais le 30 octobre 1995. Il en arrive à la conclusion que, dans son ensemble, la presse anglophone a agi de façon irresponsable en incitant ses lecteurs à la haine contre Jacques Parizeau et Lucien Bouchard. Nielsen compare le comportement de la presse du Reste du Canada à la campagne de l'extrême droite israélienne et de ses journaux contre le premier ministre Yitzhak Rabin, qui a finalement mené à son assassinat.

> *Unfortunately, a similar violation of the ethics of words has occured in much of Canada's English-language press in the aftermath of the Quebec referendum. Directing its fire at Premier Parizeau, Bloc Quebecois leader Lucien Bouchard and Deputy Premier Bernard Landry,* the Calgary Herald *spoke of their ethnic tribalism and their insistence on ethnic purity. The* Vancouver Sun *spoke of their xenophobia and claimed that they, along with most of the sovereignist camp, harbored beliefs in cultural and ethnic superiority. The* Sun *spoke of their atavistic tribalism and bigotry.*

> *The editor of the* Edmonton Sun *spoke of Landry's racism, of his intolerance and even went so far as to speak of his penchant for ethnic cleansing. The* Winnipeg Sun *referred to them as a « band of fanatics ». It even quipped that Parizeau should go to Bosnia and seek – bona fide racist that he is – employment from the Bosnian Serbes.*

> *Alan Twig of the* Vancouver Province *even spoke of the racism of Parizeau as the same type as that of the gas chambers, apartheid, Bosnia and Rwanda. Peter Worthington of the* Toronto Sun *spoke of the ethnic cleansing of Quebec* [35].

Le Pr John Conway de l'Université de Regina trouve la tartufferie de ses compatriotes au sujet de Parizeau et du vote

---

34. *Ibid.*
35. Kai NIELSEN, « English Press Reacted Irresponsibly to Parizeau », *The Montreal Gazette*, 21 novembre 1995, p. B3.

ethnique particulièrement déplacée compte tenu de leur propre histoire.

> *Efforts by English-Canadian political leaders and commentators to use the « ethnic » issue to smear Quebec sovereigntists reflect another dimension of the hypocrisy and double standard so common in English-Canadian reactions to Québécois nationalism. Recent federalist strategy in Quebec has been built on the cornerstones of « ethnic politics » and bloc voting, as have historical English-Canadian efforts to erase or contain the « French fact » from the Conquest onward. In recent Canadian history it was the Liberal Party – commencing most notably with Clifford Sifton's immigration policies in the West – that used « ethnic » or recent « immigrant » politics to help secure its domination of federal politics from 1896 onward. The use of ethnic politics was also evident in federalist actions in the 1995 referendum, although it was not mentioned in the English Canadian media, leaving most Canadians in ignorance[36].*

Le Pr Conway est l'un des rares intellectuels du Canada anglais à comprendre le Québec et à adopter une attitude nuancée à son endroit. Dans son excellent livre *Debts to Pay*, il n'hésite pas à rappeler aux Canadiens anglais certains faits qu'ils aiment mieux oublier. Il donne des exemples de la façon dont le gouvernement fédéral a manipulé sans vergogne les immigrants récents à son avantage lors du référendum.

> *For the first time in history, in the runup to the referendum vote during the autumn of 1995, Ottawa cut red tape to facilitate the rapid creation of 15,000 new voting citizens in Quebec prior to 30 October. Ottawa's immigration and citizenship department distributed information to new citizens explaining voter registration procedures, and official newsletters to recent citizens instructed them that they had a duty to fight for a strong and united Canada. In the spring or 1995, a former MP and Liberal Party organizer in Quebec publicly requested the re-establishment of deportation laws targeted at refugees and immigrants who supported sovereignty, taking aim directly at Bloc MP Osvaldo Nunez, who had escaped from Pinochet's Chile[37].*

---

36. John Frederick CONWAY, *op. cit.*, p. 221.
37. *Ibid.*, p. 222.

L'éminent historien Desmond Morton, dans un discours prononcé durant une réunion de Dialogue Canada à l'Université de Victoria, peu après le référendum, offre une analyse intéressante du mépris du Canada anglais envers le Québec.

What devours the heart of the Quebec-Canada relationship is a cancer most Quebecois will recognize and most other Canadians will instinctively deny : a lack of respect. This is what kills marriages and it has rotted the bonds of Confederation. Quebecois felt the contempt of the majority for trying to save Louis Riel in 1885, when their young men were conscripted for war in 1917 and 1944, and again in 1982 when a Quebec-born prime minister lined up nine provinces against them to get his Charter. Again in 1990, Quebecer's minimum demands were scuttled by a provincial premier piqued by Brian Mulroney's tasteless talk of « rolling the dice ». And I think that much of the discussion since October 30th, including those who talk of « scaring » Quebecers out of separatism with tough talk and threat of partition, also continues that alienating tradition of disrespect [38].

Le parti pris de Radio-Canada en faveur du NON

Radio-Canada, c'est la « voix du Canada ». Dans les moments critiques de l'histoire du pays, la SRC/CBC abandonne carrément toute prétention à l'objectivité pour se mettre au service du Canada anglais et du gouvernement d'Ottawa. On l'a vu dans les chapitres précédents de ce livre.

Lors du référendum de 1995, la SRC/CBC a encore une fois fait preuve d'une partialité flagrante et a manipulé l'information pour favoriser le gouvernement fédéral et le camp du NON. Ce ne sont pas des groupes nationalistes extrémistes québécois qui l'affirment. Cette constatation vient de l'ombudsman de Radio-Canada et de l'institut Frazer de Vancouver.

---

38. Dr Desmond P. MORTON, « Can We Keep Canada Together ? », discours prononcé par Desmond Morton, directeur de l'Institut d'études canadiennes de McGill, au cours d'une réunion de Dialogue Canada à l'Université de Victoria, 23 mars 1996, cité sur **www.connor.bc.ca/dialogue/morton.html**.

Dans son rapport annuel 1995-1996, l'ombudsman du réseau français, Mario Cardinal, dénonce la partialité du réseau anglais durant la campagne référendaire et critique les tentatives de la haute direction de la société d'État de défendre le parti pris de la CBC.

Pour justifier le parti pris du réseau anglais, le président de Radio-Canada, Perrin Beatty, a demandé au groupe de consultants en communications Erin Research de réaliser une étude sur la couverture de la campagne référendaire par CBC News. Même si son étude ne peut que constater que la CBC a favorisé le camp du NON, pour sauver la face de son commanditaire, le consultant soutient que les journalistes se devaient de refléter le consensus populaire, faute de quoi il y aurait eu manipulation du processus démocratique [39].

Dans son *Rapport sur la couverture référendaire de 1995 (Québec) par la SRC/CBC*, la direction de Radio-Canada reprend le raisonnement fallacieux d'Erin Research. La société d'État fait ainsi intervenir dans sa définition de l'équité la notion d'« appui populaire ». Les journalistes de la CBC auraient ainsi le droit de manquer d'objectivité, pourvu que leur parti pris aille dans le sens du consensus populaire.

Selon l'ombudsman de la SRC, Mario Cardinal, cette nouvelle conception de l'éthique journalistique de la direction de la SRC/CBC va à l'encontre du manuel des *Normes de pratiques journalistiques* de l'entreprise qui

> « [...] loin d'imposer le consensus populaire comme facteur de choix des événements à couvrir, stipule plutôt que "pendant les campagnes électorales ou référendaires il faut apporter un soin encore plus grand que de coutume à maintenir l'équilibre dans la couverture des forces politiques en présence [40]" ».

---

39. Erin Research, « Rapport », p. 3, cité dans Mario CARDINAL, *Rapport annuel de l'ombudsman, 1995-1996. Volume 1*, Services français, Société Radio-Canada, Montréal, avril 1996, p. 5.
40. Mario CARDINAL, *Rapport annuel de l'ombudsman, 1995-1996. Volume 1*, Services français, Société Radio-Canada, Montréal, avril 1996, p. 4.

Mario Cardinal est troublé par le fait que la direction de Radio-Canada adopte dans un rapport public une conception de l'éthique qui bafoue certains des principes les plus fondamentaux du journalisme.

> La Société n'hésite pas à affirmer que « la CBC sert un public anglophone principalement en dehors du Québec. Tous les partis politiques hors du Québec, ainsi que la grande majorité de la population sont unanimement fédéralistes. Dans la mesure où la CBC représente les opinions de cet auditoire, elle ne s'en tiendra pas à une répartition égale et accordera plus de temps d'entretien au camp fédéraliste. » En clair, cela signifie qu'il n'existe pas de formule unique pour définir la notion d'équilibre dans la couverture du référendum québécois. Les variantes entre les réseaux, notamment entre les réseaux anglophones et francophones, tiennent naturellement à la composition de leurs auditoires respectifs. De telles conclusions peuvent peser lourd dans la pratique journalistique de la Société par temps d'orage.
>
> [...]
>
> Faut-il en conclure que les ombudsmans devront désormais prendre en compte le consensus populaire comme facteur de sélection des informations, lorsqu'ils auront à analyser une plainte mettant en cause le principe de l'équité [41] ?

L'ombudsman cite ensuite l'analyse que la direction de Radio-Canada fait de la couverture référendaire.

> Les sondages d'opinion laissent également supposer que l'équilibre à la SRC pourrait varier légèrement de l'équilibre à la CBC. [...] Comme la CBC accordait plus d'attention à l'opinion des citoyens des autres provinces que ne le faisait la SRC, on pouvait donc s'attendre à y déceler un penchant un peu plus manifeste pour le NON, ce qui s'est effectivement produit [42].

Mario Cardinal reproche aux dirigeants de Radio-Canada leur manque de franchise.

> Selon Erin Research, *The National* [le journal télévisé de CBC] a privilégié les partisans du NON dans une proportion des deux tiers (66 % vs 34 %). Dire que, dans le cas de cette émission, le

41. *Ibid.*, p. 6.
42. *Ibid.*, p. 5.

penchant a été un peu plus manifeste m'apparaît pour le moins un euphémisme. Il aurait mieux valu, il me semble, reconnaître, comme l'a fait l'institut Fraser, que *The National* avait favorisé la position fédéraliste pendant la campagne référendaire[43].

The Magazine, l'émission qui suit immédiatement le journal télévisé *The National*, a pour sa part légèrement avantagé le camp du OUI en lui accordant 56 % de son temps d'antenne, contre 44 % pour le camp du NON. On pourrait donc croire que la CBC a couvert la campagne référendaire d'une façon globalement équitable. Ce serait oublier que les autres émissions d'information du réseau anglais ont massivement avantagé le camp du NON : 63 % pour le NON contre 37 % pour le OUI pour l'émission *Politics* et 76 % pour le NON contre 24 % pour le OUI pour l'émission *The World 8*. Cardinal écrit :

> Il est évident que n'eût été de *The Magazine*, le différentiel entre les deux camps dans la couverture analysée de CBC aurait favorisé le NON dans des proportions plus près des trois quarts que des deux tiers. Et qui plus est, l'étude n'a pas analysé la couverture du référendum par la station régionale de la CBC au Québec. Les chiffres nous manquent mais il m'apparaît juste de dire que, si *Newswatch* a aussi suivi « le consensus populaire », la communauté anglophone (et, dans une certaine mesure, allophone) du Québec n'a pas bénéficié d'une information aussi équitable que la clientèle francophone de la SRC. Ne l'oublions pas – le référendum portait sur l'indépendance du Québec mais aussi sur une offre de partenariat avec le reste du Canada. Sur ce dernier volet tout au moins, les anglophones du Québec et hors du Québec avaient droit à l'information la plus complète et équitable possible[44].

D'ailleurs, quel qu'ait été le chiffre pour *Newswatch*, l'émission de nouvelles locales du réseau anglais, il n'en demeure pas moins que l'auditoire du réseau anglais au Québec a été soumis à « l'effet propagande » du manque d'équité criant de l'ensemble de sa programmation. Les auditeurs de la CBC au Québec – qui participaient au scrutin – n'ont pas eu droit à une couverture honnête de la campagne référendaire.

---

43. *Ibid.*, p. 5.
44. *Ibid.*

Pour avoir une information objective, les téléspectateurs et les auditeurs de la CBC au Québec devaient regarder ou écouter les émissions françaises de la société d'État. En effet, toutes les analyses montrent que les réseaux français de Radio-Canada soumis à une étroite surveillance par la direction, ont accordé le même temps d'antenne aux deux options. Visiblement, les journalistes francophones de Radio-Canada au Québec n'étaient pas tenus, eux, de « refléter le consensus populaire ».

Avec un brin de malice, l'ombudsman de la SRC expose à la direction de la société les conséquences de l'application au Québec du concept de l'information fondée sur le « consensus populaire ».

> S'il fallait considérer comme conforme à la politique journalistique le fait que la SRC/CBC ait marqué « un penchant un peu plus manifeste pour le NON » sous prétexte qu'« elle accordait plus d'attention à l'opinion des citoyens des autres provinces », la SRC, dont une très grande partie de la clientèle réside au Québec et est francophone, aurait-elle dû accorder 60 % de son temps d'antenne au camp du OUI ? Poussons plus loin… Comment devrait-elle couvrir la prochaine élection fédérale, compte tenu du consensus populaire qui se manifeste actuellement au Québec, qui n'accorde que 30 % d'appui au gouvernement Chrétien ? (Cf. résultats du sondage Gallup publiés le 22 février 1996.) Devra-t-elle également tenir compte de la répartition des sièges au Québec depuis la dernière élection fédérale alors que le Parti libéral n'en a obtenu que 19 contre 54 au Bloc québécois ? Bien sûr que non. Or il m'apparaît encore plus audacieux d'appliquer à un référendum, alors qu'on se trouve dans une configuration binaire, des critères élaborés en fonction d'élections générales qui devraient bien davantage servir au partage des périodes gratuites qu'à orienter le contenu des informations[45].

On imagine le tollé qu'il y aurait eu au Canada anglais si les stations de radiodiffusion et de télévision de la SRC avaient consacré les trois quarts de leur temps d'antenne au camp du OUI sous prétexte que les francophones du Québec l'appuyaient majoritairement.

Le *National Post*, les diverses incarnations du *SUN*, l'*Ottawa*

---

45. *Ibid.*, p. 7.

Citizen, pour ne mentionner que les médias les plus malhonnêtes, auraient réclamé une chasse aux sorcières séparatistes aux réseaux français de la SRC. Des têtes auraient roulé dans la tour de la Maison de Radio-Canada à Montréal. En 1995, à Toronto, les dirigeants de l'information du réseau anglais, eux, ont reçu des félicitations de la haute direction pour la façon dont ils ont tripoté l'information.

Peut-on concevoir que, dans un souci d'équité lors du prochain référendum au Québec, la direction de Radio-Canada à Montréal tienne compte de l'opinion publique francophone et que ses émissions reflètent le « consensus populaire » au Québec français ? Pas si le PQ est en avance ! Le *Rapport* sur le référendum de 1995 n'était que la justification *a posteriori* d'une injustice criante. Depuis 1760, il y a deux catégories de règles éthiques et politiques au Canada : celles qui s'appliquent aux conquérants et celles auxquelles doivent se soumettre les conquis. La tentative d'autojustification de Radio-Canada n'est que le dernier exemple en date de cette réalité canadienne.

Dans son rapport, l'ombudsman de Radio-Canada, Mario Cardinal, constaste aussi que ce ne sont pas seulement les journalistes anglophones de la CBC qui ont transgressé les règles éthiques de la profession, mais que le phénomène était généralisé dans les médias du Canada anglais et que personne n'y voyait d'objection.

> Dans un article publié dans la revue *Scan*, le journaliste Michel Cormier relève d'autres cas : tel journaliste de CTV qui portait une cravate arborant la feuille d'érable et qui souhaitait bonne chance à Sheila Copps, tel réalisateur de la CBC qui participe, sans être le moindrement inquiété, à une marche pour un Canada uni à Montréal, tel autre qui invite les Canadiens à pousser un soupir de soulagement après le référendum. Certains journalistes de *The Gazette* n'ont pas ralenti la cadence – ils sont toujours en campagne et en toute impunité ! L'ombudsman de ce quotidien n'a-t-il pas déjà lui-même écrit dans une de ses chroniques que « *I'm sure soverneighty-association if achieved would be a disaster* » ? (*The Gazette*, 25 mai 1993). Je doute que la direction du réseau français aurait toléré des écarts de ce genre de la part de ses journalistes, peu importe l'op-

tion privilégiée. Ce sont là des dérapages qui, justement, pouvaient « manipuler le processus démocratique » ou fausser complètement aux yeux du public, la réalité de ce « processus démocratique » que constituait le référendum québécois. Seules la vigilance des pupitres éditoriaux et l'application rigoureuse de normes et pratiques journalistiques peuvent permettre de les éviter[46].

CBC et CTV : un même combat contre le Québec

Dans sa couverture télévisée du référendum de 1995, le réseau privé anglophone CTV a adopté le même parti pris que la CBC. L'institut Fraser de Vancouver a publié une recherche sur les procédés utilisés par les deux principaux réseaux de télévision du Canada anglais pour manipuler l'information en faveur du camp du NON. L'étude a été réalisée par Lydia Miljan, la directrice du National Media Archive de l'institut Fraser, et par la recherchiste Kate Morrison. Les deux analystes fondent leurs conclusions sur 196 reportages présentés dans les téléjournaux de fin de soirée de CTV et de CBC durant la campagne référendaire.

D'après l'institut Fraser, les deux réseaux anglophones ont fourni une couverture déformée de la campagne et ont directement contribué à créer une atmosphère de crise durant la dernière semaine de la campagne référendaire.

English-language television actually favoured the « No » arguments. Excluding horse-race or campaign strategies, the coverage of the arguments for and against the referendum question clearly placed the English-language television networks in favour of the federalist campaign.

In the final week of the campaign, both networks presented a crisis atmosphere. From the dire predictions of the markets to the intensity of coverage, the networks helped to foster a tone of hysteria[47].

---

46. *Ibid.*, p. 8-9.
47. Fraser Institute, « From Over Confidence to Crisis. How English Language TV Favoured the Federalist Position in the 1995 Quebec Referendum », *On Balance*, vol. 8, n° 10, décembre 1995, cité sur **http://oldfraser.lexi.net/ publications/onbalance/1995/8-10/**.

L'étude de l'institut Fraser démontre que les reporters anglophones n'ont même pas tenté de dissimuler leur enthousiasme en faveur du camp du NON. Dès le début de la campagne référendaire, ils ont battu le tambour pour l'option fédéraliste.

Some of the analysis by reporters betrayed their exuberance over the federalist campaign. For example on the October 4, 1995 CTV News, Rosemary Thompson reported: « In a conversation with reporters, Dumont, leader of the Action Démocratique, said he's frustrated with the defeatist attitude of some members of the "Yes" camp. » Craig Oliver repeated the bravado of the federalists in his October 6, 1995 report: « These federalist campaigners believe they have a decisive victory within their grasp, and only some unforeseen accident can ruin it for them. » And Sandie Rinaldo on the same night contradicted a statement by Parizeau by bringing up a poll result: « He's [Parizeau] promising negotiations on political and economic association. But the Committee may not be needed. A new poll by Leger and Leger shows the federalists leading, although it is a close race. »

CBC was also guilty of favouring the federalist campaign in the first three weeks. On the October 1, 1995 National for example, Tom Kennedy made this observation: « Optimistic words from the leader [Parizeau] whose sovereignty option has been trailing up to ten points in the opinion polls. » Mark Kelley reported on October 3, 1995: « But if nothing else, these attacks have kept him [Parizeau] on the defensive, and knocked his campaign off course. »

In her October 8, 1995 report, CBC's Lynne Robson discounted Bouchard's entry into the campaign: « But despite the excitement over Bouchard's presence, even some convinced sovereignists are convinced that Bouchard won't be able to save the campaign. » And on the same night CBC's Tom Kennedy provided this analysis: « The perfect image to describe the beginning of the sovereignist campaign. A campaign bus that kept breaking down, worn out media people waiting for things to roll. As for Jacques Parizeau's message: "They say we're incapable of building a country", he tells Quebecers again and again, "that we're too small". But he adds, "they are wrong". But

as was often the case this week, the crowds were short on both num-
bers and enthusiasm [48]. »

Comme exemple de l'engagement flagrant de la CBC en faveur de la propagande du gouvernement fédéral, l'institut Fraser cite le cas d'une émission de propagande qui aurait dû être payée par le camp du NON.

On October 26, 1995, the National Magazine *devoted its entire time to allow Canadians outside Quebec to send messages to Quebecers, in essence providing an unpaid advertisement for the « No » campaign* [49].

Évidemment, comme le démontrent les données de l'institut Fraser, il n'était pas question pour la CBC et CTV de présenter équitablement les thèses du camp du OUI.

On both networks, arguments against Quebec sovereignty were presented twice as frequently as arguments in favour of sovereignty. In contrast, the outpouring of views in favour of federalism were presented twice as frequently as the dissenting opinions on both networks [50].

Même déséquilibre dans la couverture accordée par la CBC et CTV aux leaders des camps du OUI et du NON. Plus de 1000 déclarations présentées dans les bulletins de nouvelles des deux réseaux ont été analysées.

Again, it was found that the English-language television coverage favoured the federalist position. The total number of statements made by leaders from the « No » camp outnumbered the « Yes » statements on both networks, as did the total number of « No » sources. This provided the federalists with greater opportunity to voice their opinions and arguments.

On CBC, a total of 450 statements were made by the leaders. Almost two-thirds of these statements originated from the « No » campaign, while only slightly over one-third of the statements came from the « Yes » campaign.

CTV provided more equitable coverage of the two camps. Fifty-five percent of the statements were from the « No » campaign, while

---

48. *Ibid.*
49. *Ibid.*
50. *Ibid.*

45 percent were from the « Yes » side. Interestingly, CTV provided more direct quotes from the leaders than CBC.

[…]

In addition to providing more statements from the « No » campaign, both networks also offered a greater variety of sources originating from the « No » camp than from the « Yes » camp. CBC used more than three times as many sources from the « No » campaign than from the « Yes ». Again, CTV was slightly more balanced, quoting from almost twice as many « No » sources as « Yes » sources. One possible explanation is that the reporters decided that direct or on-screen translations of French-speaking sources was not desirable. Whatever the reason, the end result was that the views from the « Yes » side were limited to the leaders; other representatives of the « Yes » camp went unheard in English Canada[51].

Pendant les sept premières semaines de la campagne référendaire, le Canada anglais s'est bercé dans l'illusion que la bataille était gagnée d'avance pour les forces du NON à cause de la désinformation diffusée par la CBC et CTV.

By favouring the « No » arguments giving the federalists greater time to present their position, the networks lulled Canadians into a false sense of security. On October 23, 1995, when the Canadian dollar experienced the largest single day loss in three years, many people were astounded. From this point onward, the networks changed their tune entirely, and thus created a sense of crisis for Canadians outside of Quebec. Had the coverage been balanced from the beginning, and had English Canadian reporters accurately reflected the mood of voters and the separatist momentum in Quebec throughout the campaign, the crisis scenario might have been avoided[52].

Dans les derniers jours de la campagne, la CBC et CTV s'associent encore plus étroitement à la propagande du gouvernement fédéral. Ils contribuent grandement à créer l'atmosphère de crise voulue par les stratèges fédéraux dans leur ultime tentative pour faire basculer la situation en faveur du NON.

---

51. *Ibid.*
52. *Ibid.*

During the Meech Lake coverage, many people argued that by emphasizing the First Ministers' meetings to the extent that they did, that English-language television was responsible for creating a « crisis atmosphere ». Further, this crisis atmosphere was orchestrated by the federal government. A similar strategy of creating a crisis was offered as a possible federal position in the referendum. In his October 26, 1995 report, Jason Moscovitz argued : « There are many who believe the federal government is trying to swat undecided Quebecers by creating a sense of crisis. » He offered the following quote from political scientist Andre Blais as an example : « The federal government has an interest in, you know, putting the whole thing in some sort of crisis, dramatizing the event, telling Quebecers this is a very serious crisis ; you have to be concerned about potential consequences. That's probably the best strategy they can adopt at this stage. »

Contrast the positive attention paid to the federalist side during the initial weeks of the referendum campaign to the angst and language of reporters in the final days of the battle. On CBC, Mark Kelley reported on October 22 : « Despite the sentiment, there are unmistakeable signs the federalist campaign is in trouble. » Also on CBC on the same night, Tom Kennedy showed his shock at the turn of events : « Just two weeks ago, it didn't seem sovereignists could muster the support to put on a show like this. But now victory seems possible. » On October 24, Peter Mansbridge even mentioned that the federalists campaign was running on a « fear effect ».

CTV also emphasized the sense of crisis in its reports. Peter Murphy reported on the markets in his October 23 story : « The message from the markets has been clear and unequivocal. A "Yes" vote, a vote for separation, will exact a heavy economic cost, a cost borne not just by Quebecers, but by everyone in Canada. »

On October 25, CTV's Roger Smith began his report on the prime minister's address to the nation with, « A desperate measure for desperate times ». Smith continued his dire warnings on October 28 when he concluded his story with the following : « What happens after a close "Yes" vote is unchartered territory. A potential mine field of anger and confrontation that could challenge the Canadian tradition of pragmatic and peaceful compromise. »

In his closing statement on CTV News on the eve of the referendum vote, Lloyd Robertson sounded this challenge to Quebecers : « So beginning in the morning, Quebec voters have to make that awful

*choice. Do they break up one country to form another? All of Canada
is in their hands tonight*[53]. »

Déjà en 1995, Ottawa mise sur Charest contre Johnson

Quelques mois après la victoire serrée remportée par le
camp du NON au référendum d'octobre 1995 sur la souveraineté du Québec, Daniel Johnson devient le bouc émissaire de
la débandade du camp du NON.

Déçu de la contre-performance de leur homme au Québec
durant la campagne référendaire, les libéraux fédéraux entre-
prennent de le remplacer à la tête de leur succursale québécoise. La manœuvre initiale de déstabilisation va être confiée à
l'un des personnages les plus méphitiques du PLC.

> Dans une longue interview accordée à *La Presse* le 22 décembre
> 1995, le ministre des Affaires étrangères et aussi principal lieute-
> nant de Jean Chrétien au Québec, André Ouellet, accuse Johnson
> de « n'être pas à la hauteur de sa tâche de défenseur de première
> ligne du fédéralisme ». Il critique le chef libéral du Québec pour ne
> pas avoir fait de démarche afin de récupérer Mario Dumont,
> pour avoir imploré, à dix jours du référendum, le gouvernement
> Chrétien de présenter une offre constitutionnelle sans l'avoir pré-
> venu au préalable.
>
> En raison du manque de cohésion des troupes fédéralistes, « on
> est, dit-il, passé proche de perdre le Canada », et il rejette sur
> Johnson l'entière responsabilité des ratés de la campagne référen-
> daire : « Si le gouvernement Chrétien et les forces fédéralistes
> n'étaient pas intervenus massivement pendant la dernière
> semaine, on perdait. » Il faut, soutient Ouellet, trouver quelqu'un
> au Québec qui puisse vendre le Canada aux Québécois, comme
> « Lucien Bouchard arrive à vendre le Québec aux Québécois ». Ce
> candidat, suggère-t-il, pourrait être nul autre que Jean Charest, le
> chef du Parti conservateur[54].

---

53. *Ibid.*
54. Bruno BOUCHARD, *op. cit.*, p. 147.

Avec perspicacité, l'éditorialiste Jean-Jacques Samson du *Soleil* considère déjà en 1995 que Jean Charest est trop identifié à la cause du Canada anglais pour être pris au sérieux au Québec.

> Lucien Bouchard ne ferait qu'une bouchée de son ex-collègue dans le gouvernement Mulroney, signataire d'un rapport en 1990, un mois avant l'échec de l'Accord du lac Meech, qui plaçait en résumé le Québec sur le même pied que le Yukon et les Territoires du Nord-Ouest. M. Charest est aussi un fédéraliste centralisateur qui préconise maintenant la conclusion d'ententes administratives sectorielles pour toute réforme constitutionnelle. Il appartient à cette catégorie d'irréductibles à Ottawa qui ont justement rendu la position des libéraux québécois si inconfortable en les empêchant de proposer une alternative à la souveraineté, sachant qu'elle serait rejetée du revers de la main par les pupilles de Pierre Trudeau [55].

Durant l'été de 1998, le « consensus populaire » du Canada anglais, conjugué aux pressions des milieux d'affaires et aux jeux de coulisses des libéraux fédéraux, fait de Charest, à son corps défendant, littéralement évincé de son poste de chef du Parti conservateur, le chef du Parti libéral du Québec. Le Canada anglais a un nouveau chevalier servant pour mener la bataille contre « les séparatistes ».

Les libéraux fédéraux ont remplacé un « *looser* » par un « perdant » à la direction de leur filiale québécoise.

Trudeau retrouve la parole

À la demande des stratèges fédéralistes, Trudeau est resté coi durant la campagne référendaire afin de ne pas nuire aux chances du NON. On était en effet conscient à Ottawa de la répulsion que l'ancien premier ministre suscitait chez les Québécois francophones. Maintenant que le danger est passé, le vieillard est de nouveau libre de parler publiquement. En février 1996, il s'attaque à Lucien Bouchard dans *La Presse*.

---

55. A.I., T.I., *Le Soleil*, 27 décembre 1995, p. A15, cité dans Bruno BOUCHARD, *op. cit.*, p. 148.

J'accuse Lucien Bouchard d'avoir trompé la population du Québec durant la campagne référendaire d'octobre dernier. En dénaturant l'histoire politique de sa province et de son pays, en semant la discorde entre les citoyens par son discours démagogique, en prêchant le mépris pour les Canadiens qui ne partagent pas ses opinions, Lucien Bouchard a outrepassé les bornes de l'honnête débat démocratique [56].

Alors, pourquoi Trudeau n'a-t-il pas lancé ses accusations durant la campagne référendaire? Lui qui est intervenu pour saboter les précédentes négociations constitutionnelles a-t-il manqué de courage pour dire ce qu'il pensait? Ses amis l'ont obligé à se la fermer. Bouchard réplique quelques jours plus tard aux accusations de Trudeau.

M. Trudeau me reproche de «prêcher le mépris pour les Canadiens qui ne partagent pas [mes] opinions».

Aucune des citations qu'il m'attribue dans son article n'étaye cette accusation. J'estime que les intérêts, légitimes, des deux peuples qui forment le Canada sont contradictoires et ne peuvent être réconciliés au sein du cadre fédéral, comme l'atteste amplement l'histoire récente du pays. La volonté du mouvement souverainiste d'établir un partenariat entre nos deux peuples devenus souverains démontre, d'ailleurs, notre intérêt pour une politique de bon voisinage et de respect mutuel.

Dans le débat démocratique, il y a un pas entre le choc des idées et le mépris de l'autre; un pas que M. Trudeau franchit malheureusement assez allègrement dans ses écrits, notamment envers ceux qu'il appelle les Canadiens français et qui ne partagent pas ses opinions.

Ainsi, il reprenait sans gêne, comme introduction à un texte publié il y a quatre ans, une phrase de son tout premier article de Cité libre de 1950, où il affirmait: «Nous sommes en voie de devenir un dégueulasse peuple de maîtres chanteurs.» Actualisant ce verdict, il ajoutait en 1992: «Les choses ont bien changé depuis ce temps, mais pour le pire.»

Il est assez rare qu'un homme politique exprime, à répétition et avec l'expérience de toute une vie, un tel dédain pour l'ensemble de ses concitoyens.

---

56. Pierre Elliott TRUDEAU, «J'accuse Lucien Bouchard!», *La Presse*, 3 février 1996, cité sur **www.vigile.net/idees/doc/trudeauaccuse.html**.

[…] M. Trudeau affirme que, par mes arguments référendaires, j'aurais « souillé la bonne réputation démocratique de la province du Québec ».

On pourrait rétorquer sèchement que le premier ministre canadien qui a suspendu les libertés civiles en 1970, ouvrant la voie à l'emprisonnement sans raison, sans acte d'accusation et sans recours de 500 citoyens – dont quelques poètes – pour simple délit d'opinion et cautionnant 3000 perquisitions sans mandat, est mal placé pour donner des cours de démocratie[57].

RADIO-CANADA « Y EST POUR QUELQUE CHOSE » DANS LES RÉSULTATS DÉCEVANTS DU PQ AUX ÉLECTIONS DE 1998

Durant la campagne électorale de 1998 au Québec, une téléspectatrice, Denise Gallant (Orford), se plaint à l'ombudsman de Radio-Canada, Marcel Pépin, que la couverture du réseau français de télévision de la SRC favorise Lucien Bouchard et le Parti québécois.

Suivant la procédure établie, l'ombudsman transmet la plainte au directeur des nouvelles télévisées, Jean Pelletier, pour qu'il y réponde. On trouve la lettre de Jean Pelletier à Mme Gallant, datée du 7 décembre 1998, dans une annexe au rapport annuel 1998-1999 de l'ombudsman de la SRC (volume 2).

Pelletier souligne d'abord que le temps d'antenne accordé aux partis en lice est parfaitement équitable : « Je puis vous dire sans la moindre hésitation qu'aucun

---

57. Lucien BOUCHARD, « Le club des démocrates », *Le Devoir*, 10 février 1996, cité sur **www.vigile.net/idees/doc/bouchardclub.html**.

parti ni aucun chef n'a été défavorisé dans ce partage calculé à la minute près. » Aux nouvelles télévisées de Radio-Canada, on a recours à des moyens plus subtils pour orienter l'information.

« [...] nous avons produit en quatre semaines 14 grands reportages, intitulés L'épreuve des faits, dans lesquels nous avons analysé en profondeur les affirmations du PQ sur la création d'emploi, le fardeau fiscal des Québécois, les publicités partisanes du ministère de la Santé, les dépenses en santé au Québec en comparaison avec l'Ontario, etc. »

Les positions et les affirmations de Jean Charest et des libéraux provinciaux ont-elles été scrutées aussi minutieusement ? Pelletier n'en parle pas. Il poursuit :

« Nos journalistes sont-ils biaisés ? Favorisent-ils un parti plus qu'un autre par de subtils commentaires, comme vous l'affirmez dans votre lettre ? À ce chapitre je vous souligne que les journalistes de Radio-Canada répondent à des exigences déontologiques claires en matière d'objectivité. »

S'agit-il des exigences du manuel des Normes et pratiques journalistiques de la SRC ou des exigences de « consensus populaire » entérinées par la direction de Radio-Canada lors du référendum de 1995 ? Sans doute pas ces dernières. Elles ne sont valables que pour le Canada anglais et ne s'appliquent pas au Québec.

De toute évidence satisfait de lui-même, Pelletier conclut sa lettre par le paragraphe suivant :

« Au moment d'écrire ces lignes, cela fait trois jours que l'élection a eu lieu, que les sondeurs se sont trompés, que M. Charest a été élu et que M. Bouchard a repoussé à je ne sais quand la tenue d'un référendum. D'aucuns estiment que la sagesse a prévalu. Nous croyons y être pour quelque chose. »

Vous avez bien lu ! Le directeur des nouvelles télévisées de Radio-Canada, Jean Pelletier, est fier de souligner que son service est en partie responsable des piètres résultats du PQ, qui ont obligé Lucien Bouchard à repousser la tenue d'un référendum.

Chapitre 6

Le Canada anglais et les Autochtones : quatre cents ans d'injustice

L'histoire des Indiens du Canada est une chronique scandaleuse du manque d'intérêt de l'homme blanc, de son mépris délibéré du droit des Amérindiens et de ses abus de confiance répétés[1].

Un génocide avant la lettre : l'extermination des Béothuks

Les Béothuks de Terre-Neuve sont parmi les premiers Autochtones à être en contact avec les Européens. Ils se peignent le visage en rouge et sont probablement à l'origine du terme « Peaux-Rouges » utilisé pour désigner les Amérindiens. Ils s'entendent bien avec les premiers Européens qui fréquentent les bancs de Terre-Neuve, avec qui ils commercent.

L'établissement des Anglais dans l'île change tout. Au début, ils traitent avec les Anglais comme ils l'ont déjà fait avec les Français et les Portugais. En 1612, l'Anglais John Guy fait commerce avec les Béothuks. Toutefois, les relations pacifiques des Autochtones avec les Anglais seront de courte durée.

« *"In the following year (1613) another ship arrived at the same place, and the captain, knowing nothing of the earlier peaceful trade,*

---

1. Harold CARDINAL, *La Tragédie des Indiens du Canada*, Montréal, Éditions du Jour, 1970, p. 9.

opened fire on the Beothuks as they assembled[2]." Never again did the Beothuks attempt to trade with the white man[3]. »

À l'origine, les Béothuks vivent le long des côtes, d'où ils sont férocement expulsés par les Anglais qui convoitent leurs zones de pêche et de chasse.

That they treated the poor Beothuks with brutal cruelty admits of no doubt. In fact, for two hundred years they seem to have regarded the red men as vermin to be hunted down and destroyed. We can hardly doubt that such treatment provoked the red men to deeds of fierce retaliation, and that at length « war to the knife » became the rule between the two races. The savages, at first mild and tractable and disposed to maintain friendly relations, became at length the fierce and implacable foe of the white man ; and sternly refused all overtures for peaceable intercourse, when at length such offers were made by a humane government. Deeds of wrong and cruelty were perpetrated by the invader, and followed by retaliation on the part of the savages[4].

Pourchassés par les Anglais qui veulent les exterminer, les Béothuks se réfugient à l'intérieur des terres.

They laid their trap-lines across the Beothuks' deer runs, thus disrupting the cariboo hunt. They destroyed campsites and stores of food, and stole the Red Indians' stocks of furs. [...] Travelling through and living off the land, the furriers became wise in tis ways : they learned how to identify Indian trails and campsites, to calculate the age of a track or the length of time a fire had been abandoned. This knowledge made them dangerous enemies, as much at home in the interior as the Beothuks themselves. [...] The profit of one group left little room for the survival of the other. It made sound business sense to shoot an Indian[5].

2. John Guy, cité dans James P. Howley, *The Beothuks or Red Indians. The Original Inhabitants of Newfoundland*, Cambridge, É.I., 1915, p. 15-18, cité dans Leslie Upton, « The Extermination of the Beothuks of Newfoundland », *The Canadian Historical Review*, vol. 58, n° 2, juin 1977, p. 137.

3. Leslie Upton, « The Extermination of the Beothuks of Newfoundland », *The Canadian Historical Review*, vol. 58, n° 2, juin 1977, p. 137.

4. James P. Howley, *The Beothuks or Red Indians. The Original Inhabitants of Newfoundland*, Cambridge, É.I., 1915, cité sur **www.mun.ca/rels/native/ beothuk/beo2gifs/texts/HOW19a.html#N_19_**.

5. Leslie Upton, *op. cit.*, p. 139.

Tuer des Béothuks devient un sport national. Pour les Terre-Neuviens, ils sont des bêtes nuisibles dont il faut débarrasser l'île, écrit le grand écrivain Stephen Leacock.

The Newfoundland fishermen and settlers hunted down the Red Indians as if they were wild beasts, and killed them at sight. Now and again, a few members of this unhappy race were carried home to England to be exhibited at country fairs before a crowd of grinning yokels who paid a penny apiece to look at the wild men [6].

Dans leur rage exterminatrice, les Terre-Neuviens vont commettre d'épouvantables exactions contre les Béothuks. Harold Horwood décrit l'un de ces massacres dans un article intitulé « The People who Murdered for Fun », publié dans le magazine *Maclean's* le 10 octobre 1959.

The largest massacre of Beothuks took place near Hants Harbour, Trinity Bay. There a group of Fishermen, armed for hunting, managed to trap a whole tribe of Beothuks, driving them out on a penninsula which justs into the sea. They followed the panic stricken Indians until they were crowded to the last inch of land, and then proceeded to slaughter them with their guns. Those who rushed into the seas were shot as they tried to swim and those who knelt and pleaded for mercy were shot as they knelt. The carnage did not stop until they had murdered every man, woman and child. They did not make an exact count of the number killed, but reported it to be about four hundred [7]!

Robert-Guy Scully a raté une belle occasion de réaliser une *Minute du patrimoine* édifiante !

Les meurtres d'Amérindiens prennent une telle ampleur au milieu du XVIIIe siècle que les autorités britanniques doivent proclamer un décret, en 1769, faisant du meurtre d'un Béothuk

---

6. Stephen LEACOCK, « The Dawn of Canadian History. A Chronicle of Aboriginal Canada », *Chronicles of Canada. Part I: The First European Visitors*, Toronto, George M. Wrong & H. H. Langton, 1915, cité sur **www.google.ca/search?q=cache:UHU0jKPT0DwC:www.canchan.ca/cantext/accounts/1915leac.html+Beothuks+%22extermination%22&hl=fr&lr=lang_de|lang_en|lang_fr&ie=UTF-8**.

7. Harold HORWOOD, « The People who Murdered for Fun », *Maclean's*, 10 octobre 1959, cité sur **www.geocities.com/mixedblood1/Beothuk.html**.

un crime puni par la peine de mort[8]. Jusque-là, un tel crime était considéré comme un délit relativement mineur.

Les tueurs d'Amérindiens jouissent de la sympathie de l'ensemble de la population terre-neuvienne, les autorités britanniques doivent prendre des mesures exceptionnelles pour s'assurer que les coupables soient châtiés. Il était sans doute difficile de recruter des jurés locaux qui n'avaient pas eux-mêmes participé au génocide. Depuis 1750, les procès pour meurtre avaient lieu à Terre-Neuve. La proclamation stipule que les personnes accusées du crime d'un Béothuk seront dorénavant envoyées en Angleterre pour y subir leur procès.

Pour justifier leurs crimes atroces contre les Béothuks, les Terre-Neuviens les présentent comme des sauvages cruels et impitoyables, décidés à tuer tous les Blancs qu'ils rencontrent. Un tel comportement aurait été bien compréhensible compte tenu de la guerre d'extermination que les Anglais menaient contre eux. Pourtant, d'autres témoignages de l'époque parlent d'un peuple plutôt accueillant.

> This violence contrasts sharply with the experience of four French sailors, in 1787 [...] who had became shipwrecked near Shoe Cove, south of La Scie, and were taken in by a group of Beothuk. They were very fearful of the Indians but were actually treated well. Jean Conan, who recorded this event, said that a girl who would have been about fifteen years old, took a fancy to him and seduced him. He even considered staying with the Indians and lead a hunting life but when a French boat came to their rescue he changed his mind. The Beothuk seem not to have stopped them from leaving[9].

Malgré la Proclamation royale de 1769, le génocide des Amérindiens de Terre-Neuve se poursuit. Comme des chasseurs fiers de leurs exploits, des vieux terre-neuviens se vantent encore à la fin du XIXe siècle d'avoir participé à l'extermination

---

8. A.I., *The Beothuks of Newfoundland*, 2002, cité sur **www.chebucto.ns.ca/~ae050/beothuk.html**.

9. Ingeborg MARSHALL, *A History of the Beothuk*, conférence donnée au cours d'une réunion de la Newfoundland Historical Society, Saint-Jean, 19 septembre 1996, cité sur **www.mun.ca/rels/native/beothuk/beohist.html**.

des Béothuks. James P. Howley cite à ce sujet un article du révérend Moses Harvey dans le *Maritime Monthly Magazine* de juin 1875 intitulé « Memoirs of an Extinct Race ».

> *I have heard an old man named Rogers, living on Twillingate Great Island boast that he had shot at different periods above sixty of them. So late as 1817, this wretch, accompanied by three others, one day discovered nine unfortunate Indians lying asleep on a small island far up the bay. Loading their guns very heavily, they rowed up to them and each taking aim fired. One only rose, and rushing into the water, endeavored to swim to another island, close by, covered with wood : but the merciless wretch followed in the boat, and butchered the poor creature in the water with an axe, then took the body to the shore and piled it on those of the other eight, whom his companions had in the meantime put out of their misery. He minutely described to me the spot, and I afterwards visited the place, and found their bones in a heap, bleached and whitened with the winters blast* [10].

L'extinction des Béothuks est totale en 1829 lorsque Shanawdithit, le dernier membre de cette nation, décède de tuberculose à Saint-Jean. Elle a été capturée en 1823 et réduite en esclavage. Sans doute pour ne pas choquer les enfants auxquels il s'adresse, un site éducatif albertain préfère employer un euphémisme : « *She lived unpaid as a servant in a household for 5 years* [11]. »

Ce n'est qu'après sa mort que les Terre-Neuviens commencent à verser des larmes de crocodile sur le destin du peuple qu'ils ont exterminé.

> *In the 1600s they were thought to be harmless and potentially useful as trade partners ; in the early 1700s, when hostilities had started, they were said to be dangerous and sub-human and were persecuted and murdered. From the late 1700s onwards at least some people acknowledged that the Beothuk had a right to the land and resources and should be protected ; once the Beothuk had vanished from the island, Newfoundlanders considered them victims of prejudice and cruelty* [12].

---

10. James P. HOWLEY, op. cit.
11. A.I., « Attempts to Save the Race », Beothuks, cité sur **www.rockyview.ab.ca/bpeak/students/canada/bmindex.html#attempt.**
12. Ingeborg MARSHALL, op. cit.

Aujourd'hui, Terre-Neuve est engagée sur la voie du révisionnisme historique. Ses habitants sont sur la défensive lorsqu'il est question des Béothuks. Ils évitent de prononcer le mot « extermination » et utilisent encore moins le mot « génocide ». Ils réécrivent l'histoire pour attribuer la disparition des Béothuks à une multitude de facteurs complexes plutôt que d'accepter la vérité de l'extermination systématique de ce peuple par une population blanche et haineuse [13].

> *An unknown number of natives actually were killed outright by Europeans. But more important to the survival or extinction of the race, the remaining Beothuks were denied access to the coast and forced to try and survive on the resources of the interior* [14].

Il est intéressant de noter l'emploi du mot « Européens » alors qu'il s'agit en fait d'Anglais de Terre-Neuve. Un livre récent, écrit par un Montréalais anglophone et un avocat autochtone, est plus franc.

> *I know Newfoundlanders are the salt of the earth, and I don't believe in any sort of mark of Cain, but I can't help thinking of Newfoundland as a crime scene* [15].

Le régime anglais et l'inféodation des Autochtones

Comme nous l'avons vu lorsque nous avons parlé de la révolte de Pontiac [16], le passage du régime français au régime anglais bouleverse les nations autochtones de la Nouvelle-

---

13. Voir à ce sujet le livre de Ralph T. PASTORE de l'Université Memorial de Terre-Neuve qui, dans *Shanawdithit's People. The Archaeology of the Beothuks*, publié en 1992, met en cause l'écologie de Terre-Neuve pour expliquer la disparition des Béothuks.

14. James TUCK, *Newfoundland and Labrador Prehistory*, Ottawa, 1976, p. 75, cité dans Ralph T. PASTORE, « The Collapse of the Beothuk World », *Acadiensis*, 19 (1), 1989, p. 56.

15. Wayne HAIMILA et Peter MCFARLANE, *Ancient Land, Ancient Sky*, p. 24, www.google.ca/search?q=cache:vaPBLIc25aoC:partner.galileo.org/schools/cody/hum10/riverrun/web.html+beothuks+french+ hl=fr&ie=UTF-8.

16. Voir *Le Livre noir du Canada anglais*, Montréal, Les Intouchables, 2001.

France. Elles se retrouvent à la merci d'une puissance qui les regarde avec hostilité et mépris. Une fois la paix revenue en 1763, la Grande-Bretagne ne traite pas mieux ses anciens alliés autochtones que ses anciens ennemis.

> Les alliés amérindiens de la Grande-Bretagne ont été incités à croire qu'avec le départ des Français toute domination par les colonisateurs cesserait ; pourtant, le contraire se produit et plus de colons que jamais s'installent sur leurs territoires. Les alliés ont aussi reçu la promesse que la paix serait la source de meilleures transactions commerciales ; au lieu de cela, les commerçants anglais augmentent leurs prix, prétextant que la guerre a été une période de ventes particulièrement peu profitables [17].

La Proclamation royale de 1763 traite de la question du gouvernement des nouveaux territoires, de la gestion de l'établissement des pionniers et des affaires amérindiennes. Londres veut apaiser les Autochtones après le soulèvement de Pontiac. Une clause de cette proclamation semble à première vue particulièrement généreuse : elle considère comme des « terres réservées » aux Autochtones toutes les terres d'Amérique du Nord qui n'ont pas été cédées à la Grande-Bretagne ou achetées par elle [18].

Les Anglais auraient donc donné la plus grosse part du « gâteau » aux Indiens sans rien garder pour eux-mêmes ? En fait, la clause est plutôt limitative.

> La Terre du Rupert, quelles qu'en soient ses frontières, en est exclue, puisqu'on estime qu'elle est sous l'autorité de la Compagnie de la baie d'Hudson ; l'Arctique n'y est pas soumis non plus parce que le mode d'aménagement du territoire y sera différent. La Couronne se réserve un droit d'extinction des « titres indiens », ressuscitant une politique votée en Virginie en 1655, mais qui était tombée en désuétude. Dans le vocabulaire juridique de l'époque, un « titre indien » signifie un droit d'occupation et d'utilisation, et non pas une propriété inconditionnelle [19].

---

17. Olive Patricia DICKASON, *Les premières nations du Canada. Depuis les temps les plus lointains jusqu'à nos jours*, 1996 (1992), Québec, Septentrion, p. 177.
18. *Ibid.*, p. 184.
19. *Ibid.*, p. 184-185.

La Proclamation royale, avec les injustices et les restrictions qu'elle implique, est désormais le fondement de toutes les lois canadiennes sur les Autochtones.

> *No settlement of land could be undertaken, until the Indian rights had been surrendered in negotiations between the Crown and First Nations who occupied the land. Treaties were initiated between 1763 and 1800 to objectively clear the land for development as acknowledged in the Royal Proclamation. However, to this day this principle is followed with many restrictions added by the government of Canada* [20].

Les nouveaux arrivants anglais et en particulier les Loyalistes américains ignorent la Proclamation royale et s'emparent de terres appartenant aux Autochtones, notamment dans les Provinces maritimes. En Nouvelle-Écosse, le commissaire aux Affaires indiennes est impuissant face aux colons blancs qui s'installent un peu partout sur les territoires réservés aux Indiens. Les autorités ont un préjugé favorable envers les colons britanniques et ferment les yeux sur le vol des terres appartenant aux Autochtones. En 1842, Joseph Howe, un commissaire aux Affaires indiennes qui veut protéger les Indiens de Nouvelle-Écosse de la convoitise des colons anglais, est rapidement remplacé.

> Le manque de soutien public et le sentiment anti-amérindien viennent à bout de ses bonnes intentions, et [Howe] ne reste pas en poste beaucoup plus d'un an. [...] Il faudra attendre 1859 pour qu'on tente résolument de reprendre la situation en main, à l'aide d'une loi concernant les réserves autochtones [21].

> Le gouvernement annonce bientôt l'établissement incontestable des limites des réserves; en 1866, 637 familles amérindiennes possèdent des réserves couvrant 8 389 hectares (20 730 acres). Malgré cela, bien peu de squatters (les Loyalistes surtout) déboursent un seul sou pour leurs terres, et pas un seul ne paie le plein prix [22].

---

20. Ed MENTZ Sr, *First Nations of Canada. The Canadian Indians*, http://members. aol. com/lredtail/candian.html.
21. Olive Patricia DICKASON, *op. cit.*, p. 226.
22. *Ibid.*, p. 226.

Au Nouveau-Brunswick, les Affaires indiennes sont aussi mal administrées qu'en Nouvelle-Écosse. Les terres sont concédées de façon ponctuelle et le poste de commissaire aux Affaires indiennes est non rémunéré. L'afflux incontrôlé des Loyalistes suscite chez les Autochtones un fort ressentiment contre les Anglais. On doit faire appel à l'Armée pour éviter des affrontements.

> Quand est finalement dressée la liste des terres réservées aux Amérindiens, en 1838, leur superficie totalise 24 804 hectares (61 293 acres) divisés en 15 réserves. De nouveau, la présence des squatters refusant de quitter les terres indiennes crée des difficultés [23].

À l'Île-du-Prince-Édouard, les Autochtones sont tout simplement ignorés.

> La situation des Autochtones est pire encore dans l'Île-du-Prince-Édouard, qui a été partagée, en 1767, entre 67 absentéistes britanniques, sans laisser la moindre concession aux habitants d'origine. […] L'adoption d'une loi prévoyant la nomination d'un commissaire chargé de leurs affaires, en 1856, constitue la première reconnaissance officielle des Amérindiens dans la colonie [24].

Une société philanthropique, The Aborigines Protection Society, achete l'île Lennox pour 400 livres sterling en 1870 afin d'en faire un refuge pour les Micmacs. L'île Lennox obtient le statut de réserve spéciale en 1876. Ce n'est que le 6 octobre 1970 que l'île acquiert le statut officiel de réserve.

C'est au Québec français que les Autochtones sont le mieux traités. La description faite par l'écrivain américain Henry David Thoreau en 1850, alors qu'il était en visite au Québec, en est une preuve. Il dépeint ainsi les relations entre les Québécois et les Indiens :

> Les Français, qu'on leur dise à leur avantage, ont rendu aux Indiens, jusqu'à un certain point, les égards dus à un peuple indépendant et ayant son caractère propre, ont parlé d'eux et se sont comparés à eux, comme les Anglais ne l'ont jamais fait. Non seule-

---

23. *Ibid.*, p. 226-227.
24. *Ibid.*, p. 227.

ment ils firent la guerre avec eux comme alliés, mais ils les acceptèrent chez eux comme voisins [25].

Il faut souligner que, malgré son nom à consonance française, Thoreau était un wasp fier de l'être, plutôt antifrançais et anticatholique. Il s'était déjà aventuré au Bas-Canada quelques années auparavant, mais avait rebroussé chemin à Longueuil parce qu'il avait aperçu les nombreux clochers des églises catholiques de Montréal.

Les réserves et la destruction des cultures autochtones

Après le départ à la retraite, en 1828, du commissaire aux Affaires indiennes, Sir John Johnson, certains veulent simplement faire abolir ce poste, jugé inutile. Dans l'ensemble, deux courants se dessinent, l'un tendant à ignorer les Indiens, l'autre voulant les civiliser. C'est ainsi que naissent les réserves.

> À cette époque, il apparaît à certains personnages influents comme Sir George Ramsay, comte de Dalhousie et gouverneur général de 1819 à 1828, qu'un ministère consacré en particulier aux affaires amérindiennes est superflu et que sa décentralisation est souhaitable. Ce à quoi s'oppose avec succès le major général H. C. Darling, surintendant du chef du département de 1828 à 1830, avec son rapport de 1828 sur la situation des Indiens, une première du genre dans les deux Canadas. Il préconise la création de fermes et de villages modèles, en réalité un système de réserves, comme le meilleur moyen de civiliser les Amérindiens, un processus dans lequel le département doit jouer un rôle fondamental en déplaçant et ré-établissant les Indiens dont l'État a la charge [26].

Tout au long de l'histoire du Canada, les autorités coloniales britanniques se sont fixé pour objectif de civiliser les Indiens. L'éducation, confiée aux missionnaires, permettrait

25. Henry David THOREAU, *Un Yankee au Canada*, Montréal, Éditions de l'Homme, 1962, p. 99-102, cité dans Robin PHILPOT, *Oka, le dernier alibi du Canada anglais*, Montréal, VLB, 2000 (1991), p. 36.
26. Olive Patricia DICKASON, *op. cit.*, p. 228.

d'atteindre cet idéal de « civilisation ». Selon les mots mêmes de Lord Glenelg (Charles Grant, secrétaire d'État aux Colonies de 1835 à 1839), le but visé est de « protéger et chérir cette race sans défenses [et] de les élever [les Amérindiens] dans l'échelle de l'humanité[27] ».

Toujours dans la foulée de la Proclamation royale de 1763, le Parlement du Canada-Uni adopte en 1857 une loi afin de civiliser graduellement les Amerindiens. L'objectif est d'assimiler les Autochtones en les coupant de leur culture.

> The concept was of « enfranchisement ». By forsaking his Indian heritage, an Indian male over 21, literate in English or French, educated to an elementary level, good moral character and free of debt could be declared to be enfranchised or « no longer deemed to be an Indian » and therefore free of distinction between himself and other citizens. To encourage such a move, they would be granted « free simple title » to as much as 20 hectares of reserve land, plus an amount of money equal to the annuities received on his behalf by the band. This legislation was to be inherited by the new nation of Canada when it gained its independence from Britain in 1867 uniting the four provinces of Nova Scotia, New Brunswick, Quebec, and Ontario[28].

La Confédération rêve d'assimiler les Amérindiens

La Confédération est née de conciliabules et de marchandages entre des politiciens canadiens et britanniques et quelques fonctionnaires coloniaux. Ce sont les intérêts diplomatiques et économiques de la Grande-Bretagne qui en dictent le processus. On ne demande pas l'avis des populations des provinces et encore moins celui des Autochtones.

> Lorsqu'il est convenu de fédérer l'Amérique du Nord britannique en 1867, les Amérindiens n'ont une fois de plus pas droit à la moindre consultation ; même la question d'une association avec eux n'est pas soulevée. Pis encore, personne n'a pensé à consulter

---

27. Leslie UPTON, « The Origins of Canadian Indian Policy », *Journal of Canadian Studies*, 10, nº 4, 1973, p. 59, cité dans Olive Patricia DICKASON, *op. cit.*, p. 222.
28. Ed MENTZ Sr, *op. cit.*

ou même informer les Inuits avant que le Conseil privé ne proclame en 1880 la transmission des territoires arctiques de la
Grande-Bretagne au nouveau Dominion ; et quand Terre-Neuve
adhère à la Confédération en 1949, il n'est aucunement question
des Inuits du Labrador ou des Amérindiens de la baie Saint-
George et des autres régions [29].

Le sort des premières nations n'est évoqué que dans un seul
article de l'Acte de l'Amérique du Nord britannique (art. 91
(24)) qui précise qu'elles relèvent du fédéral.

> Les Amérindiens continuent d'appartenir à une catégorie juridique
> distincte, celle de la tutelle ; ils peuvent bien sûr choisir de s'en
> affranchir pour devenir des Canadiens comme les autres, mais le
> prix à payer est élevé. [...] Les Blancs sont confiants d'assister tôt ou
> tard à l'assimilation des Amérindiens, puisqu'il n'y a rien dans leur
> mode de vie qu'il soit valable de conserver ; aux dires de Macdonald,
> en 1887, « le grand objectif de notre législation consistait à abolir le
> système tribal et à assimiler les populations indiennes à tous les
> égards avec les autres habitants du Dominion, aussi rapidement
> qu'elles étaient capables de changer [30] ».

Le Parlement fédéral adopte en 1869 sa première loi sur les
Amérindiens. Celle-ci définit clairement le statut d'Indien, et,
par extension, qui ne l'a pas. Pour avoir le statut d'Indien, il faut
être enregistré comme tel auprès du gouvernement. Ceux qui
ne sont pas enregistrés deviennent des personnes sans statut. Le
gouvernement fédéral partage la population autochtone en
deux classes sans prendre garde aux injustices que cette distinction entraîne.

> Puisqu'ils sont considérés comme des pupilles de l'État, la loi
> accorde aux seuls Indiens inscrits divers privilèges : droit à l'édu-
> cation et aux services de santé gratuits, exemptions d'impôts et de
> taxes sur les réserves, etc. [31].

---

29. Olive Patricia DICKASON, *op. cit.*, p. 253.
30. Malcom MONTGOMERY, « The Six Nations Indians and the Macdonald Fran-
    chise », *Ontario History*, LVI, 1964, p. 13, cité dans Olive Patricia DICKASON, *op.
    cit.*, p. 255.
31. Carole LÉVESQUE, « Les femmes autochtones sont au cœur du débat sur la défi-
    nition du citoyen et de son rôle », *Le Devoir*, 6 novembre 1999, cité sur **www.
    vigile.net/9911/citoyenautochtones.html**.

Les visées du pouvoir colonial britannique en ce qui a trait aux Autochtones sont finalement assez semblables à ses objectifs concernant les Canadiens français : anéantir leur culture afin qu'ils se fondent à la population dominante anglosaxonne. Cette volonté d'assimilation se maintient encore après la Confédération. C'est cette même volonté qui est à l'origine de la loi de 1876 qui impose de nouvelles contraintes à la population indigène.

> Perdu de vue durant la répression qui suit les désordres de 1885, son but initial, soit encourager l'assimilation sans forcer la décision, est repris en 1951. Pourtant, l'objectif fondamental de la loi – l'assimilation des Indiens – demeure constant [32].

Même après son amendement de 1951, la Loi sur les Indiens maintient une discrimination envers les femmes autochtones qui constituent la grande majorité des Amérindiens sans statut.

> *Native Women who married non-natives, lost their tribal status and heritage automatically, along with their children. However, a non-native Woman who married a Status Indian gained actual Indian status. This injustice was not overturned until 1985 by the Canadian Parliament* [33].

Comme les Chinois et les Japonais, les Autochtones n'ont pas le droit de vote au Canada entre 1870 et 1940 [34]. Les pratiques culturelles ancestrales qui peuvent être choquantes pour de bons anglo-protestants sont réprimées. Ainsi, en 1884, la cérémonie du *Potlash*, au cœur de la culture des Amérindiens de la Colombie-Britannique, est interdite sous prétexte qu'il s'agit d'un rituel corrupteur et destructeur. De nombreux Autochtones sont emprisonnés pour avoir violé cet amendement à la Loi sur les Indiens qui n'est finalement aboli qu'en 1951.

---

32. Olive Patricia DICKASON, *op. cit.*, p. 283.
33. Ed MENTZ Sr, *op. cit.*
34. Fondation canadienne des relations raciales, *Combattre la haine au Canada*, www.crr.ca/fr/MediaCentre/FactSheets/fMedCen_FacShtFacingHateInCanada.htm.

Le scandale des pensionnats autochtones

Les pensionnats servent pendant près de deux cents ans au gouvernement colonial, puis fédéral, à assimiler et à étouffer la culture amérindienne. C'est l'objectif avoué du surintendant fédéral des Affaires indiennes, Duncan Campbell Scott.

> Je veux qu'on se débarrasse du problème indien. [...] Notre objectif est de continuer jusqu'à ce qu'il n'y ait plus un seul Indien au Canada qui n'ait pas été absorbé dans la société, qu'il n'y ait plus de question indienne ni de ministère des Affaires indiennes, voilà l'objectif du projet de loi [35].

Entre 1800 et 1990, il y a plus de 130 pensionnats au Canada. En 1900, près du sixième des enfants autochtones âgés de six à quinze ans fréquentent ces écoles. Le dernier pensionnat pour Amérindiens, Akaitcho Hall, à Yellowknife, ferme ses portes en 1990 [36].

L'école anglicane pour jeunes filles All Hallows, qui est ouverte de 1884 à 1920 en Colombie-Britannique, accueille à la fois des Blanches et des Autochtones. Le racisme morbide qui caractérise les habitants de la province et leurs journaux force l'école à adopter envers les jeunes Autochtones une politique de ségrégation raciale digne de l'Afrique du Sud.

> *During its first six years these two groups mixed and were taught as one student body. But during the 1890s this assimilative practice ended when a New Westminster newspaper began « raising the question of mixed classes ». Henceforth, the bishop in charge arranged for the white children to be « lodged in a separate building from the Indian children » along with a « separate dining-hall, a separate sitting room, separate accommodation in the schoolroom, and a separate teacher ». Similarly, the children were also taught different curriculum. While the white pupils were « clearly being educated for refined Christian gentlewomen » the Indian girls in preparation for domestic service were « responsible for All Hallow's daily operations ».*

---

35. Commission royale d'enquête sur les peuples autochtones (CRPA), *Rapport final*, vol. 1, chap. 13, « Conclusions », sect. 1, cité dans Fondation autochtone de guérison, *La guérison est en marche*, 2002, p. 3.
36. Fondation autochtone de guérison, *La guérison est en marche*, 2002, p. 2.

As one white pupil had described it, in a manner reminiscent of the American south, « they were the servants, they did the work [37] ».

La solution préconisée est donc de couper les enfants amérindiens de leur culture dès l'enfance. S'alliant aux diverses Églises, le gouvernement fédéral fonde les écoles techniques et les pensionnats. Ces écoles sont sous-financées.

Les contributions par enfant accordées aux pensionnats pour Indiens par le gouvernement (cet arrangement dura de 1892 à 1957 et représentait une fraction minime des dépenses dédiées [sic] à l'éducation non autochtone) étaient insuffisantes pour répondre aux besoins les plus élémentaires des enfants [38].

La qualité de l'enseignement dispensé dans ce type d'établissements est nettement inférieure à la moyenne nationale. « La qualité de l'éducation était inférieure comparée à celle des écoles non autochtones. En 1930, par exemple, seulement trois élèves sur cent réussissaient à atteindre la sixième année [39]. »

Les enfants y sont mal nourris, leur état de santé est déplorable et leur taux de mortalité, élevé.

En 1907, le surintendant médical P. H. Bryce constatait dans son rapport que le taux de décès des élèves était de 15 à 24 % – ce taux atteignait 42 % si l'on compte les élèves renvoyés à la maison pour mourir. Dans certaines institutions telles que l'école Old Sun, sur la réserve des Pieds-noirs, Bryce découvrit que le taux des décès était encore plus élevé [40].

L'hygiène douteuse, le souci de réaliser des profits et l'état lamentable des écoles sont responsables du piètre état de santé des enfants. « Le superintendant des Affaires indiennes, Duncan Campbell Scott, notait en 1918 que les bâtiments des

---

37. Indian Residential School Survivors Society, *A Brief History of Indian Residential Schools'in British Columbia*, **www.prsp.bc.ca/history/history.htm**.
38. Fondation autochtone de guérison, *op. cit.*, p. 4.
39. Fondation autochtone de guérison, *op. cit.*, p. 5.
40. Commission royale d'enquête sur les peuples autochtones (CRPA), *op. cit.*, cité dans Fondation autochtone de guérison, *op. cit.*, p. 4.

pensionnats étaient "sans aucun doute responsables du taux très élevé de mortalité chez les élèves [41]". »

> Our Medical Attendant of the Mohawk Institute at Brandtford, Dr Harold Palmer (Child Specialist) has again taken up with me the question of milk given the children of this Institute.
>
> As you know, it is against provincial law for institutions to use unpasteurized milk. It is also illegal to sell it in Ontario.
>
> [...]
>
> I also object strongly to not giving the whole milk to the children. I think it is a downright shame that they should only be fed skim milk. These children need whole milk and it does not seem right to me that a dairy herd kept at a residential school should be used for revenue for the sale of cream and deprive the children of whole milk [42].

Dans certains cas, la pitance qu'on sert aux enfants est tellement infecte qu'ils préfèrent chercher leur nourriture dans les ordures.

> It has been brought to my attention that the children at the Brandon Indian Industrial School are not being fed properly to the extent that they are garbaging around in the barns for food that should only be fed to the barn occupants [43].

Les pensionnaires autochtones servent de cobayes pour des expériences médicales sans qu'on demande l'autorisation de leurs parents.

> The federal government denied basic dental care and experimented with the diets of Native children in order to study the effects of Vitamin C and fluoride treatment. The controlled experiment took place in the late 1940s and early 50s in at least four Indian residential schools, documents in the National Archives reveal.

---

41. Duncan Campbell Scott, *Mémo à A. Meighen de Duncan Campbell Scott Jan*, ANC RG 10, vol. 6001, dossier 1-1-1- (1) MRC 8134, 1918, cité dans Commission royale d'enquête sur les peuples autochtones (CRPA), *op. cit.*, cité dans Fondation autochtone de guérison, *op. cit.*, p. 4.
42. Percy Moore, « Indian Health Services », Ottawa, cité dans *Anglican Journal*, mai 2000, **www.anglicanjournal.com/126/rs/rs06.html**.
43. Lettre envoyée à Percy Moore, citée dans *Anglican Journal*, mai 2000, **www. anglicanjournal.com/126/rs/rs06.html**.

In a letter of Oct. 3, 1949, Dr H. K. Brown, chief of the dental health division, requested certain dental treatments be halted at the United Church's Port Alberni residential school. « No specialized, over-all type of dental service should be provided, such as the use of sodium fluoride, dental prophylaxis or even urea compounds. » Dr Brown explains that, « In this study dental caries [tooth decay] and gingivitis are both important factors in assessing nutritional status. The caries index could be upset by such specialized dental measures as those referred to above ; and dental prophylaxis could alter the gingival picture sufficiently to make it of questionable value as a possible index of Vitamin C deficiency. »

Le Dr L. B. Pett, qui travaille pour le ministère fédéral de la Santé et du Bien-Être social et qui supervise cette étude, défend l'indéfendable en avançant que cette pratique n'était pas généralisée !

It was not a deliberate attempt to leave children to develop caries except for a limited time or place or purpose, and only then to study the effects of Vitamin C or fluoride[44].

Des enfants autochtones agressés sexuellement dans les pensionnats

Les agressions sexuelles commises contre des enfants autochtones s'échelonnent sur plus d'un siècle dans les pensionnats. Les Églises et le gouvernement fédéral agissent de concert pour étouffer le scandale. En fait, ce n'est que depuis vingt ans que les victimes portent plainte. Le gouvernement fédéral et les Églises qui ont dirigé ces écoles font face à des milliers de poursuites civiles. À tel point que l'Église anglicane est menacée de faillite et demande l'aide du gouvernement fédéral. Au criminel, les preuves sont difficiles à étayer devant les tribunaux, puisque plusieurs décennies se sont écoulées depuis les faits reprochés.

---

44. *Anglican Journal*, mai 2000, **www.anglicanjournal.com/126/05/canadaindex. html**.

Les conséquences des agressions subies par les enfants autochtones dans les pensionnats fédéraux les poursuivront toute leur
vie.

> *According to « Sins of the Fathers », a report on the schools published by*
> The Anglican Journal, *the church's monthly newspaper, last May, eight*
> *Indian men committed suicide after they were subpoenaed to testify*
> *about their sexual abuse at the boarding school in the Cariboo diocese.*

> *« When they got handed a piece of paper, they knew their secret was*
> *out », Fred Sampson, a former student of St. George's Indian Resi-*
> *dential School, said about friends called to testify in an abuse suit*
> *that went to trial last year. « They thought, "Everybody's going to*
> *know that I let this guy do it to me for candy*[45]*". »*

Le journaliste David Napied du *Anglican Journal* raconte
comment la colère et le ressentiment continuent à ronger les
victimes. Le cas de Ben Pratt, un Amérindien de la réserve de
Gordon, à 150 kilomètres au nord de Regina, abusé sexuelle-
ment il y a près de quarante ans dans un pensionnat anglican,
est particulièrement troublant.

> *Beginning when he was seven, Pratt was repeatedly raped by William*
> *Starr, a lay person who worked as the director of the student resi-*
> *dence and was eventually made the administrator of the Anglican-*
> *run school. Starr was convicted in 1993 on criminal charges of*
> *sexually assaulting 10 boys between the ages of seven and 14, in inci-*
> *dents that took place from 1968 to 1984. Pratt later won a civil suit*
> *for the horrible abuse he suffered.*

> *We're talking getting buggered and oral sex. The whole f…ing deal,*
> *says Pratt, who has been staring at the floor for much of our conver-*
> *sation, but is now looking straight at me, his voice rising in anger.*
> *Memories of the abuse he suffered and the time he spent in prison*
> *bring Pratt to the edge of fury. « If the federal government was an*
> *individual and you were that person, I'd kill you right now. Honest*
> *to God I would. I'd kill you*[46]*. »*

---

45. James BROOKE, « Indian Lawsuits on School Abuse May Bankrupt Canada
    Churche », *The New York Times*, 2 novembre 2000.
46. David NAPIER, « Sins of the Fathers », *Anglican Journal*, mai 2000, cité sur
    www.anglicanjournal.com/126/rs/rs01.html.

Une enquête sur le pensionnat de Fort Albany, en Ontario, permet de découvrir que des enfants cris et obijwas étaient forcés de manger leurs vomissures, de porter leur culotte souillée sur la tête ou encore de subir des attouchements ou des viols de la part des religieux. Cette violence et ce mépris sont inscrits dans le projet du gouvernement fédéral de détruire la culture des enfants indiens par école. Le président George Erasmus écrit dans son rapport de la Commission royale sur les peuples autochtones :

> La prémisse fondamentale de la resocialisation, de la grande transformation de l'état sauvage à l'état civilisé reposait sur la violence. Afin de « tuer l'Indien au sein de l'enfant », le Ministère s'efforçait de trancher l'artère grâce à laquelle la culture se communiquait d'une génération à l'autre et qui était, entre parents et enfants, le lien profond soudant la famille et la communauté. À la fin, c'est-à-dire au moment de l'assimilation définitive, « toute trace d'Indien chez les membres de cette race doit avoir été exterminée ». Il ne s'agissait pas là d'une simple fioriture de style ; cette attitude se concrétisait dans le traumatisme vécu par chaque enfant séparé de ses parents et de sa collectivité, condamné à vivre isolé dans un monde hostile à son identité, à ses croyances traditionnelles et à sa langue[47].

Les mauvais traitements subis par les enfants dans les pensionnats anglo-canadiens pendant plusieurs générations sont en partie responsables des principaux maux dont souffrent aujourd'hui les communautés autochtones. La pauvreté, la toxicomanie, l'aliénation familiale et culturelle, le taux élevé de suicide sont des conséquences directes de la volonté délibérée des autorités du Canada anglais de détruire les cultures autochtones.

La crise d'Oka : plus le mensonge est gros...

Politiquement, la crise d'Oka se situe dans la suite du rejet des Accords du lac Meech. Oka est pour le Canada anglais

---

47. Commission royale sur les peuples autochtones, *op. cit.*, chap. 10.

l'occasion rêvée de se donner bonne conscience et d'appuyer les revendications des Amérindiens en faveur de l'autodétermination. Le groupe dominant anglo-canadien qui, pendant près de deux cent cinquante ans a adopté des comportements haineux et discriminatoires envers tous ceux qui n'étaient pas Blancs, anglo-saxons et protestants, se permet de faire la leçon aux Québécois. Avec son fiel, sa malhonnêteté et son mépris habituels pour les francophones, la presse anglo-canadienne en rajoute. Au moment de la crise d'Oka, certains journalistes vont jusqu'à comparer les Québécois aux ségrégationnistes du sud des États-Unis. Cette accusation, « lancée d'abord le 20 juillet par Michael Valpy, chroniqueur du *Globe and Mail*, est formulée en ces mots: "Alabama dans les années 60." Elle est reprise sous diverses formes dans presque tous les grands journaux du Canada ainsi qu'à l'émission d'actualités de CBC, *The Journal*, l'équivalent anglais du *Point*[48]. »

L'origine du conflit

En 1721, les Sulpiciens se font concéder une seigneurie à Oka dans le but d'évangéliser les Amérindiens qui y vivent, principalement des Iroquois. Par la suite, les Amérindiens et les Sulpiciens se disputent la propriété du terrain. Dans ce long conflit, les Mohawks de Kanesatake échouent systématiquement dans leurs tentatives de faire reconnaître leurs revendications par les tribunaux. La justice naturelle est avec eux, mais le droit est du côté des Sulpiciens. Le ressentiment des Mohawks à l'endroit des Sulpiciens est tel que plusieurs Autochtones d'Oka se convertissent au protestantisme. Déjà dans les années 1860, une première « crise d'Oka » avait été marquée par des actes de violence. Incités à s'exiler par le gouvernement fédéral qui refuse de leur concéder une réserve, des

---

48. Robin PHILPOT, *Oka , le dernier alibi du Canada anglais,* Montréal, VLB, 2000 (1991), p. 29.

Amérindiens quittent Oka pour la Gatineau ou pour l'Ontario. Mais la plupart restent sur place, déterminés à obtenir la possession des terres sur lesquelles ils vivent.

C'est un projet d'agrandissement du golf municipal d'Oka qui met le feu aux poudres. En effet, les Autochtones considèrent cette pinède comme la leur. Leurs ancêtres y reposent dans un cimetière. Le 11 mars 1990, ayant épuisé les recours légaux pour bloquer ce projet, des Autochtones d'Oka érigent une petite barricade symbolique à l'entrée de la pinède. Ils se relaient jour et nuit dans une atmosphère bon enfant. Le maire d'Oka obtient contre eux trois injonctions judiciaires. Le 11 juillet, il décide de faire respecter la dernière. À cette date, les Mohawks de Kanesatake ne représentent plus qu'une poignée des manifestants, puisque les Warriors, des criminels de la réserve d'Akwesasne, ont décidé de récupérer la crise à leurs propres fins.

Les Warriors et la mafia rouge

Le mouvement des Warriors naît à Kanawake, au sud de Montréal, au début des années 1970. Plusieurs de ses fondateurs sont des Mohawks qui ont servi dans les forces armées américaines. C'est une organisation paramilitaire nationaliste. En 1974, après un conflit avec le conseil de bande de Kanawake, les Warriors s'établissent dans le nord de l'État de New York sur un territoire qu'ils revendiquent comme leur terre ancestrale. Une série d'affrontements opposent les Warriors à la police de l'État et aux Blancs de la région jusqu'en 1977. L'État de New York finit par leur concéder une enclave nommée Ganienke, au nord de Plattsburgh, et cela malgré l'opposition des leaders de la confédération iroquoise qui soutiennent que les Warriors ne défendent rien d'autre que leurs intérêts criminels.

De Ganienke, ils essaiment à Akwesasne, une réserve qui chevauche les frontières de l'État de New York, du Québec et de l'Ontario. Là, ils deviennent les hommes de main de divers profiteurs et criminels surnommés les Silkshirts, « les chemises de soie ».

> As of 1981, Silks were backing the first high-stakes bingo-parlour on Akwesasne. By 1985, Canadian police knew of white narcotics traffickers operating from the reserve under Warrior Protection. By 1987, casinos and bingo halls were operating on Akwesasne and police had become very wary of the halls' Warrior guards. The rot had spread to other communities by 1988. One Silk, « Smokin' Joe » Anderson became the kingpin of the Tuscarora Reserve and the RCMP unearthed a speed laboratory in Kanesatake. In that year, a bingo hall operated by the New York Oneidas was torched by Warriors from other reserves. Apparently, the example of a band-run bingo hall was viewed as a direct threat to the Silks[49].

Au moment où est érigée la première barricade mohawk à Oka, en 1990, une véritable guerre civile fait rage dans la réserve d'Akwesasne. En effet, les bingos et les casinos situés du côté américain de la réserve constituent la principale source de revenus des Amérindiens. De nombreux Autochtones d'Akwesasne s'opposent aux jeux et aux activités criminelles à l'intérieur de la réserve. Un mouvement se dessine donc en faveur de la fermeture des casinos et des bingos, malgré les actes de violence et d'intimidation commis par les Warriors.

> In the face of the growing violence, the Antis took up arms and blockaded traffic to the casinos in April 1990. The Warriors came out to attack the Antis, and Akwesasne soon echoed with the sound of massive gunfights. Unfortunately for the Antis, a contest between assault rifles and hunting arms usually has a foregone conclusion. In four days, three men died and the last Antis on the reserve soon found themselves besieged. On the fifth day, five police forces stormed the reserve[50].

Les Warriors attaquent d'autres Mohawks pour protéger leurs activités criminelles. Les leaders de la confédération

---

49. The Mackenzie Institute, « The Long Fall of the Mohawk Warriors », juin 1996, www.mackenzieinstitute.com/1996_06_Military_Mohawks.html.
50. The Mackenzie Institute, *ibid.*

iroquoise les dénoncent. C'est alors que survient le conflit du golf d'Oka. C'est l'occasion rêvée pour les Warriors et les Silkshirts qui les commanditent de faire valoir leurs intérêts. Leur stratégie consiste à exacerber le conflit afin d'obtenir des gouvernements des concessions favorables aux activités de jeu à Akwesasne.

Tout ce que font les Warriors à Oka et à Kanawake est financé avec l'argent provenant des casinos, des bingos, de la vente de cigarettes de contrebande, du trafic d'armes et de drogue, bref, des activités auxquelles se livrent les Silkshirts d'Akwesasne. Cette fois, comme le conflit implique des Québécois francophones, les Warriors et leurs associés bénéficient du soutien des médias et des leaders d'opinion du Canada anglais.

> Ainsi, les bons Mohawks sont les Warriors, tandis que ceux qui s'opposent aux Warriors sont des vendus. Le droit à l'autodétermination d'une nation, droit tant honni quand il s'agit du Québec, devient un devoir pour les Mohawks et, pourquoi pas, pour les Cris également : ils se doivent de réaliser leur indépendance sur le territoire québécois[51].

Les Warriors ont réussi à usurper la cause des Mohawks de Kanesatake. Plus tard, le Mohawk Barry Bonspille, qui était derrière les barricades en 1990, décrira ainsi les Warriors :

> « *They think they're God's gift to the people* », *he says. He resents the fact that so many of them were not even from Kanesatake and came in 1990, he believes, because it gave them a chance* « *to stick a gun in someone's face and get away with it. The pretense was to defend the land, but they vandalized the people's homes.* »

> *Many, like Mr. Bonspille, believe some of today's warriors use their reputation and their stated belief in the Great Law as "a front". While they pretend to be interested mainly in protecting Mohawk land, the real interest of this minority is in illegal activities, everything from drugs to cigarette smuggling*[52].

---

51. Robin PHILPOT, *op. cit.*, p. 25.
52. Roy MACGREGOR, « Oka's Real Symbol is a Simple Grave », *National Post*, 7 juillet 1999, cité sur **www.criseoka.ca/temoignages/bonspille_barry/bonspille_barry.htm**.

À Oka, les Warriors et les Silkshirts remportent une victoire applaudie par le Canada anglais. Au cours des années suivantes, ils utiliseront la réserve d'Akwesasne comme une base d'opération inviolable pour faire le trafic de drogue, de cigarettes, d'armes à feu et d'immigrants clandestins.

Le 11 juillet 1990 : le début de l'été indien

Le matin du 11 juillet 1990, une centaine d'hommes de l'escouade antiémeute de la Sûreté du Québec se postent face aux manifestants qui occupent la pinède. Un officier demande à s'entretenir avec les leaders mohawks. Les Autochtones lui répliquent qu'il n'y a pas de leader et qu'il faut que les membres de la communauté se consultent avant de prendre une décision. Voici comment le coroner Gilbert décrit la stratégie des Indiens :

> On ne savait pas comment les policiers allaient se présenter. Toutefois, les voyant sur place, les occupants avaient conçu un autre subterfuge. Les femmes allaient alors se rendre à la barricade pour y amorcer, selon les apparences, des négociations. C'était un moyen déguisé pour gagner du temps. En réalité, ce subterfuge visait à permettre que soit organisé le blocage du pont Mercier. Agissant ainsi, on savait fort bien que les femmes ne s'exposaient à aucun risque d'agression de la part des policiers. Ces derniers sont arrivés entre 5 h 20 et 5 h 25 ; dès 5 h 45, le pont Mercier était bloqué [53].

Les heures passent. À Oka, une cérémonie est célébrée par les femmes qui lancent de la cendre sur les policiers de l'antiémeute. Pendant ce temps, les officiers de la SQ aperçoivent des hommes armés, terrés un peu partout dans la pinède. La décision est prise de régler la situation à Oka et de déplacer ensuite les hommes de l'antiémeute vers le pont Mercier. Six hommes du groupe d'intervention tactique, dont le caporal Marcel Lemay, sont déployés pour s'assurer que la manœuvre des policiers de l'antiémeute est

---

53. Guy GILBERT, *Rapport d'enquête du coroner sur les causes et circonstances du décès de monsieur Marcel Lemay*, Bureau du coroner, juillet 1995, p. 346.

sécuritaire. À 8 h 53, ils s'approchent au pas de course des positions des Warriors. Ces derniers ouvrent le feu. Le caporal Lemay reçoit aussitôt un projectile de type .223 Remington sous le bras. L'expertise prouve qu'il est atteint par un tir direct [54]. Il meurt sur le coup. Son assassin ne sera jamais arrêté. La télévison de Radio-Canada capte le cri d'un Mohawk : « *We've got one !* »

La retraite désordonnée des policiers constitue une victoire sans précédent pour les Warriors. Ils contrôlent désormais la lutte dans la pinède de Kanesatake et de Kanawake. C'est aussi une lutte politique et médiatique qui commence. Ces criminels jouiront du soutien empressé du Canada anglais, de ses médias et de ses leaders d'opinion, et réussiront à démoniser la société québécoise aux yeux du monde entier.

Une équipe de l'Office national du film est dépêchée sur les lieux. La cinéaste Alanis Obomsawin vient partager le sort des malheureux Amérindiens. Cela lui permet de réaliser un magnifique film de propagande antiquébécoise. On y voit Mad Jap, l'un des chefs du mouvement, expliquer que, en réalité, le caporal Lemay a été tué par un de ses collègues ! Plus le mensonge est gros… Cette version de la mort de Lemay est colportée par tous les porte-parole mohawks. Le film de désinformation d'Alanis Obomsawin, *Kanesatake – 270 ans de résistance*, connaît un succès mondial. Il est vu par 23 millions de téléspectateurs au Japon seulement. Bravo l'ONF ! L'Office, créé comme instrument de propagande du gouvernement fédéral en 1939, aurait-il donné carte blanche à Pierre Falardeau, et lui aurait-il accordé un budget important pour qu'il réalise un film sur les injustices dont les Québécois ont été victimes ?

Dès le premier jour, le Bureau de la nation mohawk, section Kanawake, Confédération des Six-Nations iroquoises, envoie une lettre au Congrès national africain (ANC) de Nelson Mandela. En voici un extrait :

---

54. *Ibid.*, p. 389.

Chers frères et sœurs,

[…] La police d'État du Québec a attaqué notre peuple avec des gaz lacrimogènes et des armes à feu automatiques incontrôlables qui ont tué l'un de leurs propres hommes. L'armée canadienne a offert son assistance et la police du Québec a accepté plus d'équipement. […] La force de police du Québec qui a donné l'assaut ce matin était composée de 500 personnes incluant les armes spéciales, les groupes tactiques et les tireurs d'élite […] [55].

Il faut présenter une image d'oppression. L'inénarrable leader du Nouveau Parti démocratique, Audrey MacLauchlin, s'empresse de participer à la campagne de salissage contre le Québec. Elle interrompt ses vacances d'été pour aller faire un tour du côté amérindien de la barricade d'Oka. MacLauchlin affirme que la situation à Oka est comparable à celle de Soweto en Afrique du Sud où des dizaines de personnes sont massacrées ! Quant à Jean Chrétien, fossoyeur du lac Meech, toujours égal à lui-même, il propose qu'on laisse les Warriors s'enfuir pour les rattraper plus tard !

C'est au cours des négociations concernant la pinède d'Oka que les Warriors dévoilent leur jeu. Après avoir obtenu que le gouvernement fédéral rachète les terres contestées pour les leur remettre, les Amérindiens formulent de nouvelles exigences.

Puis les Mohawks commencèrent à faire des demandes qui n'avaient rien à voir avec Oka. Ils voulaient que la police se retire d'Akwesasne près de Cornwall, qui avait été la scène d'activités illicites, et à cent lieues de ce qui se passait à Oka. Quelque chose clochait. […] Les enjeux atteignaient maintenant des sommets plus élevés [56].

Sur les barricades, entre Châteauguay et Kanawake, les Warriors se livrent à des actes de provocation pour plaire aux Canadiens anglais qu'ils savent favorables à leur cause. Ils brûlent notamment des drapeaux du Québec. Et l'on peut voir de valeureux Warriors masqués proférer des menaces en anglais aux fantassins du 22e régiment. Ces images percutantes font le

---

55. John CIACCIA, *Oka, le miroir de notre âme*, Montréal, Leméac, 2000, p. 69.
56. *Ibid.*, p. 103.

tour du monde. Depuis le 14 août, en effet, l'Armée a pris la relève des policiers à la demande du premier ministre du Québec, Robert Bourassa. C'est une autre victoire pour les Warriors. Les soldats de la nation mohawk font maintenant face aux soldats francophones du 22ᵉ régiment. Aussitôt, les Mohawks s'attaquent verbalement aux soldats québécois.

Le 5 septembre, Kahn Tineta Horn, fonctionnaire du gouvernement fédéral devenue Warrior, s'est vantée au journaliste du *Ottawa Citizen* d'être allée crier la veille « un peu d'histoire » aux soldats, leur décrivant en détail comment les *French Canadians* n'avaient rien fait pour défendre leur pays [57].

Le dénouement de la crise

Le 29 août, les barricades sont levées après plus d'un mois et demi de calvaire pour les habitants de la Rive-Sud. Les Warriors ont réussi à quitter la réserve de Kanawake avec leurs armes, sans pertes aucunes. Ils ont pris contrôle de la réserve, qui subsiste encore aujourd'hui. Les Mohawks d'Oka se retrouvent isolés. Le périmètre des Warriors qui se rétrécit constamment, ils sont cantonnés dans une petite enclave qui les isole autour du Centre de désintoxication local. Le 26 septembre, après avoir brûlé leurs armes, les Warriors lancent des femmes et des enfants devant les policiers et les militaires. La disgrâce de leur fuite a été abondamment filmée : des femmes, des bébés, des adolescents et des enfants apeurés jetés devant l'Armée pour couvrir la fuite des hommes.

Oka, alibi du Canada anglais

Comme l'écrit très justement Robin Philpot dans son ouvrage, cela ressemble à un alibi. Comme nous l'avons vu dans

---

57. Robin Philpot, *op. cit.*, p. 111.

ce chapitre, c'est le système fédéral qui est responsable des torts causés aux Amérindiens partout au Canada. C'est le gouvernement fédéral qui a créé les réserves. C'est le gouvernement fédéral qui a grugé les terres des Mohawks pour faire passer un chemin de fer et créer la Voie maritime du Saint-Laurent.

Philpot démontre que les Autochtones sont mieux traités au Québec que dans les autres provinces canadiennes. Les Amérindiens gagnent 63 % du revenu moyen des autres Canadiens. Les chiffres sont, encore une fois, éloquents : au Québec, le pourcentage est de 75 %, contre 59 % en Alberta, 52 % en Saskatchewan, 55 % au Manitoba… Pas si mal, la vie au Québec[58] !

> Au Québec, en 1986, 14 % des maisons habitées par des Indiens ne possédaient pas de chauffage central. C'est trop mais, dans l'ensemble du Canada, ce chiffre s'élève à 24 %. Et en Ontario, au Manitoba et en Saskatchewan, où le mercure plonge souvent à − 50 °C, c'est près de 30 % des maisons occupées par les Indiens qui n'ont pas de chauffage central[59].

De plus, l'Assemblée nationale du Québec a reconnu les communautés autochtones comme nations distinctes dès l'époque de René Lévesque. Les taux de suicide et d'alcoolisme sont au Québec beaucoup plus faibles qu'ailleurs au Canada. Leur taux d'assimilation est plus bas. Le gouvernement du Québec encourage la préservation et la promotion des langues amérindiennes. Le taux d'incarcération des Amérindiens au Québec est lui aussi éloquent.

> Pour les années 1974 à 1983, les Indiens représentent 2 % de la population canadienne et 7 % du nombre de détenus ; au Manitoba, ils comptent pour 5 % de la population et pour 34 % de la population carcérale ; en Colombie-Britannique, ils forment 2,4 % de la population et 8 % de détenus. Situation identique en Ontario : 1,3 % de la population est Indienne mais elle forme 5 % des détenus. Qu'en est-il au Québec ? Les Indiens inscrits représentent 0,8 % de la population mais ils forment seulement 0,3 % du

---

58. Robin PHILPOT, *op. cit*, p. 54.
59. *Ibid.*, p. 61.

nombre des détenus. […] tandis qu'ailleurs au Canada les Indiens sont emprisonnés de trois à cinq fois plus souvent que les autres Canadiens, au Québec, ils le sont plus de deux fois moins que les autres Québécois [60].

Le lac Meech et Oka

En juillet 1990, les Canadiens anglais doivent faire face à une crise nationale: Meech a échoué. La crise d'Oka a été récupérée par les politiciens canadiens contre le Québec à qui on vient de refuser les conditions minimales de son adhésion à la Constitution de 1982 adoptée par Pierre Trudeau et les neuf autres provinces.

Le premier ministre du Québec, Robert Bourassa, et celui du Canada, Brian Mulroney, s'entendent sur la base des demandes minimales du Québec. Mais le Manitoba, Terre-Neuve et le Nouveau-Brunswick ne sont pas d'accord. Rappelons comment l'obstruction du député néodémocrate amérindien Elijah Harper, de l'Assemblée législative du Manitoba, tue l'accord et en fait le héros du Canada anglais.

Dans le *Toronto Star*, un long article signé Judee Steed nous révèle que «marcher sur les traces du chef autochtone le plus en vue au Canada demande le pas doux nécessaire pour porter de grands principes». Et quand Elijah se promène dans les rues d'Ottawa, «des mains se tendent pour le toucher». […] L'article signale aussi que plusieurs le proposent comme candidat au prix Nobel de la paix [61].

L'opinion publique et les médias du Canada anglais font preuve d'une complaisance manifeste face à l'usage de la violence perpétrée par des criminels armés et masqués qui prétendent agir pour défendre la souveraineté mohawk. C'est le même Canada anglais qui adopte un légalisme pointilleux quand il s'agit de l'indépendance du Québec. On se rappelle l'af-

---

60. *Ibid.*, p. 53.
61. *Ibid.*, p. 53.

faire du référé adressé à la Cour suprême du Canada pour régler la question de la constitutionnalité d'une éventuelle déclaration d'indépendance du Québec.

Les médias anglophones voient les Autochtones comme leurs alliés dans la lutte contre l'affirmation nationale du Québec. Durant la crise d'Oka, ce thème est récurrent. Dans une analyse publiée le 21 juillet dans le *Toronto Star*, dix jours après le début de la crise, Darcy Henton explique que 85 % du territoire du Québec appartient aux Autochtones, qui sont le fer de lance du Canada anglais dans son combat pour garder le pays uni.

> The native people who last month pushed Canada to the brink of constitutional crisis could be the glue that keeps the country from breaking apart. After opposing the Meech Lake accord, saying aboriginal rights were being ignored in the haste to bring Quebec into the Constitution, Canada's first nations could rise yet again to sabotage a Quebec bid for independence[62].

Pour Henson, il va de soi que les Autochtones font partie du Canada anglais.

> Quebec natives have always had close ties with the British and were often British allies in times of conflict. [...]

> Even today, most Quebec natives speak English, and in some communities, natives who speak French are not considered to be true Indians. One Quebec-born Mohawk says French-speaking Mohawks are victims of deep-rooted prejudice[63].

Même l'ineffable Stéphane Dion, alors professeur d'université, donnait Oka comme exemple à ses amis du Canada anglais pour leur reprocher, bien timidement il est vrai, d'y aller un peu fort dans le dénigrement du Québec.

> Dans toutes les situations où la majorité se sent menacée par une minorité, sa réaction est de noircir cette dernière aux yeux des

---

62. Darcy HENTON, « Indians Stake their Claim to Quebec: If they (Quebecers) want to pull out with 15 per cent of the land, we'll let them go », *The Toronto Star*, 21 juillet 1990, p. D1.
63. *Ibid.*

autres minorités. Sans tomber dans la paranoïa, il faut bien admettre qu'il y a un peu de cela au Canada dans la façon dont les grands médias anglophones traitent les francophones. La crise d'Oka en a donné un nouvel exemple. Elle a symbolisé l'intolérance séculaire prêtée aux francophones. Pourtant, imaginons qu'un groupe armé bloque une voie d'accès importante de Toronto, Vancouver, New York ou Londres... On n'a aucunement la garantie d'un dénouement plus pacifique que celui de Montréal[64].

Un historien de l'Université Laval, Réal Brisson, a analysé la crise d'Oka à partir de 800 caricatures publiées dans les quotidiens anglophones et francophones du pays[65]. Il a découvert deux visions opposées d'une « troisième solitude ».

Réal Brisson a constaté que les médias francophones et anglophones véhiculaient deux visions bien distinctes et fort significatives du même événement. « Il ne s'agit pas de visions nuancées des mêmes faits mais bien de visions opposées. » La crise d'Oka est survenue quelques mois à peine après l'échec de l'Accord du lac Meech, rappelle l'étudiant-chercheur. Il semble que la presse anglophone a profité de la situation pour régler des comptes en soulignant comment la société distincte québécoise traitait ses propres minorités. « C'était aussi un retour d'ascenseur des médias anglophones aux Autochtones, grâce à qui l'Accord du lac Meech avait échoué », avance-t-il.

Plus des trois quarts des caricatures publiées par les médias anglophones sont favorables à la cause autochtone, révèle l'analyse de Réal Brisson. Leurs dessins traduisent une grande complaisance à l'égard des Amérindiens, et ils [justifient] le recours à la violence. « L'Amérindien était représenté comme un résistant, un guerrier fort et fier, dépouillé de ses droits fondamentaux[66]. »

Et rien n'est plus symbolique que la page de publicité achetée dans le *Globe and Mail* du 6 septembre 1990. Elle est

---

64. Stéphane DION, « Il n'existe pas de prédisposition raciste chez la majorité francophone au Québec », conférence donnée au centre Saidye-Bronfman, cité dans *La Presse*, 23 janvier 1993.

65. Réal BRISSON, *Oka par la caricature. Deux divisions distinctes d'une même crise*, Québec, Septentrion, 2000.

66. Jean HAMANN, « Une caricature vaut mille maux », *Le fil des événements*, www.ulaval.ca/scom/Au.fil.des.evenements/1998/09.10/oka.html.

intitulée : « A Solution at the End of a Rifle is No Solution at All ». En voici les extraits les plus émouvants :

> *Dear Prime Minister Mulroney :*
>
> *As the world watched, you chose silence over leadership, brutality over negociation, guns over talk...*
>
> *We stand with the aboriginal people of Canada, and with their leaders who have advocated nonviolent and just resolution of their dispute...*
>
> *We plead for the end to all further military action and any acts of intimidation or reprisal by the Sureté [sic] du Québec [...]*
>
> *We will never forget Oka[67].*

Parmi les signataires, on trouve l'écrivaine Margaret Atwood, le politicien libéral Lloyd Axworthy, l'auteur de sagas historiques Pierre Berton, le chanteur Bruce Cockburn, l'ex-chef du NPD Stephen Lewis, l'actuelle vice-reine du Canada Adrienne Clarkson, et son mari le philosophe et intellectuel John Saul.

Non seulement les Amérindiens d'Oka n'ont pas subi d'actes de brutalité, mais on s'est même assuré qu'ils reçoivent leurs prestations d'assurance-chômage et d'aide sociale pendant la durée des négociations.

Madame la gouverneure générale n'est pas intervenue au cours de l'été 2000 quand la crise à propos des droits de pêche ancestraux a secoué la communauté micmac de Burnt Church au Nouveau-Brunswick. Nous avons pourtant vu à plusieurs reprises, à la télévision, les bateaux de la GRC foncer sur les embarcations de pêche des Autochtones pour les couler.

Je ne me souviens pas d'avoir lu de lettres ouvertes de Madame Clarkson et de son mari s'appitoyant sur le sort des Indiens ontariens lorsqu'ils ont voulu récupérer le secteur de Stony Point de leur réserve située dans la région d'Ipperwash près de Sarnia. En 1942, Ottawa s'était emparé, dans des circonstances vraiment ignominieuses, de la moitié du territoire de la réserve des indiens Chippewas (2 240 acres) pour en faire un camp d'entraînement avancé d'infanterie.

---

67. Robin PHILPOT, *op. cit.*, p. 159.

Under the Indian Act, reserve lands can only be sold by Surrender, which involves a vote by the Band membership. The Band members voted against the Surrender, however the Band realized the importance of the war effort and they were willing to lease the land to the Government. The Government rejected the offer to lease. On April 14, 1942, an Order-in-Council authorizing the appropriation of Stony Point was passed under the provisions of the War Measures Act. The military was sent in to forcibly remove the residents of Stony Point. Houses, buildings and the burial ground were bulldozed to establish Camp Ipperwash. By the terms of the Order-in-Council, the Military could use the Reserve lands at Stony Point only until the end of World War II. However, those lands have not yet been returned. The military base was closed in the early 1950's, and since then the lands have been used for cadet training, weapons training and recreational facilities for military personnel[68].

Le 4 septembre 1995, inspirés par l'exemple des Warriors d'Oka qui ont reçu l'appui des médias et de l'opinion publique ontariens, plusieurs Chippewas se rendent à Stony Point, sans armes, pour réclamer le cimetière indien situé dans ce qui est devenu un parc provincial. Cette fois, l'opinion publique ontarienne n'est pas au rendez-vous. Dans les jours qui suivent, un des manifestants pacifiques, Dudley George, est abattu par un membre de la police provinciale de l'Ontario, Kenneth Deane, armé d'un pistolet mitrailleur.

Reconnu coupable, le policier s'en tire avec deux ans moins un jour de prison. La vie d'un Amérindien ne vaut pas cher à l'ouest de l'Outaouais ! Les premières nations crient au scandale et demandent sans succès une enquête sur les circonstances entourant cette mort et le rôle que Mike Harris, l'ancien premier ministre ontarien, a joué dans cette crise[69].

Jamais dans les crises autochtones qui ont éclaté ailleurs au Canada après Oka n'a-t-on vu un déferlement de haine, de

---

68. The Law Connection et Faculté de droit de l'Université Simon-Fraser, *Canada's Concentration Camps – The War Measures Act*, 1998, **www.educ.sfu.ca/cels/past_art28.html**.
69. Peter Edwards, *One Dead Indian. The Premier, the Police, and the Ipperwash Crisis*, Toronto, Stoddart Publishing, 2001.

mensonges, de mauvaise foi et d'hypocrisie comme celui qu'on a vu durant la crise d'Oka.

> Profitant des événements d'Oka [...], le Canada a mené une attaque en règle contre le Québec. On a dit que le Québec venait de perdre son innocence, mais c'est plutôt le Canada qui s'en est refait une en rejetant deux cents ans de culpabilité anglo-libérale sur les Québécois [70].

---

70. Robin PHILPOT, *op. cit.*, p. 24.

Chapitre 7

L'esclavage et la ségrégation raciale au Canada anglais

In 1760, slavery in Canada was virtually at its midpoint, for the British gave it new life[1].

L'esclavage est en déclin à la fin du régime français. Les derniers esclaves travaillent surtout comme domestiques dans les riches demeures de nobles et de clercs dans la région de Montréal[2]. Leurs conditions de vie sont raisonnablement clémentes et un certain pouvoir juridique leur est accordé. Il leur est possible, notamment, de servir de témoins dans les cérémonies religieuses et ils ont le droit de réclamer leur liberté devant les tribunaux[3]. Des mariages mixtes sont même recensés dans des registres paroissiaux, ce qui aurait paru abominable aux Anglais.

The English civil and criminal law that was introduced into Quebec in 1763 contained no effective strictures against slavery; indeed, the entire weight of the law and custom in the British colonies tended to support the legality of the institution overseas[4].

Pendant des décennies encore, Londres va encourager l'«importation» de cet «or noir» dans ses colonies. L'Acte impérial, adopté par le Parlement britannique en 1790, favorise

---

1. Robin W. WINKS, *The Blacks in Canada. A History,* Montréal, McGill et Queen's University Press, 1972, p. 23.
2. *Ibid.,* p. 9.
3. *Ibid.,* p. 11.
4. *Ibid.,* p. 25.

le commerce des esclaves dans toutes les possessions américaines de la Couronne. Pour inciter le développement économique de ses colonies américaines, le gouvernement britannique permet «*free importation into North America, the Bahamas, and Bermuda of all "Negroes, household furniture, ustensils of husbandry or clothing".* [...] *Free Negroes were not encouraged*[5].»

Les Loyalistes qui arrivent au Canada en provenance des États-Unis sont fièrement esclavagistes. Pour eux, les Noirs sont des objets; ils font partie de leurs biens meubles.

> Avis est par la présente donné que William Millet tiendra une vente à l'encan à midi le 9 septembre 1790 à la Salle des ventes et qu'il y sera mis à l'enchère les objets suivants: deux tonnes de pain de munition, quelques barriques de viande de porc, de farine de seigle et de maïs, un certain nombre de meubles de maison, un bon Nègre vigoureux et d'autres articles variés[6].

Le 28 mars 1777, *The Nova Scotia Gazette and Weekly Chronicle* propose dans la section «à vendre» de ses petites annonces «un nègre bien proportionné âgé d'environ seize ans». Une annonce du même journal, en janvier 1779, offre «une Noire d'environ vingt et un ans capable d'accomplir des travaux aussi bien domestiques qu'agricoles».

En Nouvelle-Écosse, on a recours au même type de brutalité envers les esclaves que dans les États américains du sud bien que, sans doute, moins fréquemment.

> *At Annapolis a slave died from the effects of a whipping. In Windsor, Nova Scotia, a master killed his slave boy with a hammer, and in Truro an owner cut a hole in the lobe of a recaptured slave's ear and, after passing a knotted whiplash through the hole, dragged the slave to death. Neither master appears to have been punished although both were condemned by their communities* [...][7].

---

5. APC, *Documents divers*, 16, pt. 2: acte du 1er août 1790, cité dans Robin W. WINKS, *op. cit.*, p. 26.

6. *Royal Gazette and Nova Scotia Advertiser*, 7 septembre 1790, cité dans James WALKER, *La Discrimination raciale contre les Noirs au Canada*, Ottawa, Société historique du Canada, Brochure historique n° 41, 1985, p. 3.

7. Robin W. WINKS, *op. cit.*, p. 51.

Les Loyalistes blancs du Haut-Canada : des esclavagistes venus du sud

Les United Empire Loyalists qui fuient les États-Unis pour trouver refuge au Canada au moment de la guerre de l'Indépendance américaine amènent avec eux leur « cheptel » humain. Lorsqu'il est nommé lieutenant-gouverneur du Haut-Canada en 1791, John Graves Simcoe veut rendre l'esclavage illégal. Son projet menace les intérêts de l'establishment ontarien. La plupart des esclaves dans la ville de Toronto, alors appelée York, appartiennent en effet à des hauts fonctionnaires, des commerçants et des propriétaires terriens. Six des 16 membres de l'Assemblée législative du Haut-Canada sont maîtres esclavagistes, tout comme plusieurs membres du gouvernement, dont Peter Russel qui succédera à Simcoe comme gouverneur du Haut-Canada. Le premier solliciteur général du Haut-Canada, le colonel James Gray est, lui aussi, un esclavagiste pur et dur. Peu avant sa mort à Cornwall en 1871, John Baker, un ancien esclave de Gray, se souvient de son maître.

> The Colonel had much property, he was strict and sharp, made us wear deerskin shirts and deerskin jackets, and gave us many a flogging. At these times he would pull off my jacket, and the rawhide would fly around my shoulders very fast[8].

Wiliam Jarvis, un autre personnage respecté du Haut-Canada – une rue du centre-ville de Toronto porte son nom – possède certains des derniers esclaves au Canada. Premier grand maître des francs-maçons du Haut-Canada, Jarvis est le secrétaire du gouverneur Simcoe et le registraire de la province. Dans un livre publié en 1894, *Landmarks of Toronto*, John Ross Robertson décrit comment Jarvis est allé devant les tribunaux en 1811 pour reprendre possession de deux de ses six esclaves qui s'étaient enfuis.

---

8. J. F. PRINGLE (Judge County Court), *Lunenburgh, or the Old Eastern District*, chap. XXXVI, 1890, cité sur www.tbaytel.net/bmartin/jbaker.htm

[...] he complained to the court that a negro boy and girl, his slaves, had stolen silver and gold from a desk at his house and escaped from their master, and that they had been aided and advised by one Coachly, a free negro. The accused having been caught, the court ordered that the boy, named Henry, but commonly known as Prince, be committed to prison; that the girl be returned to her master, and Coachly be discharged[9].

Malgré une importante opposition, la loi de Simcoe interdisant l'esclavage est finalement adoptée en 1794. Souvent vantée comme une première dans l'Empire britannique, cette loi est en fait un trompe-l'œil, un acte de pure hypocrisie. « *Upper Canada's Act to abolish slavery freed not one slave*[10]. » Les esclaves noirs du Haut-Canada restent esclaves jusqu'à leur mort. Leurs enfants nés après le 9 juillet 1793 ne sont libérés qu'à l'âge de vingt-cinq ans. « *While this prevented new slaves being bought, sold, or traded, it did not free those whom were already slaves. The goal was to give those slaves "gradual emancipation[11]". »*

La loi qui devait mettre fin à l'esclavage rendait en fait plus difficile la libération des esclaves.

The act violated no existing public property, and as part of the compromise it discouraged manumission. Any master who freed his slave was to provide security that the former slave would not become a public charge. No one was to be enslaved for any reason thereafter, while those who were lawfully slaves in 1793 would continue as such until death. [...] The bill did not prevent selling slaves across international frontiers [...][12].

La situation est différente au Bas-Canada où l'esclavage est pratiquement inexistant. Déjà en 1794, le juge en chef de la

---

9. John Ross ROBERTSON, *Landmarks of Toronto*, cité dans Eric HOUNSOME, «William Jarvis and Slavery», *Toronto in 1810*, Toronto, Coles Publishing Company Limited, 1975, cité sur **www.interlog.com~jarvisci/history/ wmslave.htm**.

10. Robin W. WINKS, *op. cit.*, p. 97.

11. Ontario Genweb, *Focus On Black History*, **www.rootsweb.com/~canon/ blackhistory. html**.

12. Robin W. WINKS, *op. cit.*, p. 98-99.

Cour du Banc du Roi de Montréal avait ordonné la remise en liberté de deux esclaves noirs en fuite, affirmant que l'esclavage n'existait pas au Bas-Canada.

En fait, plusieurs Loyalistes anglo-protestants des Cantons de l'Est possèdent encore des esclaves. Ainsi, on a découvert récemment un cimetière d'esclaves noirs dans la municipalité de Saint-Amable, près de la frontière américaine. Le cimetière, situé au pied d'un rocher nommé Nigger Rock, contiendrait les dépouilles de 6 à 20 esclaves inhumés au début du XIXe siècle. Il s'agit d'esclaves noirs que le Loyaliste new-yorkais Philip Luke a amenés avec lui des États-Unis et de leurs descendants. Luke les utilisait comme ouvriers dans sa fabrique de potasse.

Trois autres cimetières d'esclaves ont été découverts au Canada, à Shelburne, en Nouvelle-Écosse, à Princeville et à Desden, en Ontario.

Les fausses promesses faites aux Loyalistes noirs américains

Tout en encourageant l'esclavage dans ses colonies, l'Angleterre incite les esclaves afro-américains à la révolte. Un épisode rarement évoqué de la guerre de l'Indépendance américaine favorise l'arrivée de Noirs au Canada. Le haut commandement britannique fait circuler dans les Carolines et en Virginie des bruits selon lesquelles le gouvernement impérial offre la liberté aux esclaves en échange de leur soutien : « *Rumors of British plans to free slaves excited slave resistance while slave's militancy provided the dynamics for British "tampering*[13]". »

En 1783, 2714 esclaves noirs américains, affranchis pour avoir combattu la révolution américaine aux côtés des troupes britanniques, obtiennent la permission de s'établir au Canada. On leur a fait croire qu'ils seraient aussi bien traités que les Loyalistes blancs. Les Anglais ont promis cent acres de terre à

---

13. Sylvia Frey, *Water from the Rock. Black Resistance in a Revolutionary Age*, Princeton, Princeton University Press, 1991, p. 58.

tous les Loyalistes américains, blancs ou noirs, qui s'établiront au Canada. Après que les Loyalistes blancs ont reçu les leurs, on donne ce qui reste aux Loyalistes noirs.

> *In nearly every case the black settlers were segregated. In Annapolis County seventy-six free Negroes received grants in 1785; all were of a single acre, all in Digby or in its township, and none were wharf lots. At the same time, white settlers received from one hundred to four hundred acres throughout Annapolis County* [14].

Dans l'attribution des terres, les Loyalistes noirs sont l'objet de la même discrimination que les Acadiens qui commencent à revenir de déportation. « *The early Black settlers, like the Acadians, were given land grants on non-fertile, rocky areas where their efforts at farming were doomed to failure* [15]. »

Les Loyalistes noirs découvrent en Nouvelle-Écosse une société blanche raciste très similaire à celle qu'ils avaient connue dans le sud des États-Unis. « *In a society conditioned to thinking of Blacks as slaves, their claims for equality were not always to be taken seriously by white individuals or even by white official-dom* [16]. »

> *Many were forced to indenture their families and some even sold themselves as slaves. Blacks died of starvation and exposure after parting with all their belongings in exchange for temporary nourishment. [...] The life of a Black Loyalist was filled with fear, for his continued freedom, for his subsistence, and for his peace from the interference and discriminatory acts by white individuals and officials* [17].

Découragés par la façon dont ils sont traités, certains Loyalistes noirs préfèrent accepter l'offre d'une société abolitionniste britannique de les transporter en Afrique plutôt que de vivre en Nouvelle-Écosse.

---

14. Robin W. WINKS, *op. cit.*, p. 36.
15. Frances HENRY, *Forgotten Canadians. The Blacks of Nova Scotia*, Canadian Social Problems Series, Don Mills (Ontario), Longman Canada Limited, p. 20.
16. James WALKER, *The Black Loyalists. The Search for a Promised Land in Nova Scotia and Sierra Leone, 1783-1870*, Dalhousie, Dalhousie University Press, 1976, p. 42.
17. *Ibid.*, p. 53-55.

Les promesses non tenues et la discrimination amenèrent beaucoup de Loyalistes noirs à penser qu'il valait mieux quitter la province. Le 15 janvier 1792, 1196 Noirs émigraient vers la colonie britannique du Sierra Leone, en Afrique occidentale, où ils espéraient trouver liberté et égalité[18].

Ils sont rejoints en Afrique, quelques années plus tard, par d'autres Noirs venant aussi de la Nouvelle-Écosse, qui cherche par tous les moyens à se débarrasser des Noirs. En 1796, en effet, le gouvernement colonial de la Jamaïque a déporté en Nouvelle-Écosse plus de 500 « marrons » (des Noirs rebelles) après l'écrasement d'une insurrection. Ne sachant que faire de ces Noirs défiants et insoumis, considérés comme une menace pour la sécurité de la province, le gouvernement néo-écossais a tôt fait de les déporter à leur tour au Sierra Leone.

En fait, les Noirs libres en Nouvelle-Écosse ne sont ni citoyens à part entière ni véritablement esclaves.

In addition to their lack of the vote and jury trial, the blacks often suffered restrictions on their private lives as well. In Shelburne hand bills were published by the magistrates « forbidding Negro dances, and Negro frolics in this town ». When this by-law was contravened the offending blacks were charged with « Riotous behaviour » and sent to the house of correction[19].

Les Noirs de Nouvelle-Écosse, dans le comté de Shelburne en particulier, constituent un bassin important de main-d'œuvre très bon marché pour les familles et les marchands locaux. Ils sont souvent embauchés à la place des Blancs pauvres. Cette situation a pour effet d'augmenter les tensions raciales. Les premières émeutes raciales du Canada ont lieu à Shelburne et à Birchtown, en Nouvelle-Écosse, en 1784. Des bandes de Blancs détruisent des maisons appartenant à des Noirs et les chassent du canton.

---

18. Parcs Canada, *Cette semaine en histoire : Une terre à eux*, cité sur **www.parcsca-nada.gc.ca/library/stories/displaylistf.cfm?&id=61**.
19. Robin W. WINKS, *op. cit.*, p. 55.

Almost from the outset white settlers, and Andrew Barclay in parti-
cular, had tried to gain possession of the better Birchtown lots, and in
July 1784, an «Extraordinary mob or Riot» descended upon the
community. Hundreds of disbanded white soldiers, still in possession
of their arms, had become increasingly unruly when they found that
they could not find work, since the residents of Shelburne preferred to
employ free Negroes at lower wages, or that they had to accept work
at wages competitive with Negro labour. They directed their anger at
the free Negroes of Birchtown who consistently underbid them, and
went rampaging through the settlement, pulling down some twenty
Negro houses [20].

Durant la guerre de 1812, les Anglais reprennent l'opération de propagande utilisée durant la guerre de l'Indépendance, trente-cinq ans plus tôt, pour semer la zizanie dans les
États du sud. Le commandant de la Royal Navy publie une proclamation affirmant que tous les sujets britanniques qui
rejoindront une unité anglaise seront ensuite transportés vers
une possession de la Couronne, en Amérique du Nord ou dans
les Caraïbes. On s'engage à les traiter comme des colons libres.
C'est ainsi qu'entre 2000 et 3000 Noirs américains arrivent en
Nouvelle-Écosse en 1815. Le gouvernement de la province,
toujours aussi accueillant pour les Noirs, les abrite dans une
ancienne prison près d'Halifax. On leur donne des rations et
presque rien d'autre ; pas d'emplois ni de terres. Ils obtiennent
une licence d'exploitation de terres infertiles, mais pas de titres
de propriété. Puis le gouvernement de la Nouvelle-Écosse, qui
ne veut vraiment pas d'eux, renie tout simplement les promesses faites par la Royal Navy.

By 1817 the government began to hold back rations, seeds and other
goods and Blacks were told to find work or return to the United Sta-
tes. Upon the invitation of the government of Trinidad, a few Blacks
sailed there, but their illiteracy prevented them from communicating
with their kin in Nova Scotia. It was thus assumed that they had
again been enslaved and no more Blacks volunteered for the trip to
Trinidad [21].

---

20. *Ibid.*, p. 39.
21. Frances HENRY, *op. cit.*, p. 26.

L'exclusion des Noirs de Nouvelle-Écosse était officielle depuis deux ans.

En 1815, l'Assemblée de la Nouvelle-Écosse adopta une résolution fort révélatrice visant à interdire l'entrée au pays de tout nouvel immigrant noir, sous prétexte que la colonie comptait déjà suffisamment de manœuvres et de domestiques pour pourvoir à tous les emplois. Quoiqu'elle fût révoquée par le Parlement britannique, cette résolution en dit long sur les tâches que l'on réservait aux Noirs en Nouvelle-Écosse[22].

Si, à la même époque, le sentiment abolitionniste gagne du terrain en Nouvelle-Écosse, c'est pour des raisons plus économiques qu'éthiques.

By this time sentiment against slavery was strong, not only for moral reasons, but perhaps more importantly, because a plantation-type society could not be built in this rocky non-fertile province. White and free Black labour was cheaper to maintain than slaves and most landowners preferred to hire labour as needed rather than maintain slaves. Although slavery remained legal until 1833, it had virtually become extinct as an institution by the early 19th century in Nova Scotia. Thus, by the turn of the century, although slavery was no longer a real problem, economic hardship was already a way of life for the small group of Blacks settled on inhospitable parcels of land in decaying communities throughout the province[23].

L'esclavage est finalement aboli dans l'Empire britannique par une loi du Parlement de Londres de 1833 qui stipule que tous les esclaves doivent être libérés dès le 1er août 1834. Cette loi n'améliore d'aucune façon le sort des Noirs du Haut-Canada et de la Nouvelle-Écosse. En provoquant un afflux de Noirs américains qui fuient les États esclavagistes, l'abolition de l'esclavage au Canada va en fait accentuer la ségrégation raciale.

---

22. Robin W. WINKS, *op. cit.*, p. 11.
23. Frances HENRY, *op. cit.*, p. 25.

Le Canada, les esclaves fugitifs et les autres Noirs…

Il est difficile d'estimer le nombre d'esclaves américains qui, au XIXᵉ siècle, se réfugient au Haut-Canada en empruntant ce qu'on appelle « le chemin de fer clandestin » (*underground railroad*). Il s'agit d'un réseau de soutien aux esclaves en fuite des États du sud mis en place par des Noirs libres et des abolitionnistes. Un épisode de la série *La Minute du Patrimoine*, dans un effort de révisionnisme historique, laisse entendre que le Canada anglais accueille ces esclaves à bras ouverts. En réalité, les Canadiens anglais sont, dans l'ensemble, opposés à l'arrivée de ces indigents, ces fugitifs qui avaient aussi la peau noire.

> *When, in 1830, a body of free blacks from Cincinatti, Ohio – a free state – founded a collective Negro community in Upper Canada, the spectre of a black swarming began to be taken seriously by many Canadians. Prejudice rose as the number of Negroes rose; earlier Negro arrivals anticipated this and hoped to forestall discrimination by slowing the threatening flood to a trickle* [24].

Au Canada anglais, l'abolition de l'esclavage dans l'Empire britannique proclamée en 1834 n'a guère d'effet sur la politique d'exclusion des Noirs que pratiquent les gouvernements. La ségrégation est tout aussi présente dans des provinces comme l'Ontario et la Nouvelle-Écosse qu'aux États-Unis.

> *In the 1830s, black worshippers had to sit in the back gallery of many churches. In the 1850s, blacks were prohibited from staying at many hotels in Southern Ontario, and the Separate School Act (aussi appelé Common Schools Act) made it possible to force black students into all-black schools. In Victoria in the 1860s, a theatre banned black Canadians from sitting in the good seats. In 1947, a black woman was arrested in New Glasgow, Nova Scotia, for sitting in the white section of a movie theatre* [25].

---

24. Robin W. WINKS, *op. cit.*, p. 143.
25. Ujjal DOSANJH, « Racial History in Canada », *News in Review*, Canadian Broadcasting Corporation, avril 2000, cité sur **www.cbc.ca/insidecbc/newsinreview/April%202000/Ujjal/racial.html**.

L'arrivée continue d'esclaves noirs qui fuient les États-Unis et l'accroissement du nombre de Noirs au pays intensifient la ségrégation raciale.

> *Casual patterns of segregation began to emerge. In 1848 – a year when fugitive arrivals fell off temporarily – a visitor saw that most Negroes lived apart in the «least valuable corners of the town», and Henry Highland Garnet, a radical abolitionist from New York, thought «color phobia» as serious in the Canadas as in the United States*[26].

Durant la décennie 1850-1860, l'adoption de la seconde loi américaine sur les esclaves fugitifs, la Fugitive Slave Act, porte à quelque 60 000 le nombre de Noirs établis en Ontario.

> *The lives of Canadian Blacks was underscored by over prejudice and discrimination: property ownership was restricted; education was a challenge because many Whites did not want to see Black children in their schools; the press of day subjected them to derision and ridicule*[27].

Un grand nombre de Noirs vivent dans des ghettos situés aux limites des villes ontariennes de Windsor, de Chatham et de London, les principaux centres d'arrivée du « chemin de fer clandestin » où le racisme des Blancs entraîne la création d'églises et d'écoles noires « séparées ».

> *When informally segregated schools were given the authority of law in 1850 and when, 1853, the property holders of Chatham asked the government to block all further Negro immigration, the growing hostility was clear*[28].

En Ontario, la ségrégation dans les écoles se pratique de 1850 à 1964. Encore une fois, l'hypocrisie anglo-saxonne fait en sorte que cette pratique ne soit pas officiellement admise.

---

26. Henry Highland GARNET, *The Past and Present Condition, and the Destiny of the Coloured Race*, Troy (New York), É.I., 1848, p. 25-29, cité dans Robin W. WINKS, *op. cit.*, p. 148.
27. Voir l'excellent site de l'Université de Toronto à Scarborough sur les droits de l'homme, *Human Rights and Canada. Building The Foundation*, http://citd. scar.utoronto.ca/ggp/Themes/Humanrights/foundation.html.
28. Robin W. WINKS, *op. cit.*, p. 149.

La *Common School Act* (Loi sur les écoles publiques) de 1850 autorisait l'établissement d'écoles séparées pour les Noirs en Ontario,
et, même là où il n'y avait pas d'écoles de ce genre, on pouvait for-
cer les enfants noirs à suivre leurs cours selon un horaire différent
de celui des jeunes blancs ou à occuper des bancs à part. [...] Sauf
pour ce qui est du système scolaire, la ségrégation raciale n'était
pas autorisée par la loi. Mais, dans un grand nombre de régions du
sud-ouest de l'Ontario, on s'entendait dans les faits pour empêcher les Noirs de voter et de faire partie des jurys [29].

En Nouvelle-Écosse, les règlements scolaires permettent
aux commissaires d'écoles d'imposer la ségrégation raciale
« lorsque nécessaire ». À compter de 1876, tous les enfants noirs
sont exclus des écoles réservées aux Blancs de cette province.

*By a revision of the Education Act in 1918, inspectors were still allo-
wed to recommend Separate Schools for the races and it was not until
1954 that all reference to race and separate educational facilities was
finally removed from the statutes. The Separate Schools that had
been created were, of course, markedly inferior to others in terms of
facilities and staff* [30].

Qu'ils aient été esclaves ou libres à leur arrivée au pays, les
Noirs au Canada anglais sont traités de la même façon abominable.

*By the end of the 19th century, all Blacks were united as one poverty-
stricken oppressed group and the discrimination to which they were
subject in education, employment and housing was applied to both
Loyalist and refugee* [31].

Le tournant du XXe siècle

Au début du XXe siècle, la discrimination et la ségrégation
raciales sont généralisées au Canada anglais.

Comme le racisme reposait sur des principes généraux qui entraî-
nent la caractérisation des races, on dépeignait les Noirs, dans des

---

29. James WALKER, *op. cit.*, p. 12.
30. Frances HENRY, *op. cit.*, p. 28.
31. *Ibid.*, p. 28.

publications canadiennes du début du XXe siècle, comme étant superstitieux, portés aux plaisirs, engourdis, paresseux et dotés d'appétits bestiaux que pouvaient néanmoins réprimer les Blancs par une stricte surveillance [32].

La discrimination envers les Noirs dans le domaine de l'immigration est clairement visible à l'examen de ces chiffres.

> *In the period 1896-1907, when 1.3 million Europeans and Americans became Canadian immigrants, less than nine hundred blacks were admitted. The reasons were never clear, but certainly there were plenty of reasons given. Canadian officials tended to think blacks were poor farmers, were perhaps immoral, were generally undesirable immigrants, above all, it was repeated again and again that black people couldn't stand the cold* [33].

C'est la population des provinces anglophones qui exerce des pressions sur le gouvernement fédéral pour qu'il endigue le flot de l'immigration noire.

> *During the pre-First World War years, Ottawa was under various kinds of pressure to exclude blacks. In 1910, for instance, the Edmonton Board of Trade passed a resolution:*
>
> > « *Up to a few years ago there were practically no Negroes here, then a few families arrived; these found the climatic conditions congenial and sent back for their friends. It is hoped that the Dominion Government might devise some means of stopping this undesirable influx* [34]. »

En 1911, le gouvernement fédéral considère interdire l'accès du Canada aux Noirs, comme il allait le faire en 1923 pour les Japonais.

> *In 1911 there was a movement to make black exclusion into law; just why it didn't happen is not clear, but the evidence makes it obvious that Canada came very close to having the first racial exclusion law*

---

32. James WALKER, *op. cit.*, p. 16.
33. Provincial Association of Social Studies Teachers, Quebec Board of Black Educators, Ministry of Education, « How they kept Canada almost lily white », *The Black Community in the History of Quebec and Canada*, 1996, **www.qesnrecit. qc.ca/mpages/unit4/u4p88.htm**.
34. *Ibid.*

in the Western Hemisphere on its books. On March 23, 1911, Edward
B. Robinson, Assistant Superintendent in the immigration depart-
ment, wrote to Frank Oliver, Minister of the Interior : « I would sug-
gest presenting to Council a memorandum recommending that, in
virtue of the provisions of Section 38, Sub-section "C" of the Act, an
Order in Council be passed prohibiting the admission of Negroes. »
Astonishingly, Frank Oliver agreed. He drafted a note dated May 31,
1911 : « His Excellency, The Governor General in Council. The
undersigned has the honour to recommend that, pursuant to Sub-
Section "C" of Section 38 of the Immigration Act, Your Excellency in
Council be pleased to order and do order as follows, namely, that for
a period of one year from and after the date of said Order, the lan-
ding in Canada shall be and the same is prohibited of any immi-
grants belonging to the Negro race, which race is deemed unsuitable
to the climate and requirements of Canada [35]. *»*

Le surintendant fédéral de l'immigration, W. D. Scott, est
outré que la loi interdisant l'immigration noire n'ait pas été
adoptée.

> Jamais le gouvernement n'a favorisé l'immigration des gens de
> couleur. Les personnes qui s'intéressent au problème de l'immi-
> gration doivent donc déplorer l'arrivée, dans les provinces de
> l'Ouest depuis 1911, de gens de couleur de l'Oklahoma. Les Cana-
> diens ne désirent aucunement hériter du problème nègre qui se
> pose aux États-Unis et que l'on ne peut résoudre, d'après Abraham
> Lincoln, qu'en renvoyant tous les Noirs en Afrique. Notre seul
> souhait est que les nouveaux colons ne puissent supporter le
> climat canadien et que les riches terres de l'Ouest ne soient plus
> cultivées que par des Blancs [36].

Même sans l'adoption du projet de loi de 1911, Ottawa
réussit à fermer les frontières du Canada aux Noirs par des
méthodes plus hypocrites et insidieuses, mais presque aussi
efficaces que l'interdiction pure et simple.

> On envoya ainsi au sud des États-Unis des agents chargés de dis-
> suader les Noirs d'émigrer ; aux douanes, on appliqua à la lettre les
> normes financières, psychologiques et médicales, et l'on donna

---

35. *Ibid.*
36. W. D. Scott, *Canada and Its Provinces*, A. Shortt & A. Doughty, 1914, cité dans
     James Walker, *The Black Loyalists, op. cit.*, p. 5.

des primes aux douaniers qui réussirent à déclarer les Noirs inaptes à l'immigration ; on tenta enfin de persuader les compagnies ferroviaires américaines de refuser aux Noirs leur passage au Canada[37].

En 1912, la frontière entre le Canada et les États-Unis est officieusement fermée aux Noirs à l'initiative des compagnies de chemin de fer.

> *In February the Great Northern Railway sent notices to its employees that Negroes would not be admitted to Canada under any circumstances and that ticket sales between Saint Paul and the border should be discouraged. In March the Superintendent of Immigration, W. D. Scott, publicly asked American Negroes not to come to western Canada since opportunities for them were better in a warmer climate*[38].

Même si elle n'est pas inscrite dans les statuts comme en Afrique du Sud, la ségrégation raciale est généralisée au Canada anglais dans les endroits publics, et cette pratique est entérinée par l'appareil judiciaire canadien et ontarien.

> Si, dans les années 1920, on tenta sans succès d'implanter la ségrégation dans la loi, les tribunaux par contre soutinrent que des pratiques discriminatoires étaient légalement acceptables. [...] De même, en 1924, les tribunaux ontariens jugèrent légal qu'un restaurant refuse de servir certains clients pour des motifs raciaux[39].

Les Afro-Canadiens et les deux guerres mondiales

Malgré la volonté des Noirs de se porter à la défense d'un pays qui agit si mal à leur endroit, l'armée canadienne ne veut pas d'eux au début de la Première Guerre mondiale. Ce n'est qu'en 1916 qu'ils peuvent finalement s'enrôler parce que le recrutement commence à être difficile pour combler les pertes subies dans les terribles hécatombes d'Europe.

---

37. James WALKER, *op. cit.*, p. 17.
38. Robin W. WINKS, *op. cit.*, p. 312.
39. James WALKER, *op. cit.*, p. 19.

Quoiqu'il n'existât aucune recommandation à cet effet, les commandants avaient le droit de refuser des recrues noires, ce que firent la plupart d'entre eux. Selon les distinctions racistes, les Noirs n'avaient pas l'étoffe de bons soldats, sans compter que les Blancs auraient sûrement eu horreur de les avoir à leurs côtés. Grâce à leur acharnement et en dépit des refus et des rebuffades, les Noirs obtinrent la mise sur pied en 1916 de leur propre unité, la Nova Scotia n° 2 Construction Battailon. Toutefois, on créa ce bataillon, non pas à titre d'unité de combat, mais bien comme service auxiliaire des troupes blanches [40].

Voici ce que le major général W. G. Gwatkin, chef d'état-major général, pense des Noirs en 1916 :

> On ne gagnera rien en refusant de voir les faits tels qu'ils sont. Le Nègre civilisé est aussi stupide que le moutonnier ; au Canada, ce n'est pas un bien fort sentiment du devoir qui l'amène sous les drapeaux ; dans les tranchés, il est douteux qu'il fasse un bon soldat ; et, d'ailleurs, la plupart des Blancs ne considéreront jamais les Noirs comme leurs égaux [41].

L'historien Alvin Finkle explique par le racisme et le sentiment de supériorité des anglo-protestants blancs la volonté d'exclusion des Noirs du service militaire.

> *For many people, the racial hierarchy of intelligence and ability led to the view that non-whites would made inadequate soldiers. Others were more paranoid in their thinking. If « the races » got a taste of killing white men, where might their martial energies ultimately be focused? Still others felt uncomfortable fighting next to people unlike themselves, and commanders argued that the efficiency of their unit would be compromised if racial minorities were admitted* [42].

Le racisme et la ségrégation sont tout aussi présents dans l'armée canadienne que dans la société.

> *Units composed of visible minorities were likely to be shunted into forestry and construction activities, and they were segregated whenever possible from whites. African Canadians were segregated on ships*

---

40. *Ibid.*, p. 18.
41. *Ibid.*, p. 5.
42. Alvin FINKLE, *Margaret Conrad. History of the Canadian Peoples. Volume II : 1867 to the Present*, Toronto, Copp & Clark, 1998, p. 212.

and in camps, and even had to wait for the creation of a separate
« coloured » YMCA for their evening entertainment [43].

Durant la Seconde Guerre mondiale, même la pénurie de main-d'œuvre n'empêche pas l'agence gouvernementale chargée de placer les sans-emploi dans des entreprises manquant de personnel d'accepter les requêtes discriminatoires de la part des employeurs. *« Until 1942 Canada's national employment agency, the National Selective Service, accepted racial restrictions from prospective employers* [44]. »

Le cas d'Africville en Nouvelle-Écosse

Le secteur Africville d'Halifax est le plus vieux ghetto du Canada. À une époque, il comptait 400 Noirs descendant de Loyalistes arrivés en 1812. Même si les résidents du ghetto paient des taxes comme tout le monde, la municipalité d'Halifax refuse pendant des décennies d'y installer l'eau courante et les égouts. La ville y autorise, au fil des ans, la construction de deux abattoirs et d'un hôpital traitant les maladies contagieuses. Dans les années 1950, pour faire bonne mesure, on ouvre même un dépotoir au milieu du ghetto.

En 1964, la ville décide de déplacer les habitants du ghetto pour pouvoir construire un pont vers Dartmouth. Les autorités municipales disent agir pour le propre bien des résidents du ghetto en les intégrant à la communauté blanche. Il s'agit d'un prétexte. Au cours des quatre années suivantes, plus de 80 familles sont expropriées et déplacées sans jamais avoir été consultées. La ville d'Halifax montre toute la considération qu'elle a pour les familles noires déplacées en leur fournissant des camions à ordures en guise de camions de déménagement.

In 1945, a Civic Planning Commission submitted to City Council a
plan calling for the removal of the Africville settlement. No reference

---

43. *Ibid.*, p. 213.
44. Robin W. WINKS, *op. cit.*, p. 422.

was made to the wishes of the Africville people, In 1947 Halifax was rezoned and council approved the designation of Africville as industrial land. The residents of Africville were informed of the council decision and expressed a strong desire to remain in the area and to work with the city in developing it as a residential area. City council authorized the borrowing of funds to provide water and sewerage services, but the services were never installed. In the 1950s discussions in the City council concerning the industrial potential of the Africville site increased. For a variety of reasons Africville land was a prime potential site for industrial development; the City of Halifax owned sizable property to the south, east and west; railway tracks paralleled and criss-crossed the community; and the shore line was valuable for harbor development [45].

En réalité, la ville d'Halifax s'est emparée du territoire du ghetto pour des raisons économiques. Elle veut assurer le développement du bassin Bedford où Africville est située afin d'en tirer des revenus importants sous forme de taxes et de permis de construction. C'est pour cela, et non pour leur mieux-être, que la ville expulse tous ces habitants d'Africville. Les familles noires reçoivent en compensation des sommes dérisoires.

Most families would receive a gratuitous payment of $500, hardly an amount sufficient for resettlement in metropolitan Halifax, in which the cost of living ranks among the highest in Canada [46].

Finalement, le développement prévu n'a jamais eu lieu et la ville d'Halifax s'est par la suite défendue d'avoir voulu faire d'Africville une zone industrielle. Aujourd'hui, le secteur est devenu un terrain vague. En 1996, des anciens résidents du ghetto ont poursuivi la ville d'Halifax afin d'obtenir un dédommagement. Certains espèrent revenir un jour s'établir à l'endroit où leur communauté a vécu pendant cent quatre-vingt-dix ans.

Sheila Copps, ministre du Patrimoine, a déclaré à l'été 2002 Africville site historique national.

---

45. Pamela BROWN, *Africville. Urban Removal in Canada*, décembre 1996, **www. hartford-hwp.com/archives/44/170.html**.
46. *Ibid.*

Chapitre 8

Le mépris des autres minorités

LE PÉRIL JAUNE ET LE CANADA ANGLAIS

Les Chinois ont été particulièrement visés par le racisme qui a caractérisé la politique d'immigration canadienne et l'idéologie du Canada anglais durant la plus grande partie de son histoire.

Alors que le Canada favorisait, voire subventionnait, l'immigration en provenance de la Grande-Bretagne, de l'Europe continentale et des États-Unis, seuls les Chinois ont dû payer un droit d'entrée (1885-1923) ou ont fait l'objet d'une interdiction officielle (1923-1947[1]).

C'est la ruée vers l'or du fleuve Fraser qui attire les premiers Chinois au Canada en 1858. Comme la majorité des Chinois qui partent vers l'étranger, ils proviennent de Chine méridionale où une forte pression démographique encourage l'émigration. La plupart des Chinois qui arrivent au Canada payent leur passage à crédit. Un entrepreneur débourse le montant que coûte leur voyage et récupère par la suite son investissement en marchandant leur force de travail ou en les obligeant à le rembourser. L'abolition de l'esclavage en Amérique du Nord accroît le trafic des coolies – comme on désigne au Canada une main-d'œuvre asiatique non qualifiée et bon marché.

---

1. Jin TAN et Patricia E. ROY, *Les Chinois au Canada*, Ottawa, Société historique du Canada, 1985, p. 22.

Jusqu'au lendemain de la Seconde Guerre mondiale, l'immigration chinoise est essentiellement masculine. D'ailleurs, le gouvernement canadien fait tout pour rendre impossible la constitution de familles chinoises au pays. Au tournant des années 1860, les Chinois sont déjà quelques milliers. Ils se mêlent peu à la population blanche et sont victimes des préjugés antichinois caractéristiques des sociétés anglo-saxonnes. Une intervenante devant une commission parlementaire fédérale décrivit ainsi leurs « tares » : « *Chinese deceit, cunning, idolatry, despotism, xenophobia, cruelty, infanticide, and intellectual perversity* [2]. »

Pour les Blancs de Colombie-Britannique, les Asiatiques sont des sous-hommes appartenant à une race inférieure, plus proche de la bête que de l'homme.

> Les Chinois, les Japonais et les Indonésiens, bien avant l'arrivée du KKK, étaient dépeints comme des « animaux mangeurs de riz, aux habitudes malpropres et au sang contaminé [3] ».

Avec les Japonais et les Noirs, les Chinois sont les immigrants les plus mal reçus et, à long terme, les plus mal traités au Canada, un pays qui accueille avec une malveillance manifeste tous ceux qui ne sont pas Blancs, anglo-saxons et protestants.

> Ils avaient été attaqués, interdits de séjour, intimidés, victimes de ségrégation et privés de droits civiques, économiques et politiques fondamentaux par une succession de régimes politiques qui s'adressaient aux électeurs pétris de préjugés et issus de toutes les classes et de tous les partis politiques [4].

Après l'épuisement des gisements aurifères, les Chinois deviennent domestiques ou ouvriers saisonniers dans les conserveries de saumon de la vallée du Fraser qui viennent d'être créées.

---

2. Peter WARD, *White Canada Forever*, Montréal, McGill et Queen's University Press, 1978, p. 4.

3. E. STARKINGS, *Who Killed Janet Smith*, Toronto, Macmillan, 1984, p. 91, cité dans Martin ROBIN, *Le Spectre de la droite. Histoire des politiques nativistes et fascistes au Canada entre 1920 et 1940*, Montréal, Balzac-Le Griot, 2000, p. 27.

4. Martin ROBIN, *Le Spectre de la droite. Histoire des politiques nativistes et fascistes au Canada entre 1920 et 1940*, Montréal, Balzac-Le Griot, 2000, p. 27.

Ils constituent une main-d'œuvre bon marché et fiable, appréciée des employeurs. Au départ, les Chinois jouissent d'une parfaite égalité juridique. Mais la situation change rapidement : le sentiment de supériorité typique des Anglo-Saxons travaille la population. En 1872, l'Assemblée législative de Colombie-Britannique les prive de leur droit de vote. Le prétexte invoqué est que des politiciens sans scrupules pourraient les exploiter parce qu'ils votent en bloc.

> [...] des organisations antiasiatiques telles que la Working Man's Protection Association, l'Anti-Chinese Union et l'Anti-Chinese League ont donné naissance, au début des années 1900, à l'Asiatic Exclusion League. Ces groupes ont été les principaux intervenants dans la démarche visant à interdire aux immigrants d'origine chinoise et japonaise l'accès au Canada [5].

Le Parlement de la Colombie-Britannique adopte à l'unanimité, en 1878, un projet de loi qui exclut les Chinois des chantiers provinciaux. Cette loi inique ne sera abolie qu'après la Seconde Guerre mondiale. Les honorables sujets britanniques de la province reprochent aux Chinois de leur faire une concurrence déloyale sur le marché du travail, de drainer l'argent du pays et d'être inassimilables.

Les électeurs et les politiciens de la Colombie-Britannique craignent la présence de Chinois sur leur territoire. À preuve, cet avertissement lancé par un politicien en 1879 : « *The Chinese "would over-run the land like grasshoppers", a provincial politician warned in 1879, and his were not uncommon sentiments* [6]. »

En 1879, le gouvernement du Canada entreprend la construction de la partie occidentale de la ligne du Canadian Pacific entre Port Moody et Eagle Pass, en terrain montagneux. Le

---

5. Fondation canadienne des relations raciales, *Combattre la haine au Canada*, www.crr.ca/fr/MediaCentre/FactSheets/fMedCen_FacShtFacingHateInCanada. htm.
6. Government of Canada, Select Committee on Chinese Labour and Immigration, « Report », *Journals of the House of Commons*, 1879, 14, Testimony of J. S. Thompson, MP, cité dans Peter WARD, *op. cit.*, p. 6.

contrat est confié à un Américain de New York nommé Andrew Onderdonk.

> *As the anti-Chinese feeling grew in British Columbia, Onderdonk assured the community that he would give white labourers preference over the Chinese. He indicated that he would hire Native Americans and Chinese only if he could find no other workers in Eastern Canada or elsewhere[7].*

Les protestants anglophones, comme on le voit, ne veulent pas plus d'Asiatiques que d'Autochtones sur le chantier du chemin de fer.

> Un député de l'Assemblée législative de la province propose d'interdire à la compagnie de chemin de fer d'embaucher quiconque aurait des cheveux de plus de cinq pouces et demi de long (avant 1911, la plupart des Chinois portent la natte qui symbolise la soumission aux Mandchous[8]).

Malgré ces mesures, plus de 15 000 Chinois travaillent dans d'effroyables conditions à la construction de la ligne du Canadien Pacific. Considérés avec aussi peu de respect que des bêtes de trait ou des machines, ils se tuent littéralement à la tâche.

> *Many Chinese workers often died from exhaustion due to the hard work and long walks between the job site and the work camp. Some perished in rock explosions or were buried in collapsed tunnels. Many others were drowned in the river due to the collapse of unfinished bridges, then the Canadian winter brought another dimension of hardships to the workers. Arriving from a warm temperate climate, none of the Chinese workers expected to suddenly face the severe winter of interior British Columbia in ill-prepared facilities. There were few medical facilities available and many died from scurvy[9].*

Vu les impératifs économiques et le fait qu'on considère les Chinois comme des sous-hommes, allant jusqu'à refuser souvent de les enterrer dans des cimetières publics, les corps de

---

7. Chinese Canadian National Council, Toronto Chapter, History, www.ccnc.ca/toronto/history/info/content.html.
8. Jin TAN et Patricia E. ROY, *op. cit.*, p. 7.
9. Chinese Canadian National Council, Toronto Chapter, *op. cit.*

nombreux travailleurs chinois morts au travail sont ensevelis comme de vulgaires carcasses d'animaux.

It is estimated that at least four Chinese died for every mile of track laid due to explosions, exposure, or from scurvy or malnutrition. There was no way to bury the dead so the bodies were simply left beside the tracks and covered with rocks and dirt [10].

Après la fin du chantier de construction de la voie ferrée du Canadien Pacific, le gouvernement provincial veut renvoyer les Chinois chez eux. L'un des principaux motifs de plainte concerne leurs habitudes sanitaires. Un observateur décrit aussi le Chinatown de Victoria, en Colombie-Britannique, vers 1884 :

All the combined waste from the laundries, saloons, restaurants, and other places on Johnson and Government streets… while oozing from the outhouses is the rankest of filth, all combined rendering the atmosphere of the place so poisonous with stench as to be almost unbearable. The boards of the yard were covered with a green slippery slime [11].

Quand ce n'est pas leur hygiène qui est critiquée, c'est la moralité de leurs femmes.

A further assumption common in British Columbia during the 1870's and 1880's was that most Chinese women were prostitutes and concubines. As a group they were usually considered even more depraved then their white counterparts [12].

En 1884, le gouvernement de Colombie-Britannique impose une capitation de 10 dollars à tous les Chinois et leur refuse le droit d'acheter des terres de la Couronne. Ainsi, la très britannique assemblée législative de Victoria interdit purement et simplement l'immigration chinoise. Il faut souligner que plusieurs de ces mesures discriminatoires ne sont pas du ressort de l'assemblée provinciale. Elles n'ont donc aucune valeur juridique, mais elles forcent Ottawa à intervenir.

---

10. *Early Asian Pioneers in Western Canada,* http://jsis.artsci.washington.edu/programs/canada/asian.html.

11. *Colonist,* 1er novembre 1884, cité dans Peter WARD, *op. cit.,* p. 7.

12. Peter WARD, *op. cit.,* p. 8.

John A. Macdonald, l'homme qu'on vénère au Canada anglais comme le créateur de la Confédération canadienne, l'assassin de Louis Riel, est lui aussi un raciste qui considère que les Chinois n'ont pas plus le droit de voter que les machines agricoles. Il le dit aux Communes.

> *The Chinese are foreigners. If they came to this country, after three year's residence, they may, if they choose, be naturalized. But still we know that when the Chinaman comes here he intends to go back to his own country; he does not bring his family with him; he is a stranger, a sojourner in a strange land, for his own purposes for a while; he has no common interest with us, and while he gives us his labour and is paid for it, and is valuable, the same as a threshing machine or any other agricultural implement which we may borrow from the United States, on hire and return it to the owner on the South side of the line; a Chinaman gives us his labour and gets his money, but that money does not fructify in Canada; he does not invest it here, but takes it with him and goes back to China; and if he cannot, his executors or his friends send his body back to the flowery land. But he has no British instincts or British feelings or aspirations, and therefore ought not to have a vote* [13].

Le premier ministre Macdonald, pour qui les Chinois constituent « une race inférieure », crée une commission royale qui entend d'« horribles » récits dénonçant l'immoralité, la malpropreté et la surpopulation des quartiers chinois. Le grand Macdonald réussit mieux que les racistes de Victoria à empêcher l'entrée de Chinois au Canada.

> *In 1885, newspapers, politicians, various labor groups, and the people of British Columbia, pressured the government of Canada to exclude the Chinese. In response, the federal government enacted the Chinese Immigration Act. Among many other restrictions, the « Head Tax » as it was called by the community imposed a $50 tax on all Chinese entering Canada. After the act was introduced, the number of immigrants drops considerably. However, the regulation proved to be effective for only five years because, until about 1890, the trend was reversed and the number of immigrants increased. Fearing*

---

13. Government of Canada, « Intervention de John A. Macdonald », *Commons Debates*, 1885, p. 1582, cité dans Peter WARD, *op. cit.*

an « oriental invasion » the government was again pressured by interest groups to pass legislation to controlling the entry of the Chinese. The government raised the « head tax » to $100 in 1900 and again in 1904 to $500. At this time $500 was equivalent to 2 years of labor. Between 1885 and 1923, an estimated $23 millions in head tax was collected [14].

Les organisations syndicales du Canada anglais appuient largement la politique d'exclusion envers le *cheap labour* asiatique. Comme les hommes politiques anglo-canadiens, elles y voient des avantages certains.

In addition to offering economic benefits both for the Canadian government and for employers, anti-Orientalism served the interests of union organizers and politicians, who used the issue of Chinese exclusion as a means of consolidation union organization and winning political support [15].

Anxious to enrol more workers, union organizers often used the Chinese question to recruit popular support. [...] Much of the success of the Trades and Labour Congress of Canada in promotion a national union between 1880 and 1900 can be attributed to its anti-Oriental policy, which tended to unify otherwise disparate groups [16].

À Vancouver, en 1887, une émeute éclate après qu'on a recruté des Chinois pour le défrichement des terres. En 1892, des actes de vandalisme sont perpétrés contre les blanchisseries chinoises de Calgary à l'occasion d'une épidémie de variole.

En général, les autorités tentent de protéger les Chinois des agressions physiques ; elles n'en continuent pas moins de pratiquer la discrimination à leur endroit. La Colombie-Britannique inclut régulièrement des dispositions contre le recrutement de Chinois ou de Japonais dans les documents par lesquels les entreprises ferroviaires et minières sont constituées en société. En outre, au début du siècle, le gouvernement de la Colombie-Britannique adopte presque chaque année un *Natal Act* qui, imposant une épreuve de langue aux candidats à l'immigration, est destinée à

---

14. Chinese Canadian National Council, Toronto Chapter, *op. cit.*, p. 41.
15. Peter S. Li, *The Chinese in Canada*, Toronto, Oxford University Press, 1998, p. 41.
16. *Ibid.*

tenir les Asiatiques à l'écart. Le gouvernement fédéral invalide à peu près aussi systématiquement ces lois parce qu'elles empiètent sur sa juridiction et vexent le Japon, alors allié de la Grande-Bretagne. Ottawa est néanmoins disposé à limiter l'immigration chinoise vu la faiblesse de la Chine sur la scène internationale [17].

Ce racisme à l'égard des Chinois est fièrement partagé par un autre grand héros de l'Empire britannique, l'homme qui a vendu son âme pour devenir l'apologiste de tout ce qui est britannique, Sir Wilfrid Laurier. « *For my part, I have very little hope of any good coming to this country from Asiatic immigration of any kind* [18]. »

En 1900, après avoir augmenté le droit de capitation à 100 dollars pour les Chinois, Laurier crée une nouvelle commission d'enquête sur l'immigration chinoise et japonaise.

Almost all politicians felt forced to support the anti-Asian sentiments in British Columbia. In 1902 the Royal Commission on Chinese and Japanese Immigration declared all Asians, « unfit for full citizenship... obnoxious to a free community and dangerous to the state », preparing the way for restrictive immigration policies [19].

Though immigration was severely limited early in the century, a poor economy in Vancouver continued to produce strong discriminatory feelings by the unemployed whites towards Asians. This frustration lead to the creation of The Asiatic Exclusion League in British Columbia in 1907. Within months of its founding, the League staged a protest in downtown Vancouver. The creation of the League and the race riot that ensued was partially in response to the British Columbia government refusing to suspend Asian immigration [20].

En 1904, espérant en finir avec les Chinois, le gouvernement fédéral fait passer à 500 dollars le droit d'entrée, ce qui a pour effet de stopper l'immigration chinoise jusqu'en 1908. Mais les Chinois établis en Colombie-Britannique continuent

---

17. Jin TAN et Patricia E. ROY, *op. cit.*, p. 9.
18. *Laurier to Rev. A. Carmen*, 29 avril 1899, Laurier Papers, 31995, APC, cité dans Peter WARD, *op. cit.*, p. 58.
19. *Early Asian Pioneers in Western Canada*, **http://jsis.artsci.washington.edu/ programs/canada/asian.html**.
20. *Ibid.*

d'être la cible de manifestations de haine. En 1907, des « supré-macistes » blancs de l'Asiatic Exclusion League attaquent le quartier chinois de Vancouver.

> *« Stand for a white Canada » read the banners as 8,000 people mar-ched through the Chinese quarter of the city, destroying property and terrorizing the population[21].*

> *On September 8th, 1907 several thousands league-organized mar-chers met in downtown Vancouver and made speeches about the « yellow peril » drawing more and more supporters until about 15,000 had gathered. They carried banners reading « Keep Canada White » and « Stop the Yellow Peril ». They also burned an effigy of Dunsmuir, the coal-mining baron on Vancouver Island, who « dared » to hire Chinese. After getting the mob fully worked up, the leaders encouraged the group to make its way to the nearby China-town and Little Tokyo where they looted and burned and destroyed hundreds and thousands of dollars in property. The Chinese did not fight back but the Japanese did and many on both sides were hurt in the race riot. Because the South Asians lived in a different part of the city, their community was spared the violence of the riot[22].*

Évidemment, le gouvernement ne peut ignorer ces actes de violence.

> *In response to the race riots the government did not attempt to deal with racism, but instead limited Asian immigration. As the Premier of British Columbia is quoted as saying, « To admit Orientals in large numbers would mean in the end the extinction of the white people, and we always have in mind the necessity of keeping this a white man's country ». By 1910 the federal government had set up new immigration policies to solve the Asian « problem ». From that point on all Asians had to have at least $200 in their pockets which pretty much put an end to Asian immigration. For the Chinese this meant $200 in addition to the $500 head tax[23].*

La Saskatchewan retire aux Chinois leur droit de vote en 1908. Ils ne peuvent plus participer aux élections fédérales et

---

21. Julian SHER, *White Hoods. Canada's Ku Klux Klan*, Vancouver, New Star Books, 1983, p. 33.
22. *Early Asian Pioneers in Western Canada*, **http://jsis.artsci.washington.edu/ programs/canada/asian.html**.
23. *Ibid.*

exercer certaines professions comme le droit, puisque les associations professionnelles exigent que leurs membres soient des
électeurs inscrits.

Même si la population de Colombie-Britannique a été le
fer de lance du racisme antiasiatique, partout au Canada
anglais, ces sentiments sont largement partagés. Les assemblées
législatives de Saskatchewan et d'Ontario adoptent également
des lois discriminatoires.

> *In Saskatchewan the Chinese were disenfranchised in 1908 (Statutes of
> Saskatchewan, 1908, C 2), and in 1912 the provincial legislature pas-
> sed an act disallowing the employment of white females in restaurants
> and other businesses kept or managed by the Chinese (S. S, 1912, C
> 17). The bill prompted the governments of Ontario and British
> Columbia to pass similar legislation in 1914 and 1923 respectively* [24].

> *But if the Chinese were denied basic citizenship rights, they were not
> immune from citizenship obligations. [...] neither the income-tax
> act nor the taxation act provided any concessions for Chinese-
> Canadians, and the Dominion Militia Act did not exempt those not
> entitled to vote from conscription* [25].

L'expansion économique et la hausse des salaires encou-
ragent alors certains entrepreneurs en « main-d'œuvre » à
financer de nouveau la venue au Canada de coolies chinois.
On ne paie en général les travailleurs chinois que la moitié
d'un Blanc. En réalité, si on veut exclure les Chinois, c'est
aussi parce qu'on craint qu'ils ne pervertissent la population
blanche.

> Les arguments invoqués pour justifier l'exclusion des Chinois sont
> moins souvent d'ordre strictement économique que moral. L'On-
> tario, la Saskatchewan, le Manitoba et plus tard la Colombie-
> Britannique interdisent aux Chinois d'embaucher des femmes
> blanches de crainte qu'ils ne les initient à l'opium et ne les vendent
> sur le marché de la traite des Blanches [26].

---

24. Peter S. LI, *op. cit.*, p. 33.
25. *Ibid.*, p. 34.
26. Jin TAN et Patricia E. ROY, *op. cit.*, p. 12.

Malgré les mesures discriminatoires, malgré la haine et le racisme dont ils sont victimes, les Chinois continuent à entrer au Canada. Les wasps réclament des mesures encore plus draconiennes pour endiguer ce flot. Les journaux de Vancouver et de Victoria mènent de virulentes campagnes antiasiatiques. Le gouvernement fédéral se montre à la hauteur de ce que ses électeurs anglo-protestants attendent de lui.

> *In 1923, the government bowed to the pressure and passed the Chinese Immigration Act (also known as the « exclusion Act »). This latest Act prohibited the entry of all Chinese into Canada with the exception of diplomats, children born in Canada, university students and merchants[27].*

> *Ironically, the Act came into effect on July 1st – Canada Dominion Day. Rather than a day of celebration for Chinese Canadian, July 1st became known as « Humiliation Day[28] ».*

Cet loi d'exclusion est très efficace pour contrer la venue de Chinois au Canada. « *Between 1924 and 1930, only three Chinese immigrants entered the country[29].* »

Hommes politiques, journalistes, simples citoyens, l'idéologie de la majorité anglo-protestante de Colombie-Britannique des années 1920 est proche de celle du KKK par sa foi inébranlable en la supériorité de la « race anglo-saxonne » et son mépris absolu des Orientaux, comme le note Peter Ward au sujet d'une correspondance entre le premier ministre libéral de la province et son homologue fédéral John Oliver.

> *A statement by premier Oliver to his fellow Liberal, prime minister William Lyon Mackenzie King, sounds disturbingly similar to the Klan's ideology : « The stopping of Oriental immigration entirely is urgently necessary, but that in itself will not suffice, since it leaves us with our present large Oriental population and their prolific birth rate. Our government feels that the Dominion government should go further, and by deportation or other legitimate means, seek to bring*

---

27. Chinese Canadian National Council, Toronto Chapter, *op. cit.*
28. *Ibid.*
29. Law Union of Ontario, *Immigrant's Handbook*, Montréal, Black Rose Books, 1981, p. 9, cité dans Julian SHER, *op. cit.*, p. 34.

about the reduction and final elimination of this menace to the well-being of the White population of this Province[30]. »

En 1931, sur plus de 46 000 Chinois établis au Canada, il n'y a que 3 500 femmes. Les taxes de capitation ont bien joué leur rôle. Elles ont empêché la venue au Canada des épouses et des parents âgés des travailleurs chinois.

En Colombie-Britannique et au Canada anglais en général, la discrimination dont sont victimes les Chinois est si forte que même ceux qui ont fait des études supérieures ne peuvent trouver un emploi dans leur domaine. Plusieurs d'entre eux doivent se résigner à prendre le premier travail venu ou à retourner en Chine. D'autres viennent au Québec.

Among the Canadian-born Chinese, there were a few of us who went to University. Some of them, like my two brothers, got their degrees at University of British Columbia. But none of them was able to find work. One of my brothers was a civil engineer, who graduated in 1933. He wasn't able to get anything, so he had to go to Quebec... My other brother got a degree in dairying. He wasn't able to find anything, so he went back to China around 1935[31].

Après l'attaque de Pearl Harbor en décembre 1941, la discrimination et le racisme dont les Chinois sont la cible deviennent particulièrement embarrassants, puisque la Chine est alliée à la Grande-Bretagne contre le Japon. Les habitants de la Colombie-Britannique hésitent à se joindre aux Chinois pour boycotter les produits japonais. Au début de 1942, le gouvernement provincial rend aux Sino-Canadiens les armes à feu qu'eux et les Japonais ont été tenus de remettre aux autorités en août 1940 alors que les tensions raciales étaient très fortes. Comme les Canadiens d'origine japonaise, les Sino-Canadiens participent à l'effort de guerre du Canada même s'ils sont l'objet de mesures et de lois discriminatoires.

Some 500 Chinese-Canadians served in World War II as pilots, soldiers, nurses and cadets. In addition to the $5 million sent to China,

---

30. *Oliver to King*, 21 janvier 1927, King Papers, MG26, J1, vol. 147, 124777, cité dans Peter WARD, *op. cit.*, p. 138.
31. Cité dans Peter S. LI, *op. cit.*, p. 54.

Chinese Canadian helped raise $4 million in war relief funds. They also purchased $10 million dollars in Canadian victory bonds. As the end of the war, Exclusion Act and the discrimination that Canada showed towards Chinese became an embarrassment to Canada[32].

Le gouvernement fédéral avait pourtant décidé de ne pas faire appel aux Chinois de crainte qu'ils n'invoquent les services rendus durant la guerre pour réclamer le droit de vote en Colombie-Britannique et en Saskatchewan.

En 1941, un comité du gouvernement fédéral fait enquête sur les tensions raciales en Colombie-Britannique et en arrive à la conclusion que les quelque 22 000 Chinois de cette province ne posent pas de problème sérieux parce que leur nombre va décroissant, que leur pouvoir concurrentiel est limité, que leur nation a toujours été populaire en Amérique du Nord et l'est tout particulièrement alors, et qu'ils acceptent la discrimination dont ils sont victimes sans guère afficher de rancœur[33].

Hypocritement, le Canada applique à l'endroit des Chinois des lois racistes qui sont en contradiction avec les principes énoncés dans la *Déclaration universelle des droits de l'homme* à la rédaction de laquelle le Canada a participé en tant que membre fondateur des Nations unies. La loi d'exclusion est finalement abolie en mai 1947. Mais, comme les autres immigrants d'origine asiatique, les Chinois continuent d'être victimes de discrimination raciale.

It made it easier for the Chinese to obtain citizenship, but there were special regulation governing Asian entry. Only the wives of Canadian citizens and their children under eighteen to enter Canada from China. Up until the late 1950's the community continued to pressure Ottawa to allow for family reunification. In 1949, the age of admissible children was raised to nineteen and again to twenty one in 1950. In 1951 Chinese Canadian women was able to bring in their husband, just as men was able to bring in their wives. Finally in 1955, the age limit of admissible children was raised to twenty-five[34].

---

32. Chinese Canadian National Council, Toronto Chapter, *op. cit.*
33. Jin TAN et Patricia E. ROY, *op. cit.*, p. 15.
34. Chinese Canadian National Council, Toronto Chapter, *op. cit.*

La nouvelle loi sur l'immigration chinoise, en vigueur de 1947 à 1960, montre que le gouvernement canadien est déterminé à maintenir son attitude raciste vis-à-vis de l'immigration afin de préserver une composition raciale blanche dans la société canadienne. Malgré les appels à l'aide d'organisations aussi diverses que la Chinese Benevolent Association et le Congrès du travail du Canada, le gouvernement ne modifie que légèrement sa politique. Ce traitement est injuste et humiliant pour les Chinois car, à la même époque, le Canada accueille à bras ouverts les immigrants blancs et les réfugiés d'Europe de l'Est qui fuient le régime communiste.

> En 1962, en même temps que le Chinese Adjustment Statement Program, le gouvernement adopte de nouveaux règlements accordant moins d'importance au pays d'origine des candidats. Cependant, ce n'est que lorsque de nouveaux règlements, adoptés en 1967, permettront la sélection des immigrants à partir d'un système de points fondé essentiellement sur leur contribution économique potentielle au Canada que les Chinois seront sur un pied d'égalité avec les autres immigrants en puissance [35].

Mais de relents de racisme continuent de faire surface dans les médias du Canada anglais. À l'automne de 1979, dans l'émission de télévision W5 du réseau CTV, on affirme que des étudiants chinois munis de visas privent des Canadiens qualifiés de places dans les universités.

> Une scène montre des Chinois dans un cours de pharmacie et porte les téléspectateurs à croire qu'il s'agit d'étrangers. En fait, tous sont citoyens canadiens et vivent en Ontario. Des Chinois de tout le pays protestent et forcent le réseau de télévision à s'excuser publiquement d'avoir présenté les Chinois comme des étrangers. Cependant, cet incident montre que la race et la nationalité sont deux notions que confond toujours l'opinion publique [36].

L'historien sino-canadien Peter Li résume parfaitement l'attitude raciste et discriminatoire des Anglo-Canadiens et de leur gouvernements face aux Chinois du Canada.

---

35. Jin Tan et Patricia E. Roy, *op. cit.*, p. 17.
36. *Ibid.*, p. 21.

The withdrawal of citizenship rights, the exclusion from immigration, and the restrictions on occupational competition were legally sanctioned by the state and thus formally institutionalized. The resulting discrimination was systematic and legal, and its practice was rationalized by an ideology stressing the superiority of white over non-white [37].

* * *

Les Sikhs : un danger pour la race blanche au Canada ?

White Canada Forever
For white man's land we fight
To Oriental grasp and greed
We'll surrender, no, never
Our watchword will be « God Save the King »
White Canada forever [38]

Au tournant du xxᵉ siècle, il est courant d'entendre hurler de telles diatribes contre les Orientaux dans les rues de Vancouver. Le racisme dont fait preuve la population wasp envers les Chinois et les Japonais va bien sûr se reporter sur les immigrants originaires du sous-continent indien. En 1902, six policiers sikhs de Hong Kong qui sont passés par le Canada pour aller assister au couronnement d'Édouard VII à Londres décident de s'établir à Vancouver sur le chemin du retour. Ils se trouvent du travail à 1,50 dollar par jour [39]. Dans les années qui suivent, plusieurs milliers d'immigrants venus d'Asie méridionale s'installent en Colombie-Britannique. Comme le montre ce témoignage de l'époque, les Anglo-Canadiens ne les apprécient pas particulièrement.

---

37. Peter S. Li, *op. cit.*, p. 37.
38. Joan M. Jensen, *Passage from India. Asian Indian Immigrants in North America*, New Haven, Yale University Press, 1988, p. 62.
39. *Ibid.*, p. 59.

> *It is a daily sight to see them wandering, here, there, and everywhere, reported one commentator, half-starved, half-naked, hording in wretched hovels, ordered here, excluded there and despised everywhere* [40].

L'arrivée en 1907 de plusieurs navires transportant des immigrants asiatiques (Chinois, Japonais et Indiens) donne la frousse aux autorités canadiennes. Celles-ci veulent endiguer la vague asiatique, mais c'est encore la Grande-Bretagne qui a le dernier mot sur les questions d'immigration. Pour des raisons de politique impériale, les autorités de Londres sont plus tolérantes sur cette question que celles d'Ottawa. Elles craignent que les mesures d'exclusion envisagées par le Canada à la demande de la population anglophone n'attisent les sentiments antibritanniques dans les colonies asiatiques de l'Empire.

Mais la montée du racisme envers les Orientaux est un phénomène de société si important qu'il force le gouvernement fédéral à agir. Non pour combattre cette haine, mais pour satisfaire les revendications xénophobes des wasps de Colombie-Britannique qui exigent l'expulsion des Orientaux. Laurier va se montrer aussi perfide que ses maîtres anglais dans sa volonté d'empêcher un navire transportant plus de 500 Indiens, le *Tartar*, de débarquer ses passagers à Vancouver.

> *Laurier told the governor general [Grey] that the Dominion government could do little to assist the Indian refugees. He had no money to take care of refugees and could see no way to get any from parliament without serious difficulty. Laurier even refused to allow the Indians to use the Vancouver drill hall as a refuge and told the mayor of Vancouver that [they] should be deported as paupers, as they probably had no money. The Indians aboard the Tartar did have money, however – thirty thousand dollars in gold among them- and therefore could not be deported as paupers. Laurier ordered them deported anyways* [41].

En 1908, le gouvernement du Canada recourt à un autre stratagème pour tenter hypocritement d'interdire l'immigra-

---

40. *Ibid.*, p. 61.
41. *Ibid.*, p. 76.

tion en provenance de l'Inde. On adopte une loi fédérale stipulant que, pour obtenir la permission d'accoster au Canada, un navire transportant des immigrants doit dorénavant arriver au pays sans avoir fait aucune escale depuis son départ. À Ottawa, on est convaincu que cette fourberie est imparable : aucune compagnie de transport maritime n'assure de liaison sans escale entre le sous-continent indien et le Canada.

> The continuous voyage order of January 1908 had given Canadian officials only a partial respite from the issue, for Indians continued to trickle into Vancouver[42].

Pour pouvoir créer le Canada blanc que les Anglo-Canadiens appellent de leurs vœux, Ottawa obtient de Londres le contrôle complet sur l'immigration. Les Canadiens anglais en ont assez des lois impériales qui les forcent à accueillir des immigrants qu'ils jugent indésirables. Ils ont l'impression que Londres veut faire du Canada un dépotoir.

> Canada could now arrange immigration matters as it wished. At Grey's urging, a new order-in-council allowed non-Asians to enter from countries other than their own, so that Scandinavians and Germans could enter the western provinces from the United States. Another order raised the amount of money an immigrant had to have at the time of arrival from twenty-five to two hundred dollars – an amount calculated to eliminate any Indian who might slip through the other legal nets[43].

En fait, le racisme à l'égard des Asiatiques est tel en Colombie-Britannique qu'on recrute en 1909 des Québécois francophones, une autre minorité méprisée mais blanche, pour remplacer la main-d'œuvre orientale dans les scieries.

> Plusieurs citoyens de Vancouver, pour qui les Hindous, les « Chinks » et les « Japs » ne sont pas les bienvenus, ont accueilli favorablement la proposition de la Fraser River Lumber Company Limited de substituer des Canadiens français venant du Québec aux Hindous qui sont actuellement au service de la compagnie ;

---

42. *Ibid.*, p. 77.
43. *Ibid.*, p. 81-82.

ces étrangers constituent à peu près la moitié de la force ouvrière engagée à la scierie de l'entreprise, située près de Westminster, pendant que plusieurs autres immigrants orientaux se retrouvent dans les nombreux camps de bûcherons de la compagnie. Il faut souligner que, pour la direction, l'emploi des Hindous a été dès le départ considéré comme une nécessité désagréable.

[...] La compagnie prévoit payer des salaires plus élevés aux Canadiens français que ceux qu'elle offrait aux Orientaux, mais elle s'attend à ce qu'ils travaillent mieux; en même temps, elle veut fournir du boulot à de meilleures personnes, qui vont dépenser leur argent sur place. La compagnie possède un plan permettant à ses nouveaux employés de construire leurs propres maisons au pays [44].

Quelques centaines de Québécois s'établissent ainsi à Maillardville et fondent la première communauté francophone de Colombie-Britannique.

En 1914, Ottawa est averti qu'un navire est en route pour le Canada après avoir fait escale à Hong Kong avec des immigrants sikhs. Le navire japonais *Komagata Maru* a été affrété par un riche entrepreneur sikh, Gurdit Singh Sarhali, fermement décidé à défier la politique d'immigration discriminatoire du Canada qui exige une traversée sans escale pour les immigrants indiens. La presse de Colombie-Britannique claironne la nouvelle en des termes racistes et alarmistes. Le *Vancouver Daily Province* titre : « Un bateau plein d'Hindous se dirige vers le Canada. » Un autre journal s'indigne : « Les Hindous envahissent le Canada. » Le gouvernement conservateur de Borden se montre à la hauteur de la situation : « *From the moment the Borden government first heard of the ship's departure from Hong Kong, it declared its intention to enforce the recent immigration regulations with vigour* [45]. »

Quand le *Komagata Maru* arrive dans le port de Vancouver, on lui interdit de débarquer ses passagers. Mais, contrairement

---

44. « French-Canadians to Replace Orientals », *Western Lumberman*, Vancouver et Winnipeg, août 1909, vol. 6, n° 8, p. 13-14, cité sur **http://collections.ic.gc.ca/archfc/FrancoB.C/index.htm**.

45. Peter WARD, *White Canada Forever*, Montréal, McGill et Queen's University Press, 1978, p. 88.

à ce qui prévoyait le gouvernement canadien, le capitaine du navire refuse de lever l'ancre, sans doute sur l'ordre de Gurdit Singh Sarhali qui a financé le voyage.

Le 23 juin 1914, plus d'un mois après l'arrivée du *Komagata Maru*, T. S. Baxter, le maire de Vancouver, organise un grand rassemblement patriotique pour exiger le départ des Sikhs. H. H. Stevens, un député conservateur fédéral de la ville, prend alors la parole, exprimant les sentiments de ses concitoyens.

> *What we face in British Columbia and in Canada today is this – whether or no the civilization which finds its highest exemplification in Anglo-Saxon British rule shall or shall not prevail in the Dominion of Canada... I am absolutely convinced after the most searching inquiry, that we cannot allow indiscriminate immigration from the Orient and hope to build up a Nation in Canada on the foundations upon which we have commenced our national life* [46].

Le premier ministre de la Colombie-Britannique, Sir Richard MacBride, affirme catégoriquement :

> *To admit Orientals in large numbers would mean in the end the extinction of the white peoples and we have always in mind the necessity of keeping this a white man's country* [47].

Pendant que l'affaire traîne en longueur devant les tribunaux, le bateau attend toujours en face de Vancouver avec ses passagers à bord. Seulement une vingtaine de passagers sikhs peuvent débarquer parce qu'ils sont déjà résidents canadiens. Les autorités de l'immigration et la police tentent d'aborder le navire, mais sont repoussées par ses passagers.

> *When the* Komagata Maru *failed to leave, Malcolm Reid, a local immigration official, led 125 armed police officers and 35 ex-military men on the tug Sea Lion in an unsuccessful attempt to board the ship. Finally the federal government called in the naval cruiser Rainbow; with its appearance the Komagata Maru departed on 23 July. When*

---

46. « Minutes of a Public Meeting held in Dominion Hall », Vancouver, 23 juin 1914, cité dans Peter WARD, *op. cit.*, p. 91-92.
47. *The Times*, Londres, 23 mai 1914, cité sur **www.sikhreview.org/pending/pending1.htm**.

*the ship arrived in Calcutta, British officials attempted to arrest
Gurdit Singh, touching off a riot in which 20 people died and many
more were arrested* [48].

Pire encore, la Cour suprême confirme en juillet 1914 que
la loi hypocrite et injuste qui exige une traversée sans escale
pour les passagers arrivant de l'Inde est constitutionnelle [49]. Ce
ne sera pas la dernière fois que la Cour suprême validera des
lois iniques. Le *Vancouver News Advertiser* applaudit la décision
d'exclure les Sikhs et de les renvoyer dans leur pays :

> *There are 300,000,000 natives of India behind them, who have the
> same rights as these. If a million were accepted the remaining
> 299,000,000 would have the same claim. Every one of them would
> have the same grievance if he were excluded as this comparatively
> small group, and the additional grievance that he is subject to an
> invidious discrimination. The question before the people of Canada
> is whether the country is to be thrown open to all the people of India
> or closed to all* [50].

L'affaire du *Komagata Maru* constitue la tentative la plus
dramatique de l'histoire canadienne de contester les lois d'immigration racistes du pays. Elle est rapportée dans la presse du
monde entier. Il devient clair qu'en matière d'immigration les
sujets de l'Empire britannique se divisent en deux catégories :
les Blancs et les autres.

La politique d'immigration discriminatoire envers les
Sikhs est maintenue tout au long de la première partie du
XXe siècle. De 1920 à 1945, seuls 675 immigrants provenant de
l'ensemble du sous-continent indien sont admis au Canada.
En 1950, il y a quelque 2000 Sikhs au Canada. L'année suivante,
on établit un quota d'admission de 150 Sikhs par année. Les
nouveaux arrivants peuvent être accompagnés de leur femme
et de leurs enfants âgés de moins de vingt et un ans. En 1957,
le quota est porté à 300, pour atteindre 500 en 1962, et plus de

---

48. Hugh J. M. JOHNSTON, *The Voyage of the Komagata Maru*, 1979, **www.knowbc.
    com/iebc/book/K/komagata.ASP**.
49. Peter WARD, *op. cit.*, p. 88.
50. *Vancouver News Advertiser*, 2 juin 1914, cité dans Peter WARD, *op. cit.*, p. 90.

2000 en 1965. En 1961, on recense 6774 personnes originaires du sous-continent indien au Canada dont 4526 résident en Colombie-Britannique. Quatre-vingt-quinze pour cent d'entre eux sont sikhs.

* * *

LES UKRAINIENS : PREMIÈRES VICTIMES DE LA LOI SUR LES MESURES DE GUERRE

Entre 1891 et 1930, 231 000 Ukrainiens s'installent au Canada. La première vague d'immigrants (1896-1914) s'établit dans les provinces des Prairies. La plupart d'entre eux proviennent de Galicie [51], une province de l'Ukraine alors annexée à l'Autriche-Hongrie.

Ils créent leurs propres écoles. La majorité des enfants ukrainiens apprennent l'anglais et leur propre langue. Mais comme c'est le cas pour les Canadiens français catholiques, le désir des Ukrainiens de conserver leur culture et leur langue est considéré comme subversif par les Canadiens anglais.

> La campagne en faveur de l'assimilation, dirigée par la majorité contre les Ukrainiens, s'intensifie lors du déclenchement de la Grande Guerre, alors qu'on commence en plus à mettre leur loyauté en doute [52].

En août 1914, dès que l'Autriche déclare la guerre à la Serbie, après l'assassinat de l'archiduc François-Ferdinand de Habsbourg et avant que l'Angleterre ne s'implique dans le conflit, l'évêque ukrainien catholique de Winnipeg, Nykyta Budka, manque de prudence en exhortant les Ukrainiens qui vivent au Canada à s'enrôler dans les forces armées autrichiennes.

---

51. O. S. GERUS, J. E. REA, *Les Ukrainiens au Canada*, Ottawa, Société historique du Canada, coll. « Les groupes ethniques au Canada », 1985, p. 6-7.

52. *Ibid.*, p. 11.

En moins de quelques jours, la Grande-Bretagne et l'Empire sont aussi en guerre contre l'Autriche et l'évêque tente de réparer les dégâts. Dans une seconde lettre pastorale, il incite ses fidèles à défendre le Canada, pays qui leur a permis de se placer sous la bannière de l'Empire britannique, défenseur de la liberté [53].

Même si des milliers d'Ukrainiens naturalisés se portent volontaires et s'enrôlent dans l'armée canadienne, le soupçon s'est installé. La déclaration de l'évêque Budka est le prétexte idéal [54]. Malgré les preuves de fidélité de la communauté ukrainienne, le gouvernement fédéral traite les fermiers ukrainiens comme des ennemis du Canada.

> Tous les Ukrainiens du Canada qui ne sont pas encore naturalisés deviennent automatiquement des ressortissants de pays ennemis lorsque le Canada entre en guerre. Invoquant les pouvoirs prévus par la Loi sur les mesures de guerre, le gouvernement fédéral commence à interner ceux qui sont soupçonnés de n'être ni des habitants pacifiques du Canada ni des personnes de confiance [55].

Comme c'est souvent le cas lorsque les autorités canadiennes prennent des mesures d'exception contre des minorités, les critères utilisés pour déterminer leur loyauté ne sont pas clairs. La GRC procède à des vagues d'arrestation dans la communauté ukrainienne. On interne les Ukrainiens dans des camps de concentration ou on exploite leur travail forcé.

> Certains sont internés pour avoir tenté de s'enrôler dans l'armée canadienne ! Les Ukrainiens originaires de Russie sont autorisés à s'enrôler, mais non ceux qui sont venus d'Autriche-Hongrie. En fait, quelque deux mille Ukrainiens s'enrôlent, se déclarant Polonais ou Russes, et combattent outre-mer, mais quelques-uns sont repérés, inculpés et internés [56].

---

53. *Ibid.*
54. Le gouvernement libéral provincial du Manitoba réclame la déportation de Mgr Budka. Il est arrêté et mis en accusation à plusieurs reprises. Des associations d'anciens combattants déposent 11 accusations contre lui qui sont toutes rejetées pour manque de preuves. Il retourne en Ukraine durant les années 1920. Mort dans un camp de concentration soviétique en 1949, il est béatifié par Jean-Paul II le 26 juin 2001, au cours du voyage de ce dernier en Ukraine.
55. *Ibid.*, p. 11.
56. *Ibid.*

Les Ukrainiens qui ne sont pas internés doivent subir l'humiliation de devoir s'enregistrer auprès des autorités comme des étrangers ennemis du Canada.

It also meant an additional 80,000 individuals (of which the vast majority were Ukrainians) were obliged to register as « enemy aliens » and then required to report to local authorities on a regular basis [57].

Les Ukrainiens ont la réputation d'être endurants, déterminés, et d'avoir du cœur à l'ouvrage. Plusieurs grandes entreprises canadiennes tirent profit de leurs travaux forcés et continuent de les exploiter une fois la guerre finie.

They were used to develop Banff National Park, the logging industry in Northern Ontario & Quebec, the steel mills in Ontario & Nova Scotia, and in the mines in British Columbia, Ontario & Nova Scotia. This infrastructure development program benefited Canadian corporations to such a degree that the internment was carried on for two years after the end of World War I [58].

On retrouve d'un océan à l'autre des réalisations résultant du travail forcé des Ukrainiens.

In Banff National Park, they built the roads and the golf course. In British Columbia they built rights-of-way for the railway and bridges. In Kapuskasing Internment Camp the drinking water they drank was contaminated, causing many to become ill with long lasting after affects [59].

Comme les Japonais durant la Seconde Guerre mondiale, de nombreux Ukrainiens internés dans des camps de travail perdent tous leurs biens, volés ou « perdus » par le gouvernement canadien.

Upon each individual's arrest, whatever valuables they might have had were seized. Some of this confiscated money was stolen. As early

---

57. Gerald William KOKODYNIAK, *Internment of Ukrainians in Canada 1914-1920*, 2000, **www.infoukes.com/history/internment/**.
58. *Ibid.*
59. Ihor BARDYN, *Ukrainian Internment in Canada*, 1997 (1992), **www.infoukes. com/history/internment/articles/article001/**.

as 1915 General Otter wrote that « difficulties have [...] arisen in accounting for the monies received ». In his final report, he observed that : « As many of those interned were residents of Canada and possessed real estate, securities, etc. such have been turned over to the "Custodian of Enemy Alien Properties" for the future decision of the Government. » (Sir W.D. Otter, Internment Operations 1914-1920, Ottawa, 1921, p. 12.)

Over $32,000 in cash was left in the Receiver-General's Office at the end of these internment operations (estimated present-value $1.5 million). What the property, securities, and other valuables that were also confiscated might now be worth has yet to be calculated. The human costs of these internment operations are, of course, incalculable[60].

Contrairement aux Japonais qui ont obtenu des excuses et qui ont été dédommagés pour les injustices subies, les Ukrainiens n'ont jamais été reconnus comme des victimes des mesures arbitraires de l'État canadien.

[...] Imprisonment of those innocent pioneers, their disenfranchisement, seizure of property and humiliation of the community, was brought on by an uncaring Government, without cause or reason. That action by the Government of Canada has never been acknowledged and never atoned for[61].

C'est à l'occasion de la Première Guerre mondiale que le gouvernement fédéral invoque pour la première fois la Loi sur les mesures de guerre. Les Ukrainiens en sont donc les premières victimes. Comme le note Gerald William Kokodyniak, le précédent était créé et la loi sera utilisée tout au long du XXᵉ siècle pour restreindre les libertés et opprimer des minorités quand le besoin s'en ferait sentir.

Unfortunately, the War Measures Act formed the basis for future government incursions on the Civil liberties of Citizens and immigrants to Canada. This act was used as the basis of the internment of the Japanese Canadians in 1941 and the French-Canadians (or Quebecois) in 1970. This act was always implemented via an Order

---

60. Lubomyr Luciuk, *A Time for Atonement Canada's First National Internment Operations and the Ukrainian Canadians 1914-1920*, **www.infoukes.com/ istory/internment/booklet01/#FOOTNOTE_09**.

61. Ihor Bardyn, *op. cit.*

in Council, rather than through approval via the democratically elected parliament[62].

* * *

Les Italiens, Mussolini et la GRC

Provenant essentiellement de l'Italie méridionale et de la Sicile, les Italiens qui immigrent au Canada à compter de la fin du XIXe siècle ne correspondent pas à l'image de l'immigrant idéal que se fait le Canada anglais, qui privilégie l'immigration nordique. La première vague d'immigration italienne au Canada arrive peu avant la Première Guerre mondiale.

C'est en 1913 qu'on observe la crête du mouvement, alors que 27 704 Italiens arrivent au Canada. En raison surtout de la croissance naturelle, la population d'origine italienne vivant au Canada s'élève en 1921 au nombre de 66 769 personnes[63].

La population anglo-canadienne les accueille avec le mépris qu'elle manifeste en général pour les Canadiens français et les autres races inférieures qui, selon elle, menacent la prépondérance de l'élément britannique.

L'expérience de discrimination que connurent au Canada les immigrants italiens joua un rôle au moins aussi important dans l'acquisition d'une identité nationale – tout particulièrement les stéréotypes négatifs apparaissant de plus en plus fréquemment dans les médias canadiens et dans l'opinion publique en général. Au cours des quinze années qui précèdent la Première Guerre mondiale, on représente communément les Italiens du Sud comme un groupe inférieur et grégaire, ayant une prédilection pour les conditions de vie misérables et les actes de violence[64].

---

62. Gerald William Kokodyniak, *op. cit.*
63. Bruno Ramirez, *Les Italiens au Canada,* http://italiani.clifo.unibo.it/canada/links/Italiens.htm.
64. *Ibid.*

Dans les années 1930, la communauté italo-canadienne applaudit lorsque Mussolini met de l'ordre en Italie, un pays connu pour sa désinvolture. De quoi plaire à la mentalité policière.

> Les Canadiens d'origine italienne étaient fiers de la stabilité que Mussolini avait donnée à leur mère patrie et ils n'étaient pas les seuls : le périodique *The RCMP Quarterly* avait aussi exprimé son approbation. La fidélité des Italo-Canadiens à Mussolini reposait plus sur des considérations sociales qu'idéologiques, et concernait davantage l'estime que la communauté avait d'elle-même dans un nouveau pays que la doctrine fasciste. Mais après que les Italiens eurent « frappé les Alliés dans le dos » en juin 1940, la GRC et les corps policiers locaux qui les aidaient ne s'encombrèrent pas de scrupules [65].

Dès que l'Italie fasciste de Mussolini se joint à l'Axe, les Italo-Canadiens sont tous traités comme des ennemis du Canada. Bien qu'il soit injuste de comparer le sort des Japonais à celui des Italiens [66], il semble que les autorités ont fait preuve avec eux aussi de peu de discernement lors des arrestations.

> Les Italo-Canadiens soupçonnés de sympathiser avec les fascistes furent cueillis à la maison ou au travail sans mandat d'arrestation, parfois sans pouvoir informer leur famille. L'expression « étranger ennemi » englobait tous les Canadiens d'origine italienne devenus citoyens après 1929 de même que les 9000 qui n'étaient pas encore naturalisés. Plus de 200 des 700 internés étaient des citoyens naturalisés et 20 autres étaient nés au Canada. Dans une demi-douzaine de cas, les internés avaient des fils qui combattaient dans l'armée canadienne [67].

Carmela Galardo-Frascarelli se souvient de l'arrestation de son mari et de la confiscation de ses biens.

> Aussitôt que la déclaration de guerre a été prononcée, deux agents de la Gendarmerie royale sont venus chez nous et ont fouillé par-

---

65. John Herd THOMPSON, *Les Minorités ethniques au Canada pendant les guerres mondiales*, Ottawa, Société historique du Canada, coll. « Les groupes ethniques au Canada », 1991, p. 14.

66. Voir à ce sujet Roberto PERIN et al., *Enemies Within. Italian and Other Internees in Canada and Abroad*, Toronto, University of Toronto Press, 2000.

67. John Herd THOMPSON, *op. cit.*, p. 14.

tout dans la maison, tâchant de trouver des indices compromet-
tants. Ils n'ont rien trouvé. Cependant, ils ont quand même arrêté
mon mari à cause de son travail. Il vendait en effet de l'essence. On
le soupçonnait de vouloir commettre des actes terroristes en faisant exploser le dépôt d'essence. C'est pour ça qu'il a été arrêté. Il
est resté prisonnier deux ans et huit jours.

Le gouvernement canadien a aussi confisqué l'argent qu'on avait
et la machinerie. On ne nous a jamais remboursés. Je ne me souviens pas exactement du montant, mais c'était une belle somme,
plusieurs milliers de dollars. La seule chose qui nous restait était
notre maison près de Saint-Denis et Bélanger, devenue maintenant la salle Doremi [68].

La xénophobie de l'opinion publique anglo-canadienne
allait amplifier les mesures discriminatoires.

Les autorités municipales de Calgary congédièrent 24 employés
d'entretien nés en Italie, puis les réembauchèrent deux semaines
plus tard, puisqu'il n'y avait personne d'autre qui était capable de
faire fonctionner les réseaux d'aqueduc et d'égout de la ville [69] !

Comme on le voit, la discrimination a parfois des conséquences inattendues.

---

68. Filippo SALVATORE, *Le Fascisme et les Italiens à Montréal : une histoire orale,*
    1922-1945, Montréal, Guernica, 1995, p. 240-241.
69. John Herd THOMPSON, *op. cit.,* p. 15.

Bibliographie

Volumes

BAERGEN, William Peter, *The Ku Klux Klan in Central Alberta*, Red Deer, Central Alberta Historical Society, 2000.

BOUCHARD, Bruno, *Trente ans d'imposture. Le Parti libéral du Québec et le débat constitutionnel*, Montréal, VLB, 1999.

BOUCHARD, Lucien, *À visage découvert*, Montréal, Boréal, 2001.

BOURASSA, Robert, *Gouverner le Québec*, Montréal, Fides, 1995.

BRETON, Raymond, *Why Meech Failed. Lessons for Canadian Constitution-making*, Toronto, C. D. Howe Institute, 1992.

BRISSON, Réal, *Oka par la caricature. Deux divisions distinctes d'une même crise*, Québec, Septentrion, 2000.

CALDERWOOD, William, *The Rise and Fall of the Ku Klux Klan in Saskatchewan*, thèse de doctorat, University of Saskatchewan, 1968.

CARDINAL, Harold, *La Tragédie des Indiens du Canada*, Montréal, Éditions du Jour, 1970.

CARDINAL, Mario, *Rapport annuel de l'ombudsman, 1995-1996. Volume 1*, Services français, Société Radio-Canada, Montréal, avril 1996.

CHARLESWORTH, Hector, *I'm Telling You* Toronto, Toronto, MacMillan, 1937.

CIACCIA, John, *Oka, le miroir de notre âme*, Montréal, Leméac, 2000.

Comité constitutionnel du Parti libéral du Québec, *Un Québec libre de ses choix*, 28 janvier 1991.

CONWAY, John Frederick, *Debts to Pay. Fresh Approach to the Quebec Question*, Toronto, James Lorimer, 1997 (1992).

DENIS, Raymond, *Mes mémoires. Volume 2*, manuscrit, Archives de la Saskatchewan.

DICKASON, Olive Patricia, *Les premières nations du Canada. Depuis les temps les plus lointains jusqu'à nos jours*, Québec, Septentrion, 1996 (1992).

DOSANJH, Ujjal, «Racial History in Canada», *News in Review,* Canadian Broadcasting Corporation, avril 2000, cité sur **www.cbc.ca/insidecbc/ newsinreview/April%202000/Ujjal/racial.html**.

DUCHESNE, Pierre, *Jacques Parizeau. Tome II: Le Baron*, Montréal, Québec Amérique, 2002.

DUROCHER, René, « Le rapatriement du Québec », *Historical papers. Communications historiques*, p. 1-8, cité sur **www.cha-shc.ca/bilingue/ addresses/1987.htm.**

EDWARDS, Peter, *One Dead Indian. The Premier, the Police, and the Ipperwash Crisis*, Toronto, Stoddart Publishing, 2001.

FINKLE, Alvin, *Margaret Conrad, History of the Canadian Peoples. Volume II: 1867 to the Present*, Toronto, Copp & Clark, 1998.

Fondation autochtone de guérison, *La guérison est en marche*, 2002.

FREY, Sylvia, *Water from the Rock. Black Resistance in a Revolutionary Age*, Princeton, Princeton University Press, 1991.

GARNET, Henry Highland, *The Past and Present Condition, and the Destiny of the Coloured Race*, Troy (New York), é. i., 1848.

GERUS, O. S. et J. E. REA, *Les Ukrainiens au Canada*, Ottawa, Société historique du Canada, coll. « Les groupes ethniques au Canada », 1985.

GILBERT, Guy, *Rapport d'enquête du Coroner sur les causes et circonstances du décès de monsieur Marcel Lemay*, Bureau du Coroner, juillet 1995.

GRANATSTEIN, J. L., *Conscription in the Second World War 1939-1945*, Toronto, Ryerson Press, 1969.

GRAVEL, Jean-Yves, *Le Québec et la Guerre*, Montréal, Boréal Express, 1974.

HENRY, Frances, *Forgotten Canadians. The Blacks of Nova Scotia*, Don Mills (Ontario), Longman Canada Limited, coll. « Canadian Social Problems Series »,.

HOUNSOME, Eric, « William Jarvis and Slavery », *Toronto in 1810*, Toronto, Coles Publishing Company Limited, 1975.

HOWLEY, James P., *The Beothuks or Red Indians. The Original Inhabitants of Newfoundland*, Cambridge, É.I., 1915.

HUEL, Raymond, *Survivance in Saskatchewan. Schools, Politics and the Nativist Crusade for Cultural Conformity*, thèse de doctorat, University of Lethbridge, 1975.

HUEL, Raymond, « J. J. Maloney. How the West Was Saved from Rome, Quebec and the Liberals », dans J. E. FOSTER (dir.), *The Developing West, Edmonton*, University of Alberta Press, 1983.

JENSEN, Joan M., *Passage from India. Asian Indian Immigrants in North America*, New Haven, Yale University Press, 1988.

JOHNSON, A. W., *Philosophie et plan d'action de la SRC*, SRC, juin 1977.

JOHNSTON, Richard, André BLAIS, Élisabeth GIDENGIL et Neil NEVITTE, *The Challenge of Direct Democracy. The 1992 Canadian Referendum*, Montréal, McGill-Queen's University Press, 1996.

LACOURSIÈRE, Jacques, *Histoire populaire du Québec. Volume IV: 1896-1960*, Québec, Septentrion, 1997.

LAPOINTE, Richard et Lucille TESSIER, *Histoire des Franco-Canadiens de la Saskatchewan*, Regina, La Société historique de la Saskatchewan, 1986.

LAURENDEAU, André, *La Crise de la conscription 1942*, Montréal, Éditions de l'Homme, 1962.

Law Union of Ontario, Immigrant's Handbook, Montréal, Black Rose Books, 1981.

LEGAULT, Josée, *L'Invention d'une minorité. Les Anglo-Québécois*, Montréal, Boréal, 1992.

LESTER, Normand, *Le Livre noir du Canada anglais*, Montréal, Éditions des Intouchables, 2001.

LI, Peter S., *The Chinese in Canada*, Toronto, Oxford University Press, 1998.

LISÉE, Jean-François, *Le Tricheur. Bourassa et les Québécois, 1990-1991*, Montréal, Boréal, 1994.

MARCHAND, Jean-Paul, *Conspiration? Les anglophones veulent-ils éliminer le français du Canada?*, Montréal, Stanké, 1997.

NELLES, J. G., *French and English Canada in the Commonwealth*, Toronto, C.I.I.A., mai 1939, 23 p., procès-verbal confidentiel d'une table ronde tenue à Montréal.

PASTORE, Ralph T., *Shanawdithit's People. The Archaeology of the Beothuk*, Université Memorial de Terre-Neuve, 1992.

PEERS, Frank, *The Politics of Canadian Broadcasting, 1920-1950*, Toronto, University of Toronto Press, 1969.

PERIN, Roberto et al., *Enemies Within. Italian and Other Internees in Canada and Abroad*, Toronto, University of Toronto Press, 2000.

PHILPOT, Robin, *Oka, le dernier alibi du Canada anglais*, Montréal, VLB, 2000 (1991).

PRATTE, André, *L'Énigme Charest*, Montréal, Boréal, 1998.

ROBIN, Martin, *Le Spectre de la droite. Histoire des politiques nativistes et fascistes au Canada entre 1920 et 1940*, Montréal, Balzac-Le Griot, 2000.

SALVATORE, Filippo, *Le Fascisme et les Italiens à Montréal: une histoire orale, 1922-1945*, Montréal, Guernica, 1995.

SCOTT, W. D., *Canada and Its Provinces*, A. Shortt & A. Doughty, 1914.

SHER, Julian, *White Hoods. Canada's Ku Klux Klan*, Vancouver, New Star Books, 1983.

STARKINGS, E., *Who Killed Janet Smith*, Toronto, Macmillan, 1984.

TAN, Jin et Patricia E. ROY, *Les Chinois au Canada*, Ottawa, Société historique du Canada, Coll. « Les groupes ethniques au Canada », 1985.

THOMPSON, John Herd, *Les Minorités ethniques au Canada pendant les guerres mondiales*, Ottawa, Société historique du Canada, coll. « Les groupes ethniques au Canada », 1991.

THOREAU, Henry David, *Un Yankee au Canada*, Montréal, Éditions de l'Homme, 1962.

TREMBLAY, Arthur, *Meech revisité. Chronique politique*, Québec, Presses de l'Université du Québec, 1998.

Tuck, James, *Newfoundland and Labrador Prehistory*, Ottawa, É.I., 1976.

Wade, Mason, *Les Canadiens français de 1760 à nos jours, t. 2*, Montréal, Le Cercle du livre de France, 1963.

Walker, James, *The Black Loyalists. The Search for a Promised Land in Nova Scotia and Sierra Leone, 1783-1870*, Dalhousie, Dalhousie University Press, 1976.

Walker, James, *La Discrimination raciale contre les Noirs au Canada*, Ottawa, Société historique du Canada, coll. « Les groupes ethniques au Canada », 1985.

Ward, Peter, *White Canada Forever*, Montréal, McGill/Queen's University Press, 1978.

Weale, Adrian, *Renegades: Hitler's Englishmen*, nouvelle édition, Londres, Pimlico, 2002.

Weir, E. Austin, *The Struggle for National Broadcasting in Canada*, Toronto, McClelland & Stewart Ltd., 1965.

Winks, Robin W., *The Blacks in Canada. A History*, Montréal, McGill/Queen's University Press, 1972.

Revues et journaux

« A Century of Canadian Union », *The Montreal Gazette*, 6 février 1941.

Adam, Marcel, « De la grogne du Canada anglais et du piètre leadership de Brian Mulroney », *La Presse*, 4 novembre 1989.

« After the Plebiscite », *The Montreal Gazette*, 29 avril 1942.

Amiel, Barbara, « Ottawa Has Only Itself to Blame », *Maclean's*, 16 juillet 1990.

Asselin, Charles, « Why Immigrants and Minorities Feel Discomfort in Quebec », *The Globe and Mail*, 17 octobre 1995.

Baril, Daniel, « Le référendum de Charlottetown scruté à la loupe », *Forum*, vol. 31, n° 12, 18 novembre 1996, cité sur **www.forum.umontreal.ca/numeros/1996-1997/Forum96-11-18/article06.html**.

Bissonnette, Lise, « M. Chrétien revient spontanément à ses tactiques de 1981 », *Le Devoir*, 2 novembre 1995.

Bliss, Michael, « It's Wrong to Entrench Extra Status for Quebec », *The Toronto Star*, 5 octobre 1992.

Bouchard, Lucien, « Le club des démocrates », *Le Devoir*, 10 février 1996.

Brooke, James, « Indian Lawsuits on School Abuse May Bankrupt Canada Churche », *The New York Times*, 2 novembre 2000.

Byfield, Ted, « A Yes Vote will Not Protect Quebec's Historic Culture », *The Financial Post*, 28 octobre 1995.

Bzdera, André, T.I., *Le Devoir*, 14 janvier 1997.

« Canada's "Yes" and Quebec "No" », *The Montreal Gazette*, 28 avril 1942.

Canuel, Alain, « Les avatars de la radio publique d'expression française au

Canada, 1932-1939 », *Revue d'histoire de l'Amérique française*, vol. 51, nº 3, hiver 1998 cité sur **www.erudit.org/erudit/haf/v51n03/canuel/canuel.html**.

————, « La censure en temps de guerre : Radio-Canada et le plébiscite de 1942 », *RHAF*, vol. 52, nº 2, automne 1998 cité sur **www.erudit.org/erudit/haf/v52n02/canuel/canuel.htm#r_note61**.

« Chaloult and the Law in Wartime », *The Montreal Gazette*, 21 mai 1942.

COMEAU, Robert, Michel LÉVESQUE, Alain LUPIEN et Claude V. MARSOLAIS, « Faut-il prendre au sérieux les appels à la violence qui viennent de l'Ouest ? », *La Presse*, 8 avril 1992.

« Contre l'article 203 de l'Acte Scolaire », *La Relève*, 16 avril 1965.

COREN, Michael, « Bouchard's Comments were Vulgar, Simplistic and Factually Wrong », *The Financial Post*, 1er novembre 1995.

DANSEREAU, Suzanne, « Des Canadiens écrivent aux Québécois pour les convaincre de rester dans le Canada », *La Presse*, 1er septembre 1995.

DAVID, Michel, « Ces ennemis qu'on invente », *Le Soleil*, 26 novembre 1994.

« Defend Public Schools and Insist on English Language Only, Says Grand Master », *The Evening Telegram*, 31 mars 1934.

DION, Stéphane, « Il n'existe pas de prédisposition raciste chez la majorité francophone au Québec », conférence donnée au centre Saidye-Bronfman, cité dans *La Presse*, 23 janvier 1993.

DUBUISSON, Philippe, « Le Canada anglais a cédé au chantage de Bourassa », *La Presse*, 22 septembre 1992.

« L'école bilingue : une utopie ? », *L'Eau vive*, 16 juillet 1975.

FONTAINE, Mario, « Les orangistes ont une peur bleue du bilinguisme », *La Presse*, 18 novembre 1989.

FRANCIS, Diane, « A Lame Duck Prime Minister can't Negotiate with Quebec », *The Financial Post*, 1er novembre 1995.

Fraser Institute, « From Over Confidence to Crisis. How English Language TV Favoured the Federalist Position in the 1995 Quebec Referendum », *On Balance*, vol. 8, nº 10, décembre 1995, cité sur **http://oldfraser.lexi.net/publications/onbalance/1995/8-10/**.

« French-Canadians to Replace Orientals », *Western Lumberman*, Vancouver et Winnipeg, août 1909, vol. 6, nº 8, p. 13-14, cité sur **http://collections.ic.gc.ca/archfc/FrancoB.C/index.htm**.

« French Canada's Festival », *The Montreal Gazette*, 24 juin 1939.

FRUM, David, « If Separatists Win, English Canada will Realize it Too is a Nation », *The Financial Post*, 28 octobre 1995.

GAUTHIER, Gilles, « Brusque poussée de fièvre dans un pays malade de ses langues », *La Presse*, 13 février 1990.

« Has King Disunited Canada ? », *The Montreal Gazette*, 29 avril 1942.

HENTON, Darcy, « Indians Stake their Claim to Quebec : "If they (Quebe-

cers) want to pull out with 15 per cent of the land, we'll let them go" »,
The Toronto Star, 21 juillet 1990.

HORWOOD, Harold, « The People who Murdered for Fun », *Maclean's*,
10 octobre 1959.

HOWARD, Ross, « Meech Lake Accord Threatens equality, Quebec Expert
Says », *The Globe and Mail*, 12 août 1987.

JOHNSON, William, « Rights for All are Yielding to Rights for Some », *The
Montreal Gazette*, 11 septembre 1987.

JOHNSON, William, « Stalemate : Federalists have to Attack the Nationalist
Myth », *The Montreal Gazette*, 31 octobre 1995.

LAURENDEAU, André, « Oui, deux solitudes », *Le Devoir*, 16 mars 1959.

LAVER, Ross, « Canada in Crisis », *Maclean's*, 12 mars 1990.

LEACOCK, Stephen, « The Dawn of Canadian History. A Chronicle of Abori-
ginal Canada », *Chronicles of Canada. Part I : The First European
Visitors*, Toronto, George M. Wrong & H. H. Langton, 1915.

LEBLANC, Gérald, « "On verra !" dit le Canada anglais », *La Presse*, 14 octobre 1995.

————, *La Presse*, 27 octobre 1995.

LECLERC, Jacques, « La Constitution canadienne et les dispositions linguistiques », *L'Aménagement linguistique dans le monde*, Québec, TLFQ,
Université Laval, 16 mai 2002.

LESAGE, Gilles, « La "fausse gaffe" de Bouchard », *Le Devoir*, 21 octobre 1995.

————, « Le OUI joue aux dés, Bouchard fait de la magie noire », *Le
Devoir*, 28 octobre 1995.

LESSARD, Denis, « Une affiche du Mouvement Québec crée un choc à
Winnipeg », *La Presse*, 8 mai 1992.

————, *La Presse*, 5 octobre 1995.

————, *La Presse*, 13 octobre 1995.

LÉVESQUE, Carole, « Les femmes autochtones sont au cœur du débat sur la
définition du citoyen et de son rôle », *Le Devoir*, 6 novembre 1999.

MACDONALD, Bob, « Sick and Tired of Quebec », *The Toronto Sun*, 8 novembre 1989.

MACGREGOR, Roy, « Oka's Real Symbol is a Simple Grave », *The National
Post*, 7 juillet 1999.

MACPHERSON, Don, « Bid to Lure Outside Voters Not a Formula for
Stability », *The Montreal Gazette*, 22 août 1995.

MARISSAL, Vincent, « Un monument au Canada anglais », *La Presse*, 29 septembre 2000.

MASSICOTTE, Denis, « Le castor encore en colère », *Le Soleil*, 1er février 1992.

MONTGOMERY, Malcom, « The Six Nations Indians and the Macdonald
Franchise », *Ontario History*, LVI, 1964.

MONTPETIT, Caroline, « Les parents fransaskois s'estiment pris en otages »,
Le Devoir, 9 octobre 1992.

————, *Le Devoir*, 25 octobre 1995.

MORIN, Jacques-Yvan, « Peut-on être à la fois "unique" et "égal"? », *Le Devoir*, 29 juillet 1998.

NAPIER, David, « Sins of the Fathers », *Anglican Journal*, mai 2000.

NEWMAN, Peter, C., « Forgetting the Lessons of the 1992 Referendum », *Maclean's*, 25 septembre 1995.

NIELSEN, Kai, « English Press Reacted Irresponsibly to Parizeau », *The Montreal Gazette*, 21 novembre 1995.

NOËL, André, « Des électeurs de Vancouver sont incités à voter NON », *La Presse*, 23 septembre 1995.

« On Keeping Promises », *The Montreal Gazette*, 11 juillet 1941.

OUIMET, Michèle, *La Presse*, 19 octobre 1995.

PASTORE, Ralph T., « The Collapse of the Beothuk World », *Acadiensis*, 19 (1), 1989.

« The People of Canada Have Spoken », *The Montreal Daily Star*, 28 avril 1942.

« La presse anglophone choisit Elijah Harper au titre de Canadien de l'année », *La Presse*, 13 décembre 1990.

Presse canadienne, T.I., *Le Devoir*, 26 octobre 1995.

Presse canadienne, « Parizeau traité de "maudit bâtard". Bouchard est "quasiment pareil", lance le député John Nunziata », *Le Soleil*, 2 novembre 1995.

« The Quebec Scene », *The Montreal Gazette*, 19 juillet 1944.

« Quebec Speaks its Mind », *The Montreal Gazette*, 26 octobre 1939.

RAUNET, Daniel, « Esquimalt: capitale d'un jour de l'unilinguisme antifrançais », *La Presse*, 11 février 1989.

Regina Morning Leader, T.I., 4 juillet 1927.

Regina Morning Leader, T.I., 31 mai 1928.

ROY, Paul, « L'épidémie d'unilinguisme anglais réjouit le président du COR [Confederation of Regions Party] », *La Presse*, 8 février 1990.

————, « Profession: "mange canayen" – de Dolbeau à Toronto pour dénoncer le "complot francophone" », *La Presse*, 9 mars 1990.

« Ridding Canada of Vipers », *The Montreal Gazette*, 3 mars 1939.

SHEPPARD, Robert, « Last Tango in Montreal? », *The Globe and Mail*, 30 octobre 1995.

« Slaves of Whom? », *The Montreal Gazette*, 4 septembre 1942.

SPEIRS, Rosemary, « Resist Quebec "Blackmailers", Trudeau Says », *The Toronto Star*, 21 septembre 1992.

STOCKLAND, Peter, Toronto Sun, 30 novembre 1989.

TARAS, David, « The Mass Media and Political Crisis: Reporting Canada's Constitutional Struggles », *Canadian Journal of Communication*, 18, n° 2, 1993.

The Times, T.I. Londres, 23 mai 1914, cité sur **www.sikhreview.org/pending/ pending1.htm.**

« Today's Election », *The Montreal Gazette*, 25 octobre 1939.

TREMBLAY, Rodrigue, « À qui profite la polarisation politique ? », *Le Devoir*, 17 décembre 1999.

TRUDEAU, Pierre Elliott, « J'accuse Lucien Bouchard! », *La Presse*, 3 février 1996.

TURBIDE, Pasquale, « À propos du négociateur en chef », *La Presse*, 16 octobre 1995.

———, « La déclaration de Parizeau enflamme l'opinion », *La Presse*, 3 novembre 1995.

TURCOT, Jean-Serge, « La presse torontoise déverse sa morosité sur le Québec », *Le Soleil*, 31 janvier 1990.

———, « Les anti-francophones : des groupes très bien organisés et puissants », *La Presse*, 30 avril 1990.

UPTON, Leslie, « The Origins of Canadian Indian Policy », *Journal of Canadian Studies*, 10, nᵒ 4, 1973.

———, « The Extermination of the Beothuks of Newfoundland », *The Canadian Historical Review*, 58, nᵒ 2, juin 1977.

« Valentin contre le vilain séparatiste », *La Presse*, 6 octobre 1992.

Vancouver News Advertiser, 2 juin 1914.

VASTEL, Michel, « Mulroney reconnaît qu'il se bat contre un ressac anti-Québec », *Le Soleil*, 15 octobre 1992.

———, T.I., *Le Soleil*, 18 octobre 1995.

« Le *Vancouver Sun* se fait subtil. Le "NON" du *Devoir* continue de susciter l'émoi au pays des Rocheuses », *Le Devoir*, 18 juillet 1992.

« War Without an Army ? », *The Montreal Gazette*, 22 novembre 1941.

« What Will The Government Do ? », *The Montreal Gazette*, 5 août 1940.

« Who Seeks Your Vote ? », *The Montreal Daily Star*, 5 août 1944.

Publications sur Internet

Anglican Journal, mai 2000, **www.anglicanjournal.com/126/rs/rs06.html**.

Anglican Journal, mai 2000, **www.anglicanjournal.com/126/05/canadaindex. html**.

APPLEBLATT, A., *Saskatchewan and the Ku Klux Klan*, **www.usask.ca/ education/ideas/tplan/sslp/kkk.htm**.

BARDYN, Ihor, *Ukrainian Internment in Canada*, 1997 (1992), **www. infoukes.com/history/internment/articles/article001/**.

The Beothuks of Newfoundland, 2002, **www.chebucto.ns.ca/~ae050/ beothuk.html**.

BOISMENU, Gérard, « Le projet de réforme constitutionnelle », *L'Année politique au Québec 1991-1992*, **www.pum.umontreal.ca/apqc/91_92/ boismenu/boismenu.htm**.

A Brief History of Indian Residential Schools'in British Columbia, Indian Residential School Survivors Society, **www.prsp.bc.ca/history/history.htm**.

BROWN, Pamela, *Africville. Urban Removal in Canada*, décembre 1996, www.hartford-hwp.com/archives/44/170.html.

CASTONGUAY, Claude, http://iquebec.ifrance.com/quebecunpays/QUARANTE-ANS-DE-COMMISSIONS-D-ENQUETES.html.

CHAPUT-ROLLAND, Solange, http://iquebec.ifrance.com/quebecunpays/QUARANTE-ANS-DE-COMMISSIONS-D-ENQUETES.html.

Chinese Canadian National Council, Toronto Chapter, *History*, www.ccnc.ca/toronto/history/info/content.html.

Early Asian Pioneers in Western Canada, http://jsis.artsci.washington.edu/programs/canada/asian.html.

Fondation canadienne des relations raciales, *Combattre la haine au Canada*, www.crr.ca/fr/MediaCentre/FactSheets/fMedCen_FacShtFacingHateInCanada.htm.

GAREAU, Laurier, *Les Chevaliers du capuchon : la triste histoire du Ku Klux Klan en Saskatchewan*, www.societehisto.org/Musee/Articles/KKK.html.

Gouvernement de la Saskatchewan, *Les Fransaskois et le Système scolaire*, www.sasked.gov.sk.ca/docs/francais/fransk/saskfrancais/vol1/i87-104.pdf.

HAIMILA, Wayne et Peter MCFARLANE, *Ancient Land, Ancient Sky*, www.google.ca/search?q=cache:vaPBLIc25aoC:partner.galileo.org/schools/cody/hum10/riverrun/web.html+beothuks+french+&hl=fr&ie=UTF-8.

HAMANN, Jean, « Une caricature vaut mille maux », *Le fil des événements*, www.ulaval.ca/scom/Au.fil.des.evenements/1998/09.10/oka.html.

JOHNSTON, Hugh J. M., *The Voyage of the Komagata Maru*, 1979, www.knowbc.com/iebc/book/K/komagata.ASP.

KOKODYNIAK, Gerald William, *Internment of Ukrainians in Canada 1914-1920*, 2000, www.infoukes.com/history/internment/.

The Law Connection et Faculté de droit de l'Université Simon-Fraser, Canada's Concentration Camps – The War Measures Act, 1998, www.educ.sfu.ca/cels/past_art28.html.

LUCIUK, Lubomyr, *A Time for Atonement Canada's First National Internment Operations and the Ukrainian Canadians 1914-1920*, www.infoukes.com/history/internment/booklet01/#FOOTNOTE_09.

The Mackenzie Institute, *The Long Fall of the Mohawk Warriors*, juin 1996, www.mackenzieinstitute.com/1996_06_Military_Mohawks.html.

MARSHALL, Ingeborg, *A History of the Beothuk*, conférence donnée au cours d'une réunion de la Newfoundland Historical Society, Saint-Jean, 19 septembre 1996, www.mun.ca/rels/native/beothuk/beohist.html.

MENTZ, Ed, *First Nations of Canada. The Canadian Indians*, http://members.aol.com/lredtail/candian.html.

MORTON, Desmond P., « Can We Keep Canada Together? », discours prononcé lors d'une réunion de Dialogue Canada à l'Université de Victoria, 23 mars 1996, www.connor.bc.ca/connor/dialogue/morton.html.

Parcs Canada, *Cette semaine en histoire : Une terre à eux*, www.parcscanada.gc.ca/library/stories/displaylistf.cfm?&id=61.

PELLETIER, Réjean, « La vie parlementaire », *L'Année politique au Québec 1991-1992*, www.pum.umontreal.ca/apqc/91_92/pelletie/pelletie.htm.

PRINGLE, J. F. (Judge County Court), *Lunenburgh, or the Old Eastern District*, chap. XXXVI, 1890, cité sur www.tbaytel.net/bmartin/jbaker.htm.

Provincial Association of Social Studies Teachers, Quebec Board of Black Educators, Ministry of Education, « How they kept Canada almost lily white », *The Black Community in the History of Quebec and Canada*, 1996, www.qesnrecit.qc.ca/mpages/unit4/u4p88.htm.

RAMIREZ, Bruno, *Les Italiens au Canada*, http://italiani.clifo.unibo.it/canada/links/Italiens.htm.

« She lived unpaid in a household for five years », *Beothuks*, www.rockyview.ab.ca/bpeak/students/canada/bmindex.html#attempt.

Sites Internet

Ontario Genweb, *Focus On Black History*, www.rootsweb.com/~canon/blackhistory.html.

Université de Calgary, Groupe de recherche en histoire appliquée, www.ucalgary.ca/applied_history/tutor/calgary/race.html.

Université de Sherbrooke, http://bilan.usherb.ca/pageweb.jsp?reference=677.

Université de Toronto à Scarborough, *Human Rights and Canada. Building The Foundation*, http://citd.scar.utoronto.ca/ggp/Themes/Humanrights/foundation.html.

Index onomastique

Table

LE LIVRE NOIR DU CANADA ANGLAIS
A FRANCHI LE CAP DES
50 000 EXEMPLAIRES VENDUS.

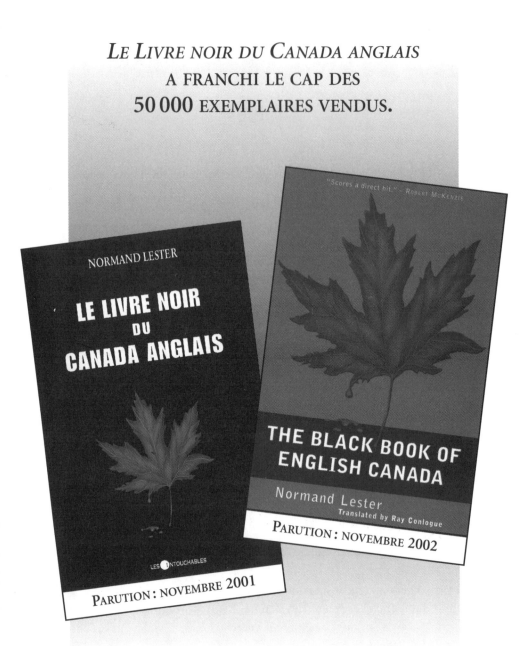

Depuis les années 1960, les Canadiens anglais
posent la question : « *What does Quebec want?* »
Maintenant, ils auront l'occasion de comprendre.